네가 나를 사랑하느냐?

네가 나를 사랑하느냐

초판 1쇄 인쇄일 _ 2007년 9월 10일
초판 1쇄 발행일 _ 2007년 9월 17일

지은이 _ 이용복
펴낸이 _ 최길주

펴낸곳 _ 도서출판 BG북갤러리
등록일자 _ 2003년 11월 5일(제318-2003-00130호)
주소 _ 서울시 영등포구 여의도동 14-5 아크로폴리스 406호
전화 _ 02)761-7005(代) ㅣ 팩스 _ 02)761-7995
홈페이지 _ http://www.bookgallery.co.kr
E-mail _ cgjpower@yahoo.co.kr

ⓒ 이용복, 2007

값 10,000원

* 저자와 협의에 의해 인지는 생략합니다.
* 잘못된 책은 바꾸어 드립니다.

ISBN 978-89-91177-47-5 03230

네가 나를 사랑하느냐

이용복 지음

BG 북갤러리

　이용복 장로님으로부터 추천사를 써달라는 부탁을 받고 기쁜 마음으로 승낙을 했습니다. 이유는 장로님과 함께한 지나간 20여 년의 세월이 저에게는 퍽이나 인상 깊은 날들이기 때문입니다. "네가 나를 사랑하느냐!" 주님이 베드로에게 물으셨던 이 질문은 지금도 모든 이에게 던지는 질문이기에 우선 책 제목부터가 좋았습니다. 저자는 이번이 처음으로 글을 쓰는 것은 아닙니다. 장로님은 그전에도 주옥같은 글을 쓰셔서 많은 이들에게 널리 알려진 분이십니다.

　저는 장로님과 함께한 제단에서 20여 년을 목사와 장로의 관계로 지내오면서 그분의 인격과 신앙에 대해서 누구보다도 잘 알고 있는 사람이기에 자신 있게 추천을 하게 되었습니다

　저는 아직 책으로 엮어지기 전에 저자의 원고를 읽으면서 역시 장로님의 신앙과 인격이 함께 살아 숨쉬는 듯한 사상에 놀라우면서도 많은 도전과 깨달음을 받았습니다.

　글이란 쓰는 이의 인격과 사상과 신앙이 어울려지지 않고는 나올 수 없는 법. 그러기에 이 책이 소중하고 귀중한 보물처럼 여겨지는 것입

니다.

아무쪼록 주님을 사랑하는 신앙 열정이 점점 식어져가고 있는 한국 교회에 새 바람을 일으키는 활력소가 될 것을 확신하며, 기쁨으로 추천하는 바입니다.

섬기는 종 백문현

무릎 꿇고 드리는 말씀

무릎 꿇고 드리는 말씀
아버지는 산이셨습니다.
높은 산이 아니었습니다.
깊고 깊은 산이셨습니다.

어머니는 호수셨습니다.
깊은 호수가 아니었습니다.
넓고 넓은 호수셨습니다.

산은 조용하고 호수는 고요했습니다.

자식들은 그 너른 품 안에서
마음껏 기지개를 켜고 뛰놀고
배우며 일도 했습니다.
산과 호수가

그냥 마냥 지켜보았습니다.

아무도 고마운 줄을 몰랐습니다.

이제 와서는 눈물이 흘러내립니다.

　언제부터인지도 모르지만

　분명히 낙원에서 하나님을 찬양하고 계실 부모님께 이 못난 자식이
정성껏 쓴 글에 존경심과 사랑을 얹어서 바칩니다.

　부모님이 저희 칠남매를 굶기지 않으시려고, 그 모진 역경을 이기시
고 애쓰신 은덕을 기리며, 그 성품을 닮게 하신 주님을 찬양합니다.

주후 2007년 여름

불효자 **용복** 올림

예수님의 말씀 가운데 '달란트의 비유'가 있는데, 거기에 두 종류의 사람이 등장합니다. 5달란트 받은 사람과 2달란트를 받은 사람은 장사를 잘해서 본전만큼의 이익을 냈다고 칭찬을 받았는데, 1달란트를 받은 사람은 그 돈을 땅에 묻어두었다가 도로 내놓았다고 벌을 받았습니다.

그러면 예수님은 결과를 보시고 평가하신 것입니까? 그럴리가 없습니다. 왜냐하면 예수님은 1달란트 받은 사람에게 "악하고 게으른 종아!"라고 하셨는데, 그 뜻은 곧 다른 두 사람에 비해서 적게 받은 데 대해 불만을 품은 것을 "악하다" 하신 것이고, 아예 시도조차 하지 않은 태도를 "게으르다" 하신 것이 틀림없기 때문입니다.

만약 이 사람이 남들보다 적게 받았더라도, 전혀 받지 못한 것보다는 행운이라고 감사하게 생각해서, 열심히 장사를 했더라면 다른 사람들처럼 1백%나 혹은 그 이상의 이익을 낼 수 있었을지도 모르는 일이고, 설령 본전마저 잃었다 하더라도 그의 정성과 노력은 인정을 받았을 것입니다.

그런 뜻에서 여기 이 글을 쓰는 사람은 스스로 1달란트밖에 받지 못했다고 생각하고, 그것조차도 자신에게는 과분한 은혜로 여기면서, 조금이라도 보답하려고 애를 쓰며 살아왔습니다.

그가 '가난의 멍에'와 '질병의 족쇄'와 게다가 '못 배움의 굴레'까지 겹친 운명을 극복하려고 몸부림을 치면서 저 멀고도 험한 가시밭길을 헤쳐 나올 수 있었던 것은 오로지 주님의 인도하심이었음을 잘 알기에 늘 감사하고 있답니다.

그는 지금 지극히 안정된 시기에 도달해 있습니다. 이런 평강에 이르기까지 그가 무엇을 보고 들으며 느꼈는지. 그리고 무엇을 깨닫고 믿었는지, 이제는 그동안 꽁꽁 묶어두었던 이야기보따리를 풀어 보이라고 합시다.

이 졸작을 추천해 주신 백문현 목사님께 경의를 표하고, 출간을 주선해 준 이만재 군에게 진한 사랑을 느끼며, 이런 관계를 맺어주신 성령님께 찬양을 드립니다.

글 쓴 사람 이용복

차례

제1부_이런저런 생각

제2부_이런저런 문답

1부. 이런저런 생각

네가 나를 사랑하느냐?

예수께서 "네가 나를 사랑하느냐?"라고 거푸 세 번이나 베드로에게 물으신 사실이 성경에 기록돼 있는 것을 기독교 신자가 아니더라도 많이들 알고 있다. 이 말씀은 새삼스럽게 설명할 필요도 없이 베드로의 본심을 알아보시려는 질문이 아니다. 그분은 베드로의 마음을 잘 아시면서도 직접 그의 고백을 듣고자 하셨던 것이다. 그러기에 베드로의 입에서 "제가 주님을 사랑하는 줄을 주님이 아시나이다"라는 고백이 나왔던 것이다. 사실 웬만한 사람 같으면 "내가 너를 얼마나 믿고 사랑했는데 네가 어떻게 나를 모른다 하고, 어부로 돌아온단 말이냐" 하고 힐책할 상황이었지만, 예수님은 베드로의 상처를 다치지 않으시려고 부드러운 음성으로 물으셨다. "네가 나를 사랑하느냐?"고. 그분은 결코

"너는 나를 입으로는 믿는다고 하면서 내가 일러준 내 뜻은 왜 실천하지 않느냐?"고 나무라지 않으신다. 그분이 이렇게 우리에게 대하시는 것은 우리의 인격을 존중하시고, 우리 스스로가 깨닫고, 자신의 게으름을 뉘우쳐, 베드로가 그랬던 것처럼 사명감이 불타오르기를 기대하시는 것이다. 그분은 인간의 인격을 어느 정도로 인정하셨던가? "너희는 세상의 빛이다", "너희는 세상의 소금이다"라고 하시지 않았던가?

그리고는 소금이 맛을 잃거나, 빛이 가리워지면 무용지물이 된다고, 제 값을 하라고 친절하게도 설명해 주셨다.

실망 끝에 좌절한 베드로를 일부러 찾아가서서 그의 사랑과 믿음을 되살려 주신 예수께서 지금은 성령님을 통해 우리에게 권고하신다. "진정 네가 나를 사랑한다면 내가 인간을 사랑하듯이 너도 이웃을 사랑하라"고.

우리는 대개 내게 호의적인 상대는 사랑하지만, 그렇지 않은 상대에 대해서는 무관심하거나, 외면하거나, 싫어하고, 미워하거나 저주까지도 한다. 그런데 예수께서는 "네 원수를 사랑하라" 하시니 이를 어찌할꼬? 인간은 감정의 동물이라는 핑계를 대며 어쩔 수 없다고 변명할 것인가? 그러면서도 예수 믿는다고, 교회에 열심히 다닌다고, 봉사생활 잘 한다고, 이만하면 은혜받은 삶이라고 말할 수 있을까? 아니다. 다른 것 다 못 해도 마음 문 열어놓고 주님의 뜻은 받아들여야겠다. 성령님이 내 마음에 들어오셔서 자리를 잡으시고 함께 사시기를 소망해야겠다. 인간으로서의 내 능력으로는 못하는 일이지만, 성령님이 역사하시도록 그분에게 나를 일임해야겠다. "저는 연약하고 무능하오니 주님께서 인도하소서" 하고 기도하고 또 기도해야겠다. 그러면 그때서는 예수님이 제대로 보일 것이고, 그분의 뜻이 깨달아져서 온전히 그분을 사랑하게 될 것이다. 그러면 따라서 그분이 자신을 희생 제물로 삼아 속죄하실 만큼 사랑하신 내 이웃이 보일 것이다. 이웃을 사랑하면 비로소 세상이 보일 것이고, 영안마저 열려 저 세상까지도 보일 것이다.

진실로 진실로

성경을 읽다보면 예수께서 "진실로 진실로 너희에게 이르노니"라는 말씀을 자주 하신 것을 알게 된다. 그렇지 않아도 예수님의 말씀은 언제나, 어떤 말씀이나 모두 진실 된 말씀인데, 왜 굳이 '진실'을 강조하셨을까? 그것은 아마도 그 시대가 너무나 악하고 거짓돼 있는 것이 안타까웠기 때문이었을 것이다. 그러면 그 시대만 그랬던가? 아니다. 그때나, 지금이나 인간사회는 언제나 진실과 허위가, 참과 거짓이, 진짜와 가짜가 뒤섞여 있다. 그때는 바리새파라는 종교지도자들의 위선이 예수님의 견책대상이었지만, 지금은 기독교 지도자들 중에도 가끔 배신자가 나타나서 예수님의 이름을 더럽히는 사건을 일으킨다. 예수님은 자신만이 양들을 위해서 희생하는 참 목자이니, 목자를 사칭하는 도둑을 경계하라고 경고하셨다. (요한복음 10장)

우리가 우리나라 안에서 보고 들은 것만 하더라도 '믿는 자'들을 속이고, 자기 배를 채운 사기꾼은 한둘이 아니다. '신앙촌'이나 '피갈음'이 우리의 믿음에 엄청난 상처를 입혔고, '영생교'와 그 아류들이 가족을 버리고라도 나만은 구원을 받겠다는 광신자들을 패가망신하게 한 사건들이 우리를 아프게 하지 않았던가? 그런 극단적인 사례는 아니더라도 이른바 '안수기도' 라는 것이 언제부턴가 믿는 자들을 유혹하기 시작했다. 성경을 들춰보면 '안수' 라는 단어가 처음 나오는 출애굽기(29:10)에는 아론과 그 아들들이 제물이 될 수송아지 머리에 안수함으로써 백성들의 죄를 이 송아지에게 지워서 드린다는 표시였다. 그러나 예수님은 어린이에게 축복하시거나 병자를 고쳐주시는 안수를 여러 번 하셨다. 예수님은 저들을 불쌍히 여기시고 기적을 나타내셨지만 그런 능력이 아무에게나 있을리도 없을 터인데, 너도 나도 안수기도로 병을 고친다고 선전하니, 그 선전을 믿은 나머지 병원도, 약도 거부한 채 기도원만 찾아다니는 사람이 적지 않다.

꽤 오래된 일이지만 어떤 사람은 당시에 어느 학교 교사였는데, 어느 날 아침에 출근하자마자 먼저 온 교목이 느닷없이 제 가슴을 헤치더니 "선생님, 이거 좀 보세요. 이게 죄 덩어리래요. 이번에 삼각산에서 안수기도를 받았거든요"하는 것이었다. 그의 왼쪽 가슴에 직경 2cm쯤 되는 멍이 있기에 "죄라는 것이 이렇게 시커먼 거랍니까?"라고 말을 했지만, 마음은 쓰렸다. 교목쯤 되는 사람이 이 정도니 못 배운 사람이야 오죽하랴 싶었기 때문이었다.

하기는 지금도 기독교 선진국인 미국 TV에서 흰 양복을 입은 사람이 줄을 서 있는 희망자들의 이마에 손을 대자마자 픽픽 쓰러지는데, 다시 일어나서 하는 말이 한결같이 말끔히 나았다는 것이다. 그러나 저것이 사실인지, 착각인지는 본인들도 모르고 있는 것은 아닐까? 요행 확실하게 낫는다 하더라도 기적만을 추구하는 신앙태도는 진실된 것이 아

니다. 예수께서 직접 말씀하신 대로 참 목자는 그분뿐이고, 진짜 진실
은 그분에게만 있다. 그러니 그분만을 믿을 수밖에 없다.

인생의 무게

어느 날 TV를 시청하고 있었는데, 불우이웃을 돕자는 취지인 '열린
음악회'에서 "인생의 무게로 넘어질 때, 그때가 바로 우리들의 도움이
필요한 거죠"라는 노래가 들렸다. '인생의 무게'라고? 인생의 무게! 그
것은 인생이란 것이 무거운 짐이라는 말이겠다. 짐에는 감당하기 어려
운 무거운 짐도 있고, 가뿐한 짐도 있을텐데, 무게가 같은 짐이라도 거
뜬히 지는 사람도 있는가 하면, 별로 무겁지도 않아 보이는데 쩔쩔매는
허약한 사람도 있다. 어쨌든 무겁거나, 가볍거나 짐은 짐이다. 인생이
라는 자체가 짐이 아니겠는가? 그러기에 불교에서는 인생을 생로병사
(生老病死)의 고해(苦海)라고 하지 않던가? 과연 인생은 고통의 바다
일까? 바다에 빠져서 "사람 살려!"를 부르짖으며 허우적거리는 사람처
럼 그렇게 인생이 급박하고 아슬아슬한 것일까?

바다에 빠졌더라도 혼자가 아니고 옆에 사람이 있어서 도움이 된다
면 고통 중에도 희망이 있을 것이다. 그러므로 사람이 살아가는 데 있
어서 나 혼자밖에 없다는 생각에서 벗어나 가족이 있고 이웃이 있다는
생각을 한다면 절망을 벗어던지고 희망을 가질 수 있을 것이다. 그런데
도 본인이 가족도 이웃도 내게는 아무 도움이 못되고 오히려 거추장스

러운 짐일 뿐이라고 생각한다면, 그는 절망에 빠질 수밖에 없다. 절망!
그것은 인생의 종점이요, 지옥이다.

　최근 이런 종점에 이른 사람들이 날마다 보도된다. 사업에 실패해서,
빚에 쪼들리다 못해서 "에라, 모르겠다!" 하고 자살하거나 자식을 죽이
는가 하면 '이판사판' 이라고 강도질도 하고 살인도 서슴지 않는다. 오
죽하면 아무 잘못도 없는 사람을 20여 명이나 죽이고도 뉘우치지 않는
악마의 하수인까지 생겼겠는가?

　말이 났으니 말인데, 저 신용카드라는 것 때문에 이 나라가 신용불량
으로 중병을 앓고 있다. 불과 1년 사이에 신용불량자가 백만 명이나 늘
어났다니 이 일을 어쩌면 좋단 말인가? 애당초 카드회사들이 실적을
올리려는 욕심으로 길거리까지 나와서 무턱대고 카드를 발급한 것이
바로 그 원인이다. 이제 와서 카드회사들이 곤경에 빠진 것은 제 도끼
에 발등 찍히는 꼴이다.

　옛날부터 우리 속담에 '외상이라면 소도 잡아먹는다' 는 것이 있다.
그 뜻은 두말할 필요도 없이 외상이라고 나중 일을 생각하지 않다가는
큰일 난다는 경고다. 카드를 가진 사람들이 이 속담의 경고성을 되새겼
더라면 지금 같은 사태는 일어나지 않았을 것이다.

　그나저나 인생의 짐이 비단 신용카드 때문만은 아닐 것이다. 질병도
짐이고 가난도 짐이요, 신체적 정신적 장애도 큰 짐이며, 경우에 따라
서는 부모나 자녀가 짐이 되기도 할 것이다. 어떤 짐이 어깨를 짓누르
든지 그것은 어차피 내가 감당해야 할 내 몫일 바에는 누구 때문이라고
원망하거나 자포자기하는 것은, 사실은 비겁한 태도다.

　이런 경우에 믿음이 있는 사람과 그렇지 못한 사람의 차이가 뚜렷하

게 나타난다. 믿음이 있는 사람은 예수께서 "무거운 짐 진 자들아, 다 내게로 오라. 내가 너희를 쉬게 하리라" 하신 말씀을 믿고, 혼자서 감당해야 한다는 중압감을 벗고, 주님께서 도와주신다는 안도감을 얻게 된다. 비관이 낙관으로 변한다. 그것은 나 혼자가 아니라 주께서 위로해 주시고, 지혜를 주시며, 해결의 길로 인도하신다는 믿음으로 어려운 문제에 부닥치더라도 겁내지 않고 맞서는 용기있는 사람으로 변하기 때문이다.

창조론(創造論) : 진화론(進化論)

성경책의 첫머리에는 태초에 하나님이 6일간에 걸쳐서 천지를 창조하셨다고 기록되어 있다. 그것이 창조론의 근거다. 그러나 시대가 바뀌고 인지가 발달함에 따라서 과학적으로 증명되지 않은 것은 무엇이든 부정하게 되면서 진화론이 창조론을 압박하게 되었다.

그러면 하나님의 섭리를 믿으며, 성경말씀을 전적으로 존중하는 우리 '믿는 자' 들의 입장은 어떤가? 진화론은 우리의 배척 대상인가? 수용 대상인가?

일단 성경을 떠나서 주변을 살펴보는 것이 좋겠다.

소설 《대지》로 노벨문학상을 받은 펄벅의 아버지는 평생을 중국에서 활동한 선교사였는데, 그는 하나님의 창조 작업을 6일이 아닌 6기(期)로 해석했다. 하루는 해가 떴다가 지는 짧은 시간이지만, 한 기는 그 시간이 한정되지 않은 긴 시간이다. 그의 이런 해석은 아마도 베드로가 말한 '주께는 하루가 천 년 같고, 천 년이 하루 같다'는 뜻과 궤를 같이 하는 것이라고 말할 수 있을 것이다.

H. G. 웰스의 《세계문화사대계》에는 대륙이 어떻게 이동했는지 지도를 곁들여 설명하고 있다. 우리나라만 하더라도 어느 한때 지각변동이 있었다는 증거가 있다. 그것은 전북 마이산을 자세히 살펴본 사람이면 누구나 알 수 있는 일이다. 그 지역의 암석들은 모두 시루떡처럼 층을 이룬 편무암인데, 유독 마이산의 두 봉우리만이 콘크리트 덩어리처럼 강돌과 자갈과 모래로 뭉쳐진 수성암이다.

이처럼 인간이 살고 있는 지구상의 변동은 땅덩어리만이 아니라, 급격한 기후의 변화로 인한 백악기(白堊期), 주라기의 흔적으로 우리나라에도 공룡의 발자국과 공룡 알의 화석이 많이 있다.

한편 진화론의 근거가 되고 있는 것은 앞에 예시한 그런 엄청난 변화보다는 오히려 점진적이고 미세한 변화다. 한 예를 들면, 적도 직하인 에콰도르령 갈라파고스제도에서만 살고 있는 '핀치'라는 참새류는 진화론을 제창한 찰스 다윈이 특별한 관심을 두었다는 이유로 '다윈핀치'라는 별명이 붙었는데, 20세기 후반에 어느 생물학자 부부가 이 새를 20년 동안 관찰한 결과, 핀치의 부리는 환경의 변화에 따라서 1mm 정도 길어졌다, 짧아졌다 하더라는 것과 먹이가 부족한 시기에는 수놈의 수가 많아지고, 먹이가 넉넉한 시기에는 암놈의 수가 늘어나서 개체수가 많아진다는 사실을 알게 되었다는 것이다.

이보다 더 흥미로운 예도 있다. 염치없기로 유명한 뻐꾸기는 지빠귀라는 작은 새가 알을 낳아놓은 둥지에다 제 알 하나를 살짝 낳아놓고는 날마다 가까이 와서 감시한다. 그런데 멍청한 지빠귀는 제 알보다 훨씬 큰 남의 알까지 알뜰히 품어줄 뿐 아니라, 먼저 부화된 남의 새끼가 나중에 부화되는 제 새끼를 둥지 밖으로 밀어내서 죽인 줄도 모른 채 끝까지 길러 준다.

그러나 이와는 정반대로 절대로 뻐꾸기에게 속지 않는 새가 있으니, 그 이름은 '베짜는새' 다. 베짜는새는 두 종류가 있다. 몸집이 큰 종류는 제 둥지에다 색깔이 다른 알을 몇 개 낳아 놓는데, 뻐꾸기가 기회를 엿보다가 제 알 하나를 그 속에 섞는다. 그러나 그 알은 베짜는새의 눈에 띄어 당장 제거된다. 베짜는새는 어떻게 제 알과 남의 알을 알았을까? 그것은 제 알들은 색깔이 있는데, 남의 알은 하얗기 때문이다. 이를테면 꾀가 많은 뻐꾸기도 베짜는새에게서는 뒤통수를 맞는 셈이다.

뻐꾸기에게 속지 않은 새가 있는가 하면, 뻐꾸기의 사기를 원천봉쇄하는 베짜는새가 있다. 이 새들은 강가의 버드나무처럼 축 늘어진 가지 끝에 둥지를 지으면서 제 몸이나 간신히 들어갈 수 있을 만큼 입구를 좁게 한다. 그러니 제아무리 염치없는 뻐꾸긴들 속수무책일수밖에 없다.

지빠귀는 진화하지 못함으로써 염치없는 뻐꾸기도 종족보존을 할 수 있고, 베짜는새는 잘 진화함으로써 역시 종족을 보존한다. 그뿐 아니라 지구상의 모든 존재는 생성, 성장, 발전, 퇴화, 멸절의 과정을 겪게 되어 있다. 진화도 하고 퇴화도 하는 것이 창조된 모든 것의 운명이다. 결론은 무엇인가? 진화론이 제아무리 몸부림친다 해도 애당초 그것은 창조원리의 품안에 있는 것이다.

자아 사랑

사람이면 누구나 자기를 사랑한다. 우선 자기 몸을 사랑한다. 손가락이 가시에 찔렸는데도 그냥 두는 사람은 없듯이 제 몸을 무던히 아낀다.

사람이 살아가는데 불편이 없도록 의식주문제에 마음을 쓰는 것은 당연한 일이지만, 더 잘 먹고, 더 잘 입고, 더 좋은 보금자리를 추구하는데 매달리다 보면 육신보다 소중한 것에 대해서 신경을 쓸 겨를이 없어진다는 것은 깨닫지 못한다. 그런 점에서 생각하면 운동선수처럼 체력 보강이 절실한 처지도 아닌데 몸에 좋다는 것이라면 혈안이 되는 사람들이 딱해 보인다. 더군다나 정력 강화를 위해서 신경을 쓰다 보면 최악의 경우 마약에 손을 대기가 십상이고 결과는 불으나 마나다.

모름지기 자기 몸을 진정으로 사랑하는 사람이라면 어떤 음식이든지 잘 먹고(그러나 과식은 말고) 몸에 맞고 깨끗하면 어떤 옷이든 입으며, 주어진 보금자리에 만족하며 산다. 뿐만 아니라 적당한 운동을 꾸준히 하는 것이 필수조건인데, 운동 중에서도 활발히 걷는 것이 제일이다. 왜냐하면 인간은 본래 걸어 다니며 활동하라고 팔보다 다리를 튼튼하게 만드신 섭리에 순응하는 것이기 때문이다.

운동 부족은 비만을 부르고 따라서 성인병을 유발하는 반면, 과격한 운동은 심각한 부작용이 염려되기에 삼갈 일이다.

동물은 자기생존과 종족보존의 본능에 따라 살지만, 인간은 이성(理性)이 있어서 옳고 그른 것을 가리고, 자신을 다스리며, 나 아닌 남과 어울려 사는 데는 어떤 덕목을 지녀야 하는지, 더 나아가서는 자신이 속한 사회와 국가에 대한 의무와 사명을 염두에 두고 살아가는 실존이다.

사람이 사람답게 사는 데 필요한 지식이나 생활습관은 부모 또는 부모를 대신한 누군가에게서 배운다. 그러나 그 시기에 배우지 못하거나 잘못 배운 사람은 가정이나 사회에서 문제 인물이 되기 쉽다. 그래서 어떤 환경에서 자랐느냐가 그 사람의 인생을 결정한다고 하는 것이다. 그러나 환경에 못지않게 사람의 인격을 형성하는 데 영향을 주는 것은 그 사람 자신이 얼마나 자기계발에 열의를 가지고 노력하느냐 하는 것이다.

자기계발에는 우선 자아의식이 뚜렷해야 한다. 그럴 수만 있으면 환경이야 어떻든지 자기 나름의 의지와 포부로 실력을 신장시킬 수 있을 것이다. 그러나 이런 사람이 경계할 것은 자만심이다. 자만심이 자라면 교만에 빠지기 쉽다. 성격에 따라서는 자만심이 오만이나 거만으로 빗나가서 남에게 정신적 폐해를 입히는 경우도 생기지만, 교만은 자신에게 손해를 입혀서 옹졸한 사람이 되게 한다.

사람이 교만의 함정을 피하는 데는 무엇보다도 좋은 책을 많이 읽으면서 등장인물들의 성격이나 인격에 자신을 비추어 보는 것이 좋은 방법이다.

그 다음으로는 남의 말을 유심히 듣되 자기를 칭찬하는 말을 좋아하지 말고, 당장은 불쾌하더라도 내 실수나 약점을 지적하는 말에 귀를 기울이고, 부당하다는 생각이 들더라도 반박하거나 변명하지 말고, 최소한 며칠만이라도 되새겨보는 인내심이 필요하다. 다시 말하면 내 비위에 맞지 않는다고 남의 충고에 시비를 걸거나 논쟁을 벌이는 것은 상대자나 자신에게 생채기를 낼지언정 이로울 것이 없다.

또 하나는 좋은 취미를 가지는 것이다. 음악, 미술, 등산, 산책, 명상

등 차분한 분위기에 몰입하는 시간을 습관적으로 가지는 것이 좋다. 나이 지긋한 사람이 콧노래를 흥얼거리거나 손쉬운 악기라도 즐기는 모습은 보는 사람의 눈과 귀까지 즐겁게 한다.

이렇게 자기를 다스리는 사람이야말로 자존심(自尊心)을 말할 자격이 있다고 하겠다.

반면에 진정한 자존심이 무엇인지 모르거나 오해하고 있는 사람은 그 자존심 때문에 이성이 제동장치 구실을 못하고 혈기가 폭력으로 내닫는데, 거꾸로 심약한 사람은 자포자기로 굴러 떨어지고 만다.

인간을 두 종류로 구분하면 그 하나는 인간이라는 것이 육체와 정신으로 구성된 것이라고 생각하는 측과 또 다른 하나는 육체와 정신뿐 아니라 영혼이 있다고 믿는 측일 것이다. 전자는 영혼에는 관심이 없으므로 저절로 육신생활에 유리한 재물, 권력, 명예 따위를 얻기 위해 전력투구한다. 경우에 따라서는 남을 희생시키고라도 내 욕심을 채운다. 나라의 법이나 사회규범 따위는 귀찮은 장애물일 뿐이다. 이런 사람들 때문에 사회가 혼탁해지고 인심이 각박해지지만, 그들은 오히려 '맑은 물에는 고기가 못사는 법'이라고 둘러댄다.

한편 영혼을 믿는 사람들은 입만 열면 자식들에게 착하게 살라고, 남에게 폐 끼치지 말라고, 남을 사랑하라고 가르치며 모범을 보이려고 한다. 그들은 어렵게 살더라도 부자를 미워하지 않고 못사는 사람을 멸시하지 않으며, 제 팔자타령도 하지 않으며, 오직 자기 처지에서 최선을 다해 노력한다. 자신이 힘들더라도 이만큼이나마 사는 것은 주님의 은혜라고 감사한다. 불우한 사람을 보면 가슴이 저려서 능력껏 도와주려 하고 돕지 못하면 미안해진다. 한마디로 '착한 영혼'이다.

인간을 달걀로 비유해본다. 달걀에는 백색, 갈색, 회색 세 가지가 있다. 백색은 백색레그혼종이나 토종닭의 알이고, 몸집이 큰 갈색 닭의 알은 갈색이고, 오골계의 알은 회색이다. 그런데 어떤 닭의 알이었든지 달걀의 크기에 따라 무게가 다를 뿐, 겉모양과 내용물은 다 같아서 딱딱한 껍질 속에 흰자위가 있고 그 속에 노른자위가 들어 있으며, 그 노른자위 한 구석에 새 생명의 싹이 될 배아(胚芽)가 붙어 있다. 이와 마찬가지로 인간의 피부색이야 어떻든지 모든 인간은 육체라는 껍질 속에 정신이 들어 있고, 그 정신에 영혼이라는 새 생명의 싹이 붙어 있으면서 하나님과 교감하는 것이다. 우리가 신앙심이라고 하는 것이 이 배아라고 하면 억지일까?

인간을 달걀로 비유하고 보니 생각나는 것이 있다. 그것은 달걀이 참 약하다는 것이다. 내용물은 말할 것도 없고, 껍질조차 약해서 걸핏하면 깨진다. 사람이 일부러 깨는 경우가 아닌 한 깨진 달걀은 쓸모가 없을 뿐 아니라 귀찮은 존재가 된다. 또 겉으로는 멀쩡해 보여도 속이 곯으면 쓸모가 없기는 마찬가지다.

인간도 마찬가지다. 뭘 좀 가졌다고 거들먹거리지만 사실은 무척이나 약한 존재가 아닌가? 어느 날 갑자기 몹쓸 병에 걸리거나, 어떤 사고로 죽든지 장애가자 되거나 하면 자신을 망칠뿐 아니라 가정이나 사회에 짐이 된다. 더군다나 영혼에 병이 들면 '곯은 달걀'과 다를 바가 없다.

그러나 그럼에도 불구하고 내 생명은 귀중한 것이다. 왜냐하면 하나님께서 이 아름다운 지구에서 한번(딱 한 번뿐이지만) 살아보라고 내 부모를 통해서 태어나게 해주신 내가 아닌가? 그런데 어찌 내가 나를 소중하게 대접하지 않을 수 있으며, 알뜰히 사랑하지 않겠는가? 누가 뭐라든지 나는 귀중한 존재라고 외치고 싶다.

자식 사랑

자연의 섭리는 모든 생물에게 살아갈 수 있는 능력을 주었다. 따라서 인간도 타고난 능력 즉, 소질이 있게 마련이다. 그것을 재능이라고 한다.

우리나라에는 '굼벵이도 구르는 재주가 있다' 는 속담이 있는데, 그 것은 '하물며 사람이랴' 하는 뜻일 것이다.

부모는 자식이 자각하기 전에 그 소질을 발견할 수 있는 위치에 있기 때문에 이런저런 소질이 보이면 그 중에서 부모가 좋아하는 쪽으로 유도하기가 쉽지만, 그러나 너무 일찍 손을 쓰다가는 정작 그 자식에게서 늦게 나타나는 소질을 놓칠지도 모르는 일이니 너무 서두를 일이 아니다.

아이들의 소질이 나타나는 시기는 개인차가 심하지만 대개는 초등학교 때, 늦게는 중학교 때라고 생각하고 유심히 관찰하는 것이 바람직하다. 그러나 아무리 기다려도 뚜렷한 기미가 보이지 않는 경우에는 대화를 통해서 아이가 좋아하는 것이 무엇인지를 알아내도 늦지 않을 것이다.

사람은 자의식이 생기면서 자기가 좋아하는 것, 하고 싶은 것이 무엇인지 자각하게 된다. 따라서 자기가 좋아하고, 하고 싶은 것을 할 수 있을 때는 기분이 좋아지고, 싫은 것을 해야 할 때는 기분이 나빠진다. 전자인 경우에는 거기에 정신이 집중되고, 후자인 경우에는 이내 싫증을 낸다. 부모가 자식의 소질을 알아내는 방법이 여기에 있다. 부모가 제 자식의 평생 행복을 보장해주는 길은 그의 소질을 살려주는 일이다. 인간은 제 소질대로 사는 것이 가장 행복하기 때문이다. 누구의 강요나 탐탁지 않은 환경 때문에 자신의 소질과는 동떨어진 일을 하면서 살아야 한다면 그것은 강제노동이나 다름없다.

직업문제뿐 아니라 결혼문제도 마찬가지다. 어떤 사정 때문에 '찬밥 더운밥 가릴 처지가 아닌' 경우가 아니면 본인이 원하는 배우자 후보에 대해서 부모가 주도권을 쥐는 형태는 자제해야 한다. 연속극의 단골메뉴로 등장하는 부모자식 사이에 갈등을 빚는 결혼문제는 본인에게 일임하는 것이 정도다. 결혼 이후의 행불행은 전적으로 본인의 책임이기 때문이다.

앞에서 말한 것처럼 사람은 누구에게나 이 세상을 살아갈 능력이 주어져 있는데, 자식이 고생할까봐 부모가 지레 겁을 먹고 과보호를 하다가는 '마마보이', '파파걸'을 만들고 요새 유행어가 된 '캥거루족'을 만들어 놓고는 가슴을 치게 되기가 쉽다.

일본에는 '부모 종아리를 뜯어먹는다' 는 속담이 있다. 자식을 일찍 일찍 독립시키지 못해서 그 자식에게 두고두고 부모의 재산이나 명예 따위를 뜯기며 살아야 하는 한심한 부모의 처지를 두고 하는 말이다.

부모가 자식에게 해주어야 할 가장 큰 책임은 자식의 소질을 살려주어서 자기 인생을 자기 뜻대로 살도록 하는 것이다. 다시 말하면 독립

시키는 일이다.

그러나 이보다 더 중요한 것이 있다. 그것은 자식은 반드시 부모를 닮는다는 사실을 잊지 말아야 한다는 것이다. 부모가 좋아하든, 싫어하든 자식은 부모의 유전인자를 받아가지고 태어날 뿐 아니라 부모의 일거수일투족, 얼굴 표정과 말 한마디 한마디까지를 무의식중에서도 배우고 있는 것이다. 이 사실을 아는 부모라면 결코 자식에게 해로운 행동을 하지 않을 것이다.

자식은 부모의 거울이다. 그러므로 자식이 잘되고 못되는 것은 100% 부모의 책임이다. 결코 자식을 나무랄 때 '내가 너를 어떻게 길렀는데' 라고 할 자격은 부모에게 없다.

나라 사랑

우리가 살고 있는 이 땅과 이 나라는 분명히 우리의 것이다. 지나온 역사가 어떻든 지금은 이 땅이 남북으로 갈려서 대치상태로 있는 것이 현실이지만, 우리가 살고 있는 남쪽만이라도 평화롭고 희망이 넘치는 나라이기를 바라는 것이 국민 된 우리의 당연한 소망일 것이다. 그것은 소망에 머무를 일이 아니라 반드시 그렇게 돼야 하고, 그렇게 되도록 온 국민이 노력해야 한다. 그것이 애국심이다.

그런데 현실은 어떤가? 지금의 국내 상황은 어떠한가? 과연 국민들에게서 애국심을 찾아볼 수 있는가? 애석하게도 우리가 날마다 보고

들는 것은 애국심과는 동떨어진 사회악이다. 그 중에서도 가장 걱정이
되는 것은 국민들의 시선이 온통 '돈'에 쏠려 있는 현상이다. 정치를
비롯한 사회 전반에 나타나고 있는 죄악들이 거의 다 돈 때문인 것으로
보인다.

신앙인의 입장에서는 왜 이런 현상이 죄악으로 보일까? 그것은 돈
때문에 사람들의 마음이 '미움'으로 치닫고 있는 것으로 보이기 때문
이다.

자유민주주의국가라면 어디서나 경쟁적으로 돈을 벌어 부자가 되려
고 노력하고, 아직 부자가 되지 못한 사람은 부자가 된 사람을 부러워
하며 존경한다. 왜냐하면 큰 부자들이 자기 능력으로 번 돈인데도 사회
에 뭉칫돈을 척척 내놓는 것을 본받고 싶기 때문이다. 매우 소극적이기
는 하지만, 우리나라에도 모범적인 부자 집안이 있다. 경주 최부자 댁
이다. 경주 월성 뒤에 있는 계림 한 구석에 자리 잡고 3백 년 동안 이어
오는 부자다. 그 집안의 전통은 이렇다. '첫째 재산은 만석을 넘기지 않
는다. 둘째 벼슬은 진사 이상 하지 않는다. 셋째 흉년에 내놓은 땅은 사
들이지 않는다. 넷째 주변 백리 안에 굶는 집이 없게 한다'는 것이다.

부자들이 모두 이 최부자 댁 같은 아량을 가졌다면야 어찌 모든 사람
의 선망의 대상으로서 존경을 받지 않을까마는 현실은 그렇지 못하다.
부자들은 대개 고급주택에 튼튼한 담을 쌓고, 그 위에 삼지창(三枝槍)
같은 것을 꽂아놓고, 또 그 위에 철조망을 얹고도 모자라 대문 깨에
CCTV를 설치하고, 혹은 '맹견주의'라는 경고판을 붙여서 불청객에게
겁을 준다. 그러니 어찌 빈자들의 반감을 불러일으키지 않겠는가? 그
렇다 하더라도 빈자측 역시 잘못이 있다. 그것은 부자의 돈이 빈자인

자기들의 것을 빼앗아간 것이라고 생각하는 오해다. 설령 그런 부자가 있더라도 부자라고 모두가 샤이록이나, 스크루지나, 놀부일리는 없다. 부자는 강자고, 빈자는 약자니까 투쟁해서 도로 빼앗는 것이 정의라고 생각한다면 자유민주주의 사회에서는 용납되지 못할 사상이다.

여기 이해하기 어려운 아이러니가 있다. 그것은 노동계에서 최고 대우를 받고 있는 대기업의 노조들이 걸핏하면 총파업을 벌여서 기업에 막대한 손실을 입힐 뿐 아니라 국가의 대외 신인도를 손상시키는데, 그 파업의 명분이 파렴치하다. 진정 그들이 노동자를 위한 단체라면 당연히 "우리에 대한 대우에 비해서 하청업체 종사자에 대한 대우가 너무 열악하니 회사가 저들에 대한 처우를 개선하라"고 해야 할 일이 아니겠는가? 다수의 힘을 이용하는 집단 이기주의가 이 나라를 전진하지 못하게 하고 있다.

또 하나의 문제는 이념문제다. 6·25를 겪은 세대와 그렇지 않은 세대 사이에 분명한 이념의 경계선이 있다. 전자는 북한을 경계하지만, 후자는 통일지상주의적이다. 지난 정권의 햇볕정책이 북한의 전쟁이나 테러를 예방했다고 자위할지는 모르지만, 그 정책이 저들에게 핵개발을 도와주었을 뿐, 굶주리는 인민들에게는 아무런 도움도 주지 못했다는 것은 세상이 다 아는 사실이다.

이상 두 가지 문제 못지않게 심각한 것은 사회 전반에 퍼져있는 음란과 부패다. 성경(창세기 6:28)을 읽으면 하나님이 사람을 지으신 것을 후회하시고, 홍수로 심판하신 이유가 분명하다. 즉, '하나님의 아들들이 사람의 딸들의 아름다움을 보고 자기들이 좋아하는 모든 자를 아내로 삼는지라' 했으니, 하나님이 자신이 하신 일을 후회하실 만큼이나 싫어하신 것은 인간의 성적 문란이라는 것을 알 수 있다.

또 아브라함 때에 그의 조카 롯이 살던 소돔과 고모라를 유황불로 심판하신 것도, 폭도들이 롯의 집에 몰려와서 낯선 남자 둘(사실은 천사)을 내놓으라고 했을 때 롯이 천사를 보호하기 위해서 자기의 두 딸을 내주겠다고 제의한 것을 보면, 그 도시의 성적 타락을 알 수 있다.

그런데 지금 우리나라의 실정은 어떤가? 소위 텍사스촌이라는 것이 대도시 곳곳에서 버젓이 영업을 하고 있을 뿐 아니라 각종 위생업소 중에도 음성적으로 퇴폐영업을 하는 곳도 있다는데, 요새는 인터넷을 통해서 성매매가 성행한다고 한다. 그러더니 심지어는 젊은 부부 수십 쌍이 '쌍쌍 동침' 이라는 해괴망측한 쾌락에 동참한다니, 이대로 흘러가다가는 노아시대나 롯의 시대 같은 심판을 받을까봐 겁이 난다.

양심의 부패도 우리 마음을 아프게 한다. 아비가 제 자식을 한강에 던지는가 하면 돈 안준다고 제 부모를 죽이는 패륜아에다가 강도, 절도, 납치살인, 사기 등 사회악이 매일같이 보도되는 살벌한 일상을 우리가 살고 있다.

우리나라에 오래전부터 전해오는 고약한 속담이 있으니, 바로 '외상이라면 황소도 잡아먹는다' 는 것이다. 이 속담을 몰라서 그랬는지, 알고도 그랬는지는 모르겠지만, 근년에 신용카드 회사들이 무턱대고 회원을 모집한 결과 역시 무턱대고 카드를 긁어댄 신용불량자가 4백만 명이나 양산됐다는 것이다. 그 바람에 가정이 깨지고 자살자가 속출하며, 노숙자들이 지하철역에서 신문지 신세를 지는 비극을 만들었다.

그렇다면 이 나라는 정녕 희망이 없는 나라일까? 아니다! 그렇게 비관

할 일이 아니다. 우리나라가 식민지의 굴레를 벗은지 반세기밖에 안 되는데, 이만큼이라도 살게 된 것은 극성스러운 교육열 덕분이라는 것은 다들 인정한다. 교육평준화니 뭐니 하지만 잘 살기 위한 교육열은 식지 않을 것이고, 그러면 그만큼 인재도 나올 테니 그들에게 기대를 걸자.

지금 교육은 받을 만큼 받고서도 청년실업자가 넘쳐나고, 그들이 기피하는 3D업종을 외국인 근로자들이 담당하고 있다고 해서 나라가 망하기야 하겠는가? 그나저나 '내 새끼'에게는 아까운 것이 없는 기성세대들이 자신의 고달팠던 인생살이를 대물림하지 않으려는 무분별한 자식 사랑을 이미 후회하고 있고, 자식들이 놀고먹는 것도 한도가 있다는 것을 깨달을 때가 되었으니 머지않아 부모나, 자식이나 제 자리를 찾을 것이다.

우리 '믿는 자'들은 내 자식들을 올바르게 가르치면서 이 나라의 장래를 염려하는 마음으로 열심히 기도해야겠다.

우리 겨레 만세!

우리 겨레는 반만 년의 역사 속에서 오늘에 이르렀다. 기후가 4계절로 나뉘었으니 사람들이 어쩔 수 없이 부지런해졌고, 땅이 좋고 물이 맑아 먹고 살기에 부족함이 없었다. 그러니 가족끼리, 친척끼리 오순도순 살면 그만이지 큰 욕심 부릴 생각도 없었다.

그러나 탐욕스러운 이웃 민족들이 이처럼 살기 좋은 땅을 탐내지 않을리가 없었다. 사실 우리 겨레는 남의 것을 엿보는 일 없이 자족하는 평화민족이었고, 그래서 단 한번도 남의 영토를 침범한 일이 없지만, 이민족(異民族)이 우리 땅을 짓밟는 것은 한사코 막아내고야 말았다. 번번이 그랬다.

고구려 때에는 수나라 양제가 정규군 백삼십 만과 예비군 이백만을 자랑하며 진격해 왔는데, 우문술이 이끄는 별동대 35만 명이 우리의 위대한 을지문덕 장군의 작전에 걸려들어 대패하고, 구사일생으로 살아남아 요동으로 돌아간 병사는 겨우 2천7백 명이었다고 한다.

우리 땅을 탐내던 수나라는 결국 38년 만에 멸망하고 말았다.

그 후 당나라 태종 이세민이 역시 고구려 정벌에 나섰지만 안시성 싸움에서 우리 병사가 쏜 화살에 한 눈을 잃고 물러났는데, 얼마 지나지 않아 그 독창 때문에 죽고 말았다.

근세에 이르러 청나라가 우리나라에 대해 종주국 행세를 하다가 청일전쟁을 치르게 됐고, 패전국으로 전락했다.

일본만 하더라도 도요토미 히데요시가 임진왜란을 일으켜 우리 강토를 짓밟았지만, 결국은 우리 불세출의 영웅 이순신 장군의 전략에 휘말려 실패하고 말았던 것이다.

그 후 일본은 청일전쟁과 노일전쟁 승리의 여세로 우리나라를 강점하고, 36년에 걸쳐 우리 겨레를 괴롭히다가 원자탄을 맞고는 물러났다.

이렇듯 중국이든, 일본이든 또 다른 어떤 민족이든 우리 땅을 집어삼키려는 욕심을 부리다가는 반드시 망한다는 것을 역사가 증명하고 있다.

그러나 아! 슬프다. 동족인 김일성이 스탈린과 모택동의 후원을 믿고 저지른 6·25 전쟁으로 이 겨레가 입은 피해가 얼마며, 그 고통이 어떠했던가? 그러나 그때에도 하나님은 미국을 비롯한 16개국을 참전하게 하셔서 김일성의 야욕을 꺾으셨고, 전후 미국의 적극적인 원조로 GNP가 백불을 밑돌던 이 나라가 이제는 2만 달러를 자랑하게 되었으니, 우리는 약하나 주께서 지켜주심을 믿게 된다.

더군다나 주님의 복음을 받아 들인지 백여 년에 신도 수가 전 인구의 25%에 이르고, 세계에 유례가 없는 열렬한 새벽기도로 주님께 매달리며, 해외에 선교사를 1만 2천명이나 내보내는 우리 '믿는 자' 들의 인간애를 주님도 알고 계신다.

우리들은 아무도 다시는 넘보지 못하는 튼튼한 나라로 겨레의 역량을 결집하고 하나님의 가호를 기원해야겠다.

'하나님이 보우하사 우리 겨레 만세!'

우리말 사랑

– 이 글은 우리말에 특별히 애정을 가진 분만 읽으시기 바랍니다.

우리 민족이 지금 일상적으로 쓰고 있는 말은 본래 러시아의 우랄·알타이 지방에서 유래한 것인데, 그것이 몽골어, 한국어, 일본어 그리고 남북아메리카 원주민의 말로 분화되었다. 이들 민족 사이에 공통된 특징은 '몽고반점' 의 유전이지만, 언어는 오랜 역사와 생활환경에 따라서 판이하게 달라져버렸다. – 비슷한 예로 우리는 통치 체제와 생활환경이 같지 않음으로써 달라진 북한의 말 그리고 북한에 인접한 연변

의 말을 듣고 있지 않는가? –

우리나라가 한때는 몽골족의 침략을 받았고, 오랜 세월을 중국에 예속되어 있다가 19세기에 이르러서는 일본의 식민지로 전락해서 한국어 말살정책에 시달렸는데도 불구하고 우리 민족의 얼굴인 우리말은 큰 변질 없이 면면히 이어져오고 있다.

그뿐 아니라 우리말은 세계 어느 민족의 언어보다도 고도로 세련된 고급언어라고 자랑할만하다. 특히 형용사(形容詞)는 그 농도와 분위기에 따라 분화되었는데, 몇 가지만 예를 들면 다음과 같다.

1. 검다. 물론 흑색을 나타내는 것이지만 이것이 까맣다, 새카맣다, 시커멓다, 거무스름하다, 거뭇거뭇하다, 까무잡잡하다, 거무죽죽하다, 거무튀튀하다, 검디검다 등으로 분화되었다.

2. 어둡다. 흑암을 표현하는 말인데 이것이 깜깜하다, 캄캄하다, 컴컴하다, 어둑어둑하다, 어슴푸레하다 등으로 분화돼 있다.

그런데 지금 우리말은 오염돼 가는 현상이 있기에 그 중 심각한 몇 가지를 지적하면 다음과 같다.

ㄱ. 빌리다 : 꾸다

지금 신문까지도 '빌린 돈'이라고 쓰는데, 돈은 꾸는 것이지 빌리는 것이 아니다. "볼펜 좀 빌려줘"처럼 빌려 쓴 물건을 돌려주는 것과 "내일 갚을 테니 10만 원만 꿔줘"같이 현찰이든 수표를 가치만 같으면 되는 것과는 말이 다르다.

ㄴ. 마르다 : 야위다

"빨래가 잘 말랐구나"와 "너무 야위어서 보기 싫구나"로 구별해야지 "너무 말라서 흉하다 애!"처럼 혼동해서 쓰는 현실을 어떻게 바로 잡을까?

ㄷ. 에게 : 에게서

"내가 그에게 말을 걸었지", "자식은 마땅히 부모에게 효도해야지"처럼 이쪽이 저쪽으로 작용할 때는 '에게'이고 반대로 "며느리가 용돈을 주더군" 할 경우는 "며느리에게서 용돈을 받았지" 하는 것이 맞다. 신문에 가끔 '○○에게 듣는다'라는 타이틀이 나오는데, 당연히 '○○에게서 듣는다' 하든지, '○○에게 묻는다' 해야 옳다. 또 같은 맥락에서 교회마다 예배 때에 일제히 외우는 '사도신경' 첫머리의 '마리아에게 나시고 빌라도에게 고난을 받으샤'도 '마리아에게서 나시고 빌라도에게서 고난을 받으샤'로 고쳐져야 할 것이다.

어떤 이는 '에게서'를 '으로부터'로 쓰는데, 이것은 우리말 같지 않고 영어 냄새가 난다.

ㄹ. 같아요

이런 말투는 지금 중년층까지 파급돼 있어서 좀처럼 바로잡아질 것 같지는 않지만, 그래도 그냥 지나칠 수는 없는 문제다. 10여 년 전에 한 미래학자가 '현대는 불확실성(不確實性)의 시대'라고 했는데, '같아요'가 바로 그 증거라 하겠다. "알 것 같아요", "언젠가 본 것 같아요"처럼 애매모호할 경우에 써야지, "산에 올라오니까 기분이 좋은 것 같아요"식으로 말하는 사람이 적지 않으니 그것이 문제라는 것이다. 우리나라 사람들이 너나없이 똑똑한데 그만큼 '좋다', '나쁘다', '잘 모르겠다' 등은 분명하게 의사 표시를 해야겠다.

ㅁ. ~봅니다, ~보겠습니다

주로 연예계에서 애용되는 말투인데 "생각합니다" 하면 될 경우에 좀 더 세련된 어법으로 생각해서인지 "성대한 이벤트가 되리라는 생각을 해봅니다" 하면 오히려 가볍게 생각하는 것처럼 들린다. 더군다나 출연자 앞에서 사회자가 "기대해 보겠습니다" 하는 것은 큰 실례가 된다. 그는 사회자이지 심사자가 아니잖은가?

ㅂ. ~지 않을까

이런 어법은 일반 서민보다는 유식층에서 상용되고 있는데, 이것은 순전히 일본식이다. 일본인들은 19세기 중반까지 4백년이 무인시대(武人時代)였기에 백성들은 무인들의 횡포 속에서 숨을 죽이고 저들의 눈치를 살피면서 하고 싶은 말도 제대로 하지 못했다. 그래서 "이렇게 하고 싶습니다" 할 것을 "이렇게 하면 좋지 않을까? 하고 생각하는데요"라는 반어법을 쓰는 버릇이 굳어져서 지금까지 이어지고 있다. 저런 비겁한 어법을 우리가 따라할 이유가 무엇인가? 할 말이 있으면 당당하게 하자.

한 가지 더 언급할 것이 있다. 실례로 우리가 쓰고 있는 어휘의 반 이상이 한자어인데, 그것은 우리말이 불충분해서가 아니고 오랜 역사 속에서 중국의 영향을 받는 중에 지배계급인 양반들이 한문으로 행세해온 결과다.

그렇다고 언제까지 양반의 흉내를 내야겠는가? 이제라도 알아듣기 쉽고 말하기 편한 우리말로 의사표시를 하도록 노력할 일이다.

한 예를 들면 시장에서 흔히 쓰는 '염가판매'만 하더라도 '싸게 팝니다' 하면 될 것인데, 어려운 한자어로 쓰면 그 물건이 고급품으로 보이고 우리말로 쓰면 '싸구려'가 될까봐 그러는 것일까?

사실은 한자어뿐 아니라 요새는 영어가 세계 공용어로 통한다니까 글로벌 시대에 맞추려고 그러는지, 아는 체하느라고 그러는지 "업그레이드 한다"는 영어를 많이들 쓰는데, 우리말로 "높인다", "끌어 올린다" 하면 충분히 의미 전달이 될 말이다. 하기는 어린이들까지 "힘내자" 할 경우에 손바닥을 마주치면서 "파이팅"이라고 하니 세계를 품는 마음에서라면 좋 겠지만, 내 것은 하찮게 여기고 남의 것을 부러워하는 못난 짓 같아서 찜 찜하고 서글프다.

한글 사랑(1)

– 이 글은 한글에 대해 관심이 있는 분만 읽으시기 바랍니다.

우리 국민이면 누구나 쓰고 있는 한글이 조선왕조의 제3대 임금인 세종대왕이 만든 문자라는 사실은 우리가 크게 자랑할 만한 일이다.

세종대왕은 한 나라의 절대 권력자인데도 그 권력을 행사하기보다는 가난하고 배우지 못해 천대받는 백성들을 위해서 우리말에 알맞은 문 자를 만들기로 결심했던 것이다. 그분은 심각한 눈병에 시달리면서도 10여 년에 걸쳐 정인지를 비롯한 집현전의 여러 학자들과 함께 연구하 는 동안 성삼문을 요동에 있는 언어학자에게 열세 번이나 보내서 자문 하는 등의 정성을 쏟은 열정은 우리 겨레가 영원히 기려야 할 왕도라 하겠다.

한글 창제의 동기와 목적도 거룩하거니와 우리가 세계 앞에 두고두 고 자랑할 수 있는 것은 한글이 세계 역사상 유일한 과학적 창작 문자라는 것이다.

자음은 과학적이고 모음은 철학적인데 영어 등과는 달리, 1개 음절이 1개 문자로 표시되는 장점이 있어서 지금 같은 기계화시대에는 더욱 편리하다.

왜냐하면 한글의 자모(字母)는 자음(子音) 다음에 모음(母音)이 붙어서 한 음절(音節)을 나타내거나, 그 뒤에 또 자음이 붙어서 한 음절을 이루기도 하기 때문에 자판을 두드릴 때에 피아노를 치듯이 양손으로 자음과 모음을 교대로 칠 수 있어서 능동적이다.

또 한글은 표음문자(表音文字)지만 어떤 말에 대해서는 중국의 한자처럼 표의문자(表意文字) 구실을 하기도 한다.

그 예를 들면 다음과 같다.

1. 명사(名詞)

값 · 까닭 · 곁 · 곧 · 곳 · 꽃 · 꿩 · 끝 · 낟 · 낫 · 낮 · 낱 · 넋 · 늪 · 닻 · 덫 · 돗 · (머리)맡 · 몇 · 못 · 뭍 · 밖 · 뺨 · 벚꽃 · 볕 · 뼈 · 뺨 · 빛 · 삯 · 삶 · 섶 · 솥 · 숯 · 숱 · 숲 · 앞 · 옆 · 옷 · 윷 · 잎 · 칡 · 팥 · 흩 · 흙

2. 동사(動詞)

갉다 · 갖다 · 갚다 · 걷다 · 꺾다 · 겪다 · 곪다 · 곯다 · 꽂다 · 꿇다 · 꿰다 · 긁다 · 끊다 · 끓다 · 낚다 · 낳다 · 넣다 · 놓다 · 늙다 · 닦다 · 닮다 · 닳다 · 닿다 · 덮다 · 뚫다 · 맞다 · 맡다 · 묶다 · 묻다 · 밟다 · 빨다 · 뱉다 · 뻗다 · 삶다 · 쌓다 · 앉다 · 얹다 · 얽다 · 엎다 · 엮다 · 옮다 · 읊다 · 읽다 · 잇다 · 쫓다 · 짓다 · 찢다 · 짊다 · 짚다 · 핥다 · 훑다

3. 형용사(形容詞)

같다 · 곧다 · 굵다 · 궂다 · 깊다 · 낡다 · 넓다 · 높다 · 닿다 · 떫다 ·
맑다 · 맞다 · 묽다 · 밝다 · 얇다 · 얕다 · 없다 · 엷다 · 옳다 · 잦다 · 짧
다 · 젊다

이렇듯 우리말을 표시하기에 알맞게 만들어진 글이었지만, 한문만이
유일한 문자라고 고집하는 양반계급의 격렬한 반대에 부딪힌 세종대왕
은 부제학(副提學) 최만리(崔萬理)를 하옥시키기까지 하면서 기어이
우리글을 훈민정음(訓民正音)이라는 이름으로 반포했으며, 용비어천
가(龍飛御天歌) 등의 후속조치를 통해 보급에 힘썼음에도 불구하고,
이후에는 언문(諺文)이라는 멸시 속에서 '아녀자의 글'로서 간신히 명
맥을 이어왔던 것이다.

그러다가 근대에 이르러 주시경(周時經) 선생이 훈민정음을 '한글'
이라는 이름으로 부활시켰는데, 때마침 기독교가 들어와서 한문 성경
을 한글로 간행, 보급함으로써 국민 속에 한글이 깊숙이 파고들기에 이
른 것이다.

이로써 기독교는 우리 민족에게 참된 진리를 깨우칠 뿐 아니라 한글
보급이라는 크나큰 업적까지 아울러 쌓았다.

그런데 광복 직후 언어학자 이극로(李克魯)와 그의 젊은 제자 김수
향(金水鄕)을 필두로 한 몇몇이 월북해서는 한글학회의 전신인 조선어
학회가 주장하는 한글의 표음주의(表音主義)에 대항하는 형태주의(形
態主義)를 내세웠다.

그 주장의 근거는 앞에 예시한 한글의 표의성(表意性)이다. 이런 자

모까지 표음주의로 묶는 것은 무리라는 주장이다.

또 하나의 이론(異論)이 있으니, 그것은 한글학회가 인정한 구개음화(口蓋音化)에 반대하는 것이다. 구개음화라는 것은 윗입술을 다문 채 발음한다는 것인데, 구체적인 예를 들면 우리가 '이공계(理工系)·이익단체(利益團體)·이장님(里長님)'이라고 발음하는 것을 구개음화라고 한다.

그러나 저들은 그것을 '리공계·리익단체·이장동무'라고 말하고 쓴다.

다시 말하면 '라행'의 첫소리를 윗입술이 덮여있는 상태에서 발음하는 현상은 인간이 말에 있어서도 힘을 덜 들이려는 생력(省力) 심리의 결과이고, 그것이 더운 지방에 사는 사람들로서는 지극히 자연스러운 현상이건만, 저들은 그런 현상이 게으름에서 오는 것이니 본래의 소리로 돌아가야 한다는 이론(理論)이다.

그나저나 이제 한글은 세계 언어학자들의 한결같은 찬사뿐 아니라, 이른바 '한류'를 타고 이웃나라 젊은이들의 사랑도 받고 있는데, 정작 나라 안에서는 글로벌시대라며 영어교육에 몰두하면서 제 나라의 말과 글은 우습게 여기는 풍조가 퍼지고 있는데다가 철없는 아이들이 인터넷에서 장난질을 하면서 우리의 위대한 한글에 먹칠을 해대고 있으니, 이것이 더 큰 걱정거리다.

이처럼 한글은 지금 안팎으로 도전을 받고 있지만, 그러나 우리 한글은 어떤 도전이나 장애도 극복하고 더욱 발전하면서 시대를 이끌어가는 우리 겨레의 영원한 자산으로 남을 것이고, 거기에는 우리 성경과 찬송가의 기여하는 바가 클 것은 의심할 여지가 없다.

한글사랑(2)

앞선 글에 미진한 것이 생각나서 여기에 덧붙이려는 것은 한글이 우리 겨레가 쓰는 말을 표현하기에만 적합한 것이 아니라, 어떤 외국어라도 원음(原音)대로 발음할 수 있게 하는 기능이 있다는 사실이다.

어떻게 그럴 수가 있느냐 하면 한글은 모음(母音) 10개＋자음(子音) 14개 도합 24개에 불과하지만, 그것들을 조합하기에 따라서는 많은 음을 표기할 수 있기 때문이다. 간단한 예를 들면 '나'는 자음인 'ㄴ'에 모음 'ㅏ'를 붙이면 되지만, '꽥'소리를 표기하는 데는 'ㄱ·ㄱ·ㅗ·ㅏ·ㅣ·ㄱ'을 한데모아서 구성한다. 그러기에 외국어 발음을 한글로 표기하는 것도 그리 어려운 일이 아니다.

이런 자신감에서일까? 정부(?)의 어느 관련기관인지는 모르지만 외국의 인명·지명 같은 고유명사는 그 나라 사람들이 발음하는 대로 표기한다는 일명 원음주의(原音主義)라는 것이 있다. 예를 들면 중국의 북경(北京)을 '베이징'이라고 쓰고 읽는 것이다.

그런데 같은 이웃나라인 일본 동경(東京)은 '토쿄'라고 쓴다. 왜? 그것은 동경의 일본어 발음이 '도오꾜오'인 것을 '외국어 표기에 있어서 장음(長音)은 단음(短音)으로 표기하고, 된소리 ㄲ·ㄸ·ㅃ·ㅉ은 ㅋ·ㅌ·ㅍ·ㅊ로 표기 한다'는 원칙 때문에 '도오꾜오'를 '토쿄'라고 쓰게 된 것이다.

결론부터 말하면 원음주의와 된소리 및 장음 배제는 모순이다. 원음주의에 충실하려면 '모스꼬바·도오꾜오' 식으로 쓰고 읽어야 맞다.

그런데 어째서 '모스코바·토쿄'로 쓰게 되었는가? 그것은 러시아어

(쓰딸린·똘스또이 등)와 한국어(까치·까마귀 등) 그리고 일본어(닙뽕 =
日本·가나따 = 칼·입빠이 = 한잔 가득 등)에는 된소리가 많지만 영어나
중국어에는 된소리가 거의 없는데, 특히 영어권에서는 된소리를 내지
못한다(빠리를 파리라고 한다).

구체적인 예를 들면 서구인(西歐人)들이 일본 땅에 처음 발을 내디
딘 곳이 규슈의 나가사끼(長崎)인데, 그들은 된소리를 내지 못하기 때
문에 '나가사키'라고 발음했던 것이다. 그런데 서양문명과 서양인에게
혼을 빼앗긴 일본인들이 그로부터 지금까지 제 고장의 이름뿐 아니라
모든 말에서 된소리를 버리고, 서양인의 발음을 흉내내고 있다(일본 가
수들의 노래에서 두드러진다). 우리가 일본인들의 꽁무니를 따라가야
하는가? 우리는 세계가 부러워하는 한글의 기능을 살려 나가야겠다.
이것이야말로 이 겨레의 역사적인 사명이 아닐 수 없다.

소나무 사랑

《아낌없이 주는 나무》라는 동화가 널리 읽혀서 어린이는 물론 어른
들에게도 교훈이 되고 있다. 나무는 어떤 수종이든지 쓸모없는 나무는
없다. 나무가 사람에게 주는 것은 물질적 가치 못지않게 정신적 기여도
크다.

한데 한마디로 나무라고 하지만 그 종류는 헤아릴 수 없이 많은데,
그 중에서도 우리나라에 제일 많은 수종은 역시 소나무다. 같은 소나무

라도 기후대에 따라 수종이 달라서 백두산 일대에는 백송(白松)이 많고, 남쪽으로는 흑송(黑松)과 홍송(紅松)이 잘 자라며, 바닷가 모래밭에는 해송(海松)뿐이지만 자양분이 부족한 모래와 해풍에 시달리기 때문에 키가 크지 못한다.

그러나 다행하게도 해송 말고는 어디에서나 잘 자라는 것이 소나무다. 우리나라에 소나무가 많은 원인은 우리 국토에 알맞기 때문이다. 한때는 소나무가 더디 자라고 건축재로는 적합하지 못하다며 열대지방에서 자라는 '라왕' 처럼 빨리 자라는 수종으로 바꿔야 된다는 성급하고 무모한 정책에 따라 '미루나무' 나 '은사시나무' 등을 장려했다가 모두 실패한 것은 우리 땅을 무시했기 때문이다.

우리가 잘 알고 있듯이 우리 땅은 돌 천지다. 그래서 수분이 많이 필요한 수종은 자라지 못하고 말라 죽는다. 그러나 소나무는 어떤 박토에서도, 심지어 바위틈이라도 뿌리만 내리면 꿋꿋하게 자라는 생명력을 자랑한다. 그렇다고 소나무가 박토만 좋아하는 것은 아니다.

소나무는 그 서 있는 자리에 따라서 모양새가 다르다.

첫째로 마을 앞이나 강가에 서 있는 소나무를 보면 사방으로 가지를 뻗고 잎을 피워서 햇빛을 넘치도록 받는다. 눈에는 보이지 않지만 이런 나무는 그 뿌리를 사방팔방으로 길게 뻗어서 땅 위의 몸집을 떠받치고 있는 것이다. 다시 말하면, 땅 위에서나, 땅 속에서나 거칠 것이 없이 번성한다. 이런 나무는 그늘이 넓어서 사람들이 땀을 식히는 쉼터가 되며 주변의 공기를 맑게 하기도 한다.

그것은 마치 이름 있는 집안에 태어나서 제 뜻을 마음껏 펼치는 팔자 좋은 사람을 연상하게 한다. 이런 사람은 큰 인물이 돼서 여러 사람에게 덕을 끼치는 것이 본분일 터인데, 오히려 오만에 빠져서 자신의 이익만을 추구하며 힘들게 사는 이웃을 외면하거나 무시하는 것은 고사하고, 괴롭히는 경우도 가끔 있는 현실이 참으로 애석하다.

둘째는 같은 수종인 소나무라도 숲 속에서 자라는 경우에도 사정이 다르다. 옆으로 가지를 뻗지 못하는 까닭은 다른 나무의 가지와 부딪치지 않아야 하기 때문이다. 그러니 불가불 위로 위로 발돋움질을 할 수밖에 없다. 결국 그루는 가늘고 키만 훌쩍 커진다. 만약 주변 나무들보다 더디 자라면 햇빛을 받지 못해서 숨이 막혀 죽는다. 살아남기 위해서는 기를 쓰고 키를 키워야 한다. 이런 숲을 보노라면 인간의 생존경쟁이 연상된다. 사람들도 저 숲의 생리처럼 이웃을 건드리지 않으면서 자기 성장을 위해 노력할 수 있었으면 얼마나 좋을까?

어느 날 TV에서 태풍이 지나간 숲 언저리에 가지가 찢어진 소나무들과 아예 그루가 부러져버린 소나무를 보고는 인간사회에서도 저렇게 이웃과 어울리지 못하고 동떨어져서 잘난 척하거나 자신감을 잃고 변두리에서 서성거리다가 실패하는 사람을 떠올렸다.

셋째는 산꼭대기 바위틈에 뿌리를 박고 서 있는 소나무를 보자. 울릉도에 가본 사람은 도동항에 내려서서 사방을 둘러보다가 깎아지른 산꼭대기에 서 있는 소나무 몇 그루를 보았을 것이다. 저 소나무들은 모진 비바람과 짓누르는 폭설의 무게에도 굴하지 않고 꿋꿋하게 버티고 서 있다. 그것은 바위틈을 비집으면서 뿌리를 깊이깊이 뻗고 있기에 가능했던 것이다. 저 소나무들이 우리에게 말하는 것은 무엇일까? 그것은 역경에 맞서는 기개일 것이다. 삶의 환경이 제 아무리 열악할지라도 결단코 남을 탓하거나 자신의 운명을 한탄하지 않고 묵묵히 참으며 의

연한 자세로 자신을 지키는 의지를 보여주는 것으로 생각하자. 그래서 옛 선비들은 고송(孤松 = 의로운 소나무), 낙락장송(落落長松 = 금방이라도 쓰러져 떨어질 듯이 키 큰 소나무)을 부러워하며 시로 읊었고, 화가들이 즐겨 소재로 삼았다.

　　여기에 사진 한 장을 소개한다.

"그래도 난 살고싶다"

바위보다, 비바람보다 강인한 생명력을 자랑하는 소나무가 홀로 봄을 맞았다. 경북 울진군 응봉산 정상 부근 (류두희·36·경북 경주시 강동면).

　　이 사진은 어느 날 한 신문에 실린 것인데 이 소나무가 처음부터 이렇게 한쪽으로만 가지를 뻗고 자랐던 것은 아닐 것이다. 필경 어느 날 느닷없이 불어 닥친 광풍에 그만 큰 가지 하나를 빼앗기는 불운을 만났을 것이 분명하다. 마치 어떤 사람이 어떤 사고로 한 팔을 잃어버린 것처럼. 팔이든, 다리든 또는 눈이든 어떤 사정으로 신체 기능의 일부를 잃게 된 사람에게 이 사진이 어떤 도전정신을 일깨워주었으면 좋겠다.

소나무는 어릴 때나 늙어서나 우리 겨레 곁에 있으면서 우리의 일상 생활에 이용되었다. 봄에는 송홧가루, 잎사귀는 송편 찌는 데, 가지와 잎은 땔감이 되고, 늙어서는 서까래, 기둥, 대들보 같은 건축재가 돼 주었다. 심지어 낙엽인 솔갈비는 불쏘시개가 돼 준 고마운 나무다. 그뿐인가? 소나무의 낙엽은 활엽수의 낙엽과는 다르게 바람에 잘 날리지 않고 땅바닥에 딱 달라붙기 때문에 나무 밑의 흙이 비에 씻기지 않게 막아주고, 결국은 자체가 썩어서 그 나무의 비료가 된다. 정말이지 소나무야말로 '아낌없이 주는 나무' 다.

그런데 굳이 소나무의 결점을 들자면 자리 옮기는 것을 몹시 싫어하는 것이다. 그래서 정원수(庭園樹)하면 으레 일본산인 가이즈카(貝塚)가 왕좌를 차지했었는데, 이식(移植) 기술의 발달로 이제는 공원이나 정원에 시원스레 자란 소나무들이 그 자태를 자랑하게 되었으니 여간 기분 좋은 일이 아니다. 사실 우리의 전통 춤사위처럼 흐느적거리는 저 소나무의 곡선미를 다른 어떤 나무가 흉내나 내겠는가?

이뿐 아니라 여기에 빠뜨릴 수 없는 것이 소나무의 희생이다. 우리 겨레가 아주 살기 어려웠던 시절을 흔히 '풀뿌리, 나무껍질로 허기를 면했던 세월' 이라고 표현하는데, 그 나무껍질이라는 것이 사실은 저 소나무의 겉껍질이 아니라 속껍질인 송기(松肌)였다. 그 시절을 모르는 젊은이들은 이해하기 어렵겠지만 먹을 것이 오죽 없었으면 그랬겠는가? 흉년이 들어서 농사를 망치면 농민들은 낫을 들고 산에 올라가 10년이나 20년쯤 자란 소나무의 아랫도리에서 겉껍질을 벗기고, 그 속에 있는 하얀 속살을 긁어 그 자리에서 씹어 먹으면서 식구들을 위해 여러 그루에 상처를 낸다. 그렇게 긁어낸 송기는 죽이나 떡에 들어가 보조식품이 됐던 것이다.

또 일제 말기에는 무슨 기름의 대용품으로 쓴다면서 아름드리 소나무의 아랫도리에 흠집을 내고 그래서 생긴 송진을 긁어갔다.

이래저래 소나무는 이 백성을 위해 자기 살과 피를 내주었던 것이다.

어느 절이나 능으로 들어갈 때 우리 눈에 뜨이는 것은 노송들이 우리를 향해서 긴 허리를 굽히고 서 있는데, 그 아랫도리에 예외 없이 나있는 상처를 보고 비운의 시대에 우리 겨레와 함께 저들이 겪은 고통을 고마워하고 미안해하는 사람이 과연 얼마나 될까?

소나무야말로 우리 겨레와 생사고락을 함께 해온 피붙이 같은 존재요, 우리 민족의 상징이다.

그런데 근년에 이르러(아마도 공해 때문이겠지만) 소나무가 병충해로 수난시대를 맞고 있어서 참으로 안타깝다. 무슨 수를 써서라도 살려야겠다. 소나무도 살릴 수 없는 대한민국은 아닐 테니까.

지역감정

지도를 들여다보다가 저절로 느끼는 것은 우리 국토가 어지간히 작다는 것이다. 게다가 웬 산맥들이 이다지도 억세게 뻗어있는지 답답해진다. 이렇게 지형은 험악하지만 4계절이 뚜렷한 기후와 물 맑고 공기 시원하며 땅이 기름지니 사람이 살기에는 더할 나위가 없다. 그러나 한

가지 큰 결점은 겨울이 추워서 견디기가 어렵다는 사실이다. 그래서 옛날부터 집을 지으려면 으레 산기슭이나 높은 언덕 남쪽에 터를 잡고는 사람이 머리를 숙이고 드나들 만큼 납작한 집을 짓고 살아왔다. 그러니 많은 산이 되레 사람 사는데 유리한 조건이었던 셈이다.

그러나 크게 보면 저 산맥들이 우리 겨레를 한 덩어리로 뭉치지 못하고 여러 지역으로 갈라놓았다. 아마 조선왕조 때부터였겠지만, 우리 강토를 팔도강산(八道江山)이라고 불러왔는데 이렇게 여덟 개 지역으로 나뉜 것이 그곳에 사는 사람들의 성정까지 달라지게 했다.

즉, 한반도가 대륙에서 뻗어 내린 순서대로 말하자면 동북으로 길게 뻗어있는 함경도 사람들의 성정을 '진흙 밭에서 싸우는 개(泥田鬪狗)'라고 한 것은 저들의 생활환경을 모르는 양반계급의 편견이었을 것이다. 사실 저들의 생활터전이래야 두만강 유역과 밋밋한 해안선 그리고 원산만 일대에 한정돼 있었으니, 살아남기 위해서는 악착같은 생존경쟁을 피할 수 없었을 것이다. 그 결과겠지만 그 지역 사람들은 고집스러운 데가 있는 대신에 가족의 결속력은 유별나다.

두 번째, 서북에 위치한 평안도 사람들은 맹호출림(猛虎出林)이라고 해서 사나운 호랑이가 숲에서 나오는 형상으로 표현했는데 사실 그쪽 사람들은 대체로 성미가 급하지만, 그만큼 진취적이어서 19세기에 이르러서는 안창호(安昌浩)를 비롯한 큰 인물이 여럿 나왔다. 그리고 여성들이 가정에 헌신적이면서도 밖에 나오면 활동적인 면이 눈에 띈다.

세 번째, 황해도 사람을 석전경우(石田耕牛)라고 돌짝밭(자갈밭)을 갈고 있는 소에 비유했는데, 사실 그들은 부지런하고 과묵하며, 검소해 보인다.

네 번째, 경기도 사람을 경중미인(鏡中美人)이라며 거울에 비친 미인이라고 한 것은 실속 없이 멋만 부린다는 비아냥거림이지만, 그들에게는 그럴 만한 이유가 있었다. 경기도는 한반도의 중앙부에 위치한데다가 기후, 풍토의 조건이 가장 유리하다. 그러니 생활에 여유가 있고, 게다가 고려와 조선의 수도가 이곳에 있었으니 저절로 문화의 중심지가 된 것이다.

다섯 번째, 강원도는 함경도에 이어진 한반도의 등줄기인 태백산맥이 남북으로 길게 뻗어있어서 땅은 넓어도 거의가 산지여서 농사에는 불리하지만, 다행히도 해안선에 변화가 많아서 많지 않은 인구가 살기에는 그리 각박하지 않았다. 따라서 성정이 순박하고 온순하며, 불만이 없었다. 그래서 큰 바위 아래 늙은 부처라고 암하노불(巖下老佛)이라는 별명을 얻었던 것이다.

여섯 번째, 충청도는 지리적으로 경기도에 인접해 있지만 산지인 동쪽과 평야인 서쪽으로 나뉘어 있어서 기후조건이 경기도에 못지않다. 먹고사는데 어려움이 없어서인지 사람들이 서두르지 않고 침착하며, 성격에 모난 데가 없다. 말이 느리다는 이유로 농담으로나 자조하는 말로 '멍청도'라고 말하고는 웃기도 하지만, 좋은 의미에서의 양반이다. 별명은 청풍명월(淸風明月)이다.

일곱 번째, 경상도 사람들은 말이나 행동이 투박하고 거칠어 험산준령(險山峻嶺)이라 했다. 높은 산, 험한 재라는 뜻이다. 그것은 사실이지만 다행히 속정이 깊어서 오래 사귀면 믿음직하다. 한 예를 들겠다. 6·25때에 개성에서 피난을 나온 한 가정이 경주에 머물렀다. 그런데 할머니는 집안 살림을 맡고, 부부는 한 평짜리 가게에서 장사를 하는데, 어린 아들과 딸은 껌 장사를 하다가 아침저녁으로는 깡통을 들고 다니면서 밥과 반찬을 구걸 해다가 한데 섞어 끓여서 끼니를 때운다고 하였다. 이렇게 1년만 계속하면 다시 일어설 수 있다고 하는데, 그들이 그렇게 할 수 있었던 것은 사실 개성 사람의 자립정신이 강하다고 하기보다는 경주 사람들의 다정한 마음이 돋보이는 일이라 하겠다.

마지막으로 여덟 번째인 전라도 사람의 성정을 세류춘풍(細柳春風)이라고 실버들이 봄바람에 하늘거리는 것으로 비유한 것은 그들이 머리가 좋고 행동이 잽싼 것을 나쁘게 본 것이다. 그런데 사실 그들이 그렇게 된 것은 그들 탓이 아니라 다분히 기후 때문이다. 옛날이나, 지금이나 태풍과 해일에 시달리는 곳이 전라도 아닌가? 거기에다가 동서로 가로지른 지리산(智異山) 말고는 바가지를 엎어 놓은 것 같은 벌거숭이 야산이 드문드문 보일 뿐 거의가 광활한 벌판이다. 농토가 넓어 천석꾼, 만석꾼이 생겼고 그들에게 빌붙어서 살아야 하는 소작인이 양산됐다. 지금처럼 기계화되지 못했던 예전에는 모든 농사가 인력에서 시작해서 인력으로 끝나게 돼 있었으니, 소작인들은 떼를 지어서 함께 일하는 과정에서 어느새 춤과 노래가 발달했다(해안지대에 사는 사람들은 질펀한 갯벌을 헤집어가며 조개를 캐고 굴을 따다가, 가끔은 허리를 펴고 노래를 불렀을 것이다).

저러한 인고에서 생겨난 유전인자 덕일까 유명한 연예인이 이 지방에서 많이 나왔다. 특히 남도지방의 판소리는 정말 특이하다.

그러나 저러나 전라도는 정말 살기 어려운 곳이었다. 그래서 전봉준의 동학난도 거기서 일어났고, 북간도행 이민 열차도 거의가 목포발이었다. 이런 악조건 속에서 살아남기 위해서는 순발력이 필요했고, 때로는 시류에 편승하기도 해야 했을 것이다.

여기에 덧붙이고 싶은 것은 각 지역의 민요다. 신고산타령(함경도), 수심가(평안도), 박연폭포(황해도), 니나노타령(경기도), 정선아리랑(강원도), 천안삼거리(충청도), 밀양아리랑(경상도), 진도아리랑(전라도) 등이 대표적인 민요다.

이상 상고한 바와 같이 우리 국민의 성정은 지역에 따라 다른데, 문제는 서로 '당신네'와 '우리네'가 정서적으로는 다를지언정 한 피를 받아 수천 년을 같은 땅에서 같은 공기, 같은 물을 마시며, 같은 말을 쓰면서 살아온 한겨레라는 공통의식만 확실하다면 서로 이해하고 인정하며, 화합하지 못할 이유가 없다.

그러나 애석하게도 전라도 민심과 경상도 민심이 선거철만 되면 불협화음을 내는데, 아마도 그 뿌리는 신라와 백제시대에서 시작됐을 것이다. 게다가 조선시대에는 경상도 사람들이 세도를 부리고 상대적으로 전라도 사람들이 소회된 탓으로 묵은 원한이 되살아났을 것이다. 그러나 지금은 달라진 세상이다. 서로 과거에서 벗어나지 못하는 자신을 돌아보고 앞으로 앞으로 나아가야 한다.

여기서 우리들 '믿는 자'에게 요구되는 것이 있다. 우리는 기본적으로 '세계인'이라는 인식이다. 하나님이 모든 인간을 사랑하시고 우리에게도 '이웃을 사랑하라'고 하시는데, 인류는 고사하고 내 동포조차 포용하지 못하는 옹졸한 감정을 아직도 청소해버리지 못하고 있지나 않는지 반성하자. 그리고 내 이웃이 어느 지역 출신이든 선입견을 갖지 않는 넓은 가슴을 열지 못했던 것을 회개하자.

십자가

십자가가 기독교의 상징인 것은 세상이 다 알고 있다. 그것은 인간이 마땅히 받아야 할 벌을 예수께서 대신 짊어지고 못 박혀 죽으신 증거물이다. 그러기에 기독교 신자들은 그것을 교회 건물에서 보거나, 사람의 몸에서 보거나 또는 언제 어디서 보거나 그리고 크든지, 작든지 무엇으로 만들어졌는지에 상관없이 예수님의 고난과 희생과 그분의 인간애(人間愛)를 가슴에 느끼는 것이다. 최근 '패션 오브 크라이스트'라는 영화가 세계적으로 화제인데, 그 영화를 보던 한 할머니가 심장마비로 사망하고, 또 한 청년은 그 영화를 본 후에 자기가 애인을 목 졸라 죽였다며 자수했다. 이런 일은 그만큼 예수님의 십자가사건이 사람들에게 충격적이었다는 증거라 할 것이다.

유럽 여러 나라 국기(國旗)에 십자가가 그려져 있는 것은 그 국민들이 자기 나라의 상징인 국기에서도 예수님의 정신을 기리려는 의도였을 터이지만, 과연 그들은 국기를 제정할 당시의 그 감동을 지금도 저 국기에서 받고 있을까? 아마도 오늘날의 그들은 넘치는 자유주의사상으로 인해 국기에 그려져 있는 십자가를 바라보면서도 아무런 감동도 받지 못하는 것은 아닐까?

하지만 지금 남의 나라 걱정이나 할 때가 아니다. 우리나라에 예수님의 복음이 들어온지가 백이십년인데, 교회 수가 5만이요, 신도수가 1천 2백만, 그래서 전국 방방곡곡(方方谷谷) 교회 건물 없는 마을이 없을 정도가 되었다. 특히 도시의 밤하늘을 빨간 십자가들로 수놓은 광경은 참으로 감격스럽다.

그러나 저 십자가들은 빨갛기만 할 뿐 빛이 나지 않는다. 빛을 잃은 십자가! 저것이 어쩌면 우리들의 굳어버린 신앙생활을 말하고 있는 것은 아닐까?

최근에 '사랑은 동사(動詞)다' 라는 말을 듣는데, 문법으로는 추상명사인 '사랑' 을 '사랑한다' 하면 실천하는 동사가 된다는 뜻이니, 사실은 우리 기독교인이 먼저 했어야 마땅한 말이었다. 오늘날의 기독교는 침체상태라느니, 기독교는 잠자고 있다느니, 교회라는 울타리를 벗어나지 못하고 있다느니 하지만 예수님의 피로 얼룩진 십자가를 마음속에 품고 그분의 뜻을 이루어드리려는 가정과 사회와 교회에서 충성을 바치고 있는 참 신자들이 적지 않을 터이니, 그들이야말로 한국 기독교의 한 가닥 희망의 빛이라고 믿어야겠다.

성령

구약성경에는 '지혜로운 영(출애굽기 28:3)' 이나, '하나님의 영', 또는 '내 영' 이라는 단어는 있어도 '성령' 이라는 단어는 전혀 보이지 않지만, 신약성경에는 예수께서 세례를 받으시고, 물에서 올라오실 때 '하나님의 성령이 비둘기같이(마태 3:16)' 나타나신 대목을 시작으로 복음서와 사도들의 서신 그리고 요한계시록에 이르기까지 헤아리기 어려울 만큼 언급돼 있다.

그러면 '영' 과 '성령' 은 전혀 다른 개념일까? 그럴리는 없다. 그것은 구약과 신약에서의 호칭상 차이일 뿐일 것이다.

또 하나 짚고 넘어갈 것은 마가의 다락방에서 베드로가 설교 중에 요엘의 예언이라고 인용한 '내 영을'이라는 말이 정작 요엘 2:28에는 '내 신을'로 번역돼 있다(어떤 사람은 이 대목을 근거로 '성령'도 '성신'이라고 해야 옳다고 주장하는데, 같은 성경책 안에서 '영'과 '신'이 같은 뜻으로 쓰이고 있으니 시비하기보다는 어느 쪽으로든 통일했으면 좋겠다).

신학적으로는 성령님은 하나님과 예수님과 더불어 삼위일체(三位一體)를 이루신다는데, 그 중에서 성령님은 어떤 일을 하셨고, 또 하고 계시는지에 대해서는 자주 설교를 들어서 다들 알고 있을 것이다.

여기서 우선 생각하게 되는 것은 성령님이 어떤 사람에게 오시는가 하는 문제다. 성경에 의하면, 예수께서 승천하실 때에 제자들에게 "요한은 물론 세례를 베풀었으나, 너희는 몇 날이 못 되어 성령으로 세례를 받으리라(사도행전 1:5)" 하시고, "오직 성령이 너희에게 임하시면 너희가 권능을 받고, 예루살렘과 온 유대와 사마리아와 땅 끝까지 이르러 내 증인이 되리라(사도행전 1:8)" 하신 말씀을 믿은 제자들이 예수님 승천하신 후에 마가의 다락방에 모였었는데, 오순절이 되자 제자들과 그들에게 동조하는 백이십명이 성령을 받아 방언을 하게 되었고, 때마침 외국에 나가서 살다가 절기를 맞아 성전에 제물을 바치려고 예루살렘에 머물고 있던 유대인들을 놀라게 했다는 것이다. (사도행전 2:1~13)

다음으로 알아야 할 것은 사람이 성령을 받으면 어떤 변화를 일으키느냐 하는 것이다. 그것은 성경(사도행전 2:46, 47)에 세 가지로 나타났다.

1) 소유개념이 순진해진다.

2) 하나님을 열심히 찬미한다.

3) 가족이 화목하게 된다.

그런데 우리나라에는 불행하게도 불순한 동기에서 성령받기를 갈망하는 신자가 적지 않다. 성령을 받지 않고는 천국에 들어갈 수 없다고 믿기 때문에 일어나는 현상이다.

지금 노년기에 있는 신자 중에는 성령에 관해서 아주 불행한 기억을 버리지 못하는 사람들이 있을 터인데, 그것은 우리나라가 6·25전쟁의 상처를 딛고 일어서려고 몸부림치던 와중에 성령을 받자고 외치고 나선 사람이 있었으니, 그 이름은 박태선이었다. 그에 대해서 어떤 사람은 그가 아직 집사였던 시기에 '신유의 은사'를 가졌다고 소문이 난 변계단 권사를 수행한 그를 어느 집 기도회에서 우연히 바로 옆에 앉아서 보게 되었는데, 그의 얼굴에서 시체처럼 싸늘한 냉기를 느꼈었다고 한다. 그런 그가 수년 후에는 남산에서 성령집회를 열고 열변을 토하자, 참가자들이 바친 금붙이가 자루에 가득했다고 한다. 그 집회를 계기로 유행한 찬송가가 '성령이 오셨네'라는 후렴이 있는 179장이었다.

그는 자신이 '감람나무'라고 했다는데, 성경에 '감람나무'라는 단어가 나오는 것은 창세기 8:11이 처음이다. 즉, 노아의 방주 사건에서 홍수가 그친 후에 배 밖으로 날려 보냈던 비둘기가 감람나무 잎사귀를 입에 물고 돌아온 것을 보고 육지가 드러난 것을 알게 된 것처럼, 전쟁으로 폐허가 된 이 땅에 성령의 바람을 일으킨 나 박태선이야말로 참 감람나무가 아니냐 하는 뜻이었을 것이다.

그가 처음부터 계획적이었는지, 인기에 취해서 그랬는지는 알 수 없지만, 후광이 비치는 명함판 사진을 청중에게 뿌리는 쇼도 서슴지 않았다(이 사실은 집사 시절의 그를 보았다는 사람이 하숙집 할머니에게서 확인했다).

그는 지금 부천시가 된 소사읍의 어느 야산 하나를 사서 신앙촌을 만들고 불의한 세상을 떠나 신앙을 지키고 싶은 사람은 재산을 처분해가지고 신앙촌에 들어와 '믿는 자' 끼리 살자고 했다. 그래서 소사에는 제1신앙촌, 지금 구리시가 된 덕소에 제2신앙촌, 부산에 제3신앙촌을 만들었을 뿐 아니라, 전국 각지 높은 언덕에 '전도관' 건물이 우후죽순처럼 나타나게 했다.

그러나 그의 사기극은 많은 피해자를 냈을 뿐 아니라, 기독교에 대한 일반인들의 인식에도 큰 해악을 끼쳤다.

이제 다시는 박태선 같은 '성령 장사꾼'이 날뛰지 못하게 우리 '믿는 자'들이 성령에 대한 올바른 인식을 갖기 위해서는 바울에게서 확실히 배워야겠다. 바울은 고린도전서 12장에 '성령'에 대한 설명을 자세하고 친절하게 기록해 주었으니, 그의 말을 믿고 다시는 성령님의 이름을 욕되게 하지 말자.

교회 사랑

성경에 '교회'라는 단어가 처음 나온 것은 예수께서 제자들에게 "너희는 나를 누구라 하느냐?”고 물으셨을 때 시몬이 “주님은 그리스도시요, 살아계신 하나님의 아들이십니다”라고 대답하자 “너는 베드로(반석)다. 이 반석 위에 교회를 세우겠다”고 하신 데서 시작됐음을 알 수 있다.

교회는 개인인 베드로의 이름 위에 세우는 것이 아니라, 그의 제대로 된 신앙고백 위에 서는 것이다. 신앙고백은 각 사람의 마음에서 나오는 것이기에 눈에 보이지 않는 교회가 신앙을 고백한 그 개인 안에 선다고 할 수 있다. ― 그래서 무교회주의자가 생겼겠지만, 그들도 모임을 갖고 차례로 기도하여 성경을 읽는다. ― 사실 각 사람의 마음속에 세워진 교회만으로는 복음이 전파되기 어렵기 때문에 예수께서는 마가의 다락방에 성령님을 보내셨고, 그 사건이 초대교회의 시발점이 되었다.

이렇게 시작된 교회의 역사를 훑어보면 예수님의 부활과 성령님의 임재(臨在)를 확인한 사도들의 땀과 눈물과 순교의 피로써 눈에 보이지 않는 교회와 눈에 보이는 교회가 확산되는 과정에서 당대 최강국인 로마제국의 박해를 피해서 땅굴교회(카다콤)가 생겼다. 하지만 주님의 경륜에 따라 압제자였던 로마제국이 기독교를 국교로 삼게 되고부터 교회는 자유를 구가하게 되었다. 자유! 자유야말로 모든 인간이 추구하는 것이지만 막상 자유를 얻고 나면 거의 예외 없이 방종으로 그리고는 타락으로 흘러가는 것이 인간의 어쩔 수 없는 약점인데, 인간의 대집단인 국가 역시 마찬가지여서 그토록 위세 당당하던 로마제국도 결국은 타락 때문에 멸망했다.

원래 인간은 눈에 보이지 않는 것보다 눈에 보이는 것을 좋아하는 속성을 가지고 있는데, 교회도 마찬가지여서 ‘믿는 자’들의 ‘마음속 교회'보다는 눈에 보이는 교회건물에 더 관심을 가지고, 더 웅장하고, 더 아름다운 건물 짓기에 정성을 쏟았고, 완공이 되면 그것을 하나님께 바친다고 성대한 성전봉헌식을 올리곤 한다.

그런데 성경(요한복음 2:19)에 의하면 예수께서는 유대인들이 46년 동안 지었다고 자랑하는 '솔로몬의 성전'을 두고 "너희가 이 성전을 헐라. 내가 사흘 동안에 일으키리라" 하셨다. 그것은 예수께서 자신의 몸이 사흘 만에 부활하실 것을 뜻하신 말씀이지만, 건물이 중요한 것이 아니라 그분의 부활을 믿는 믿음이 중요하다는 뜻도 된다.

그러나 미욱한 인간들은 주님께 마음을 바치기보다는 건물을 바치고 돈을 바치는 것이 주님을 기쁘시게 하는 줄 착각한 나머지 유대교가 예루살렘성전을 사랑했듯이 나라마다 웅장하고 아름다운 교회건물 짓기 경쟁을 벌였고, 교황이 있는 로마에는 어마어마한 성전을 짓느라고 면죄부(免罪符)까지 팔게 됨에 따라 이에 반발한 루터의 종교개혁이 일어났던 것이다.

우리나라에 개신교가 전파된 것은 1885년에 미국 선교사들이 들어와서 대도시에 서양식 붉은 벽돌로 예배당을 지은 것이 시초가 됐지만, 시골에서는 이미 있는 가정집에 몇 사람씩 모여 앉아(그것도 남녀가 한 방에 앉지 못하고) 예배를 드렸다. - 어느 지방에는 60년대까지 ㄱ자로 지은 초가예배당이 남아 있었다. -

모름지기 교회건물은 교인 수에 맞추면 되는 것이다. 교회건물은 교인들이 모여서 예배를 드리는 장소일 뿐 유대인들이 예루살렘 성전을 흠모하던 그런 마음가짐은 결코 바람직하지 않다.

우리가 사모하는 대상은 오로지 예수님과 그분이 아버지라고 지칭하신 하나님과 그분이 승천하시면서 보내시겠다고 약속하신 성령님이다.

따라서 우리 신앙인들이 힘써 할 일은 예배당이든지, 가정집이든지, 또는 야외든지 '믿는 자'들이 함께 모여서 주님을 찬양하는 일이 첫째요, 둘째는 주님께서 주신 은혜를 피차간에 나누고, 셋째로는 그분이 분부하신 대로 이웃을 사랑하는 데에 우리의 정성을 쏟아 붓는 일일 것이다. 참으로 교회를 사랑하는 사람은 육신의 눈에는 보이지 않아도 영혼의 눈에 보이는 교회를 흠모한다.

성경 사랑

해마다 세계적으로 가장 많이 간행되는 책이 기독교의 경전인 성경이라는 것은 세상의 상식이다. - 일부에서 성서(聖書)라고도 하는데 그것은 일본식이다. - 성경은 가장 많이 간행될 뿐 아니라 가장 많이 읽히는 책이기도 하다. 전문서적이나 교과서 따위가 아니면 대개는 한 번 읽고 마는 것이 책이지만, 기독교 신자는 물론 비신자일지라도 관심이 있는 사람은 성경을 부분적으로 자주 읽거나 일정한 목표를 두고 처음부터 끝까지 통독하는 사람도 많다.

그러면 이제 성경이 어떤 책인지를 살펴보자. 성경은 구약(舊約)과 신약(新約)으로 양분돼 있는데, 구약이란 예수님 이전 즉, 기원전(BC)에 기록된 하나님의 약속이고, 신약은 예수님 탄생 이후(AD)의 약속이라는 뜻이다. 성경은 어느 한 사람이 쓴 작품이 아니라 오랜 세월 동안에 나타났던 여러 사람이 쓴 것을 집대성한 책인데, 그 편성 내용을 살펴보면 먼저 구약은 '창세기'에서 '느헤미야'까지 16권의 역사, 그 다음에 '에스더'에서 '아가'까지 6권이 문학, '이사야'에서 '말라기'까지 17권이 예언서로서 모두 39권이다. 그 중에서 혹은 역사에 편입된 '룻기'와 예언으로 분류된 '요나'는 다분히 문학적이라는 견해도 있음직하지만, 굳이 꼬집을 일은 아닐 것이다.

한편 신약은 '마태복음'에서 '사도행전'까지 5권이 역사, '로마서'에서 '유다서'까지 21권이 사도들의 서신이고, '요한계시록'만이 신약의 유일한 예언으로서 모두 27권이다.

이렇게 편성된 구약과 신약은 대개 합본으로 발행되고 있는데, 거기에 신자들의 편의를 위해서 찬송가가 첨부되어 있다.

신약은 필자가 밝혀져 있지만, 구약은 그렇지 못할 뿐 아니라 그 내용 역시 아득한 옛날에 기록된 것이기 때문에 현대인으로서는 납득할 수 없는 의문점이 도처에서 발견되는데, 사실은 오래 전부터 성경학자들 사이에 서로 다른 의견들이 있어왔던 것이다. 다시 말하면 성경에 기록된 말씀은 1점 1획도 틀림이 없다는 절대무오설(絶對無誤說)의 주장에 따르면 성경은 그것을 기록한 사람의 손이 성령님의 인도하심에 따라 한 자 한 자 쓰여 졌다는 것으로, 이 주장을 축자영감설(逐字靈感說)이라 한다.

이와는 다르게 '성경은 인간에 대한 하나님의 뜻 즉, 사람으로 하여금 하나님을 찬양하게 하시려는 그분의 목적을 영감으로 깨달은 그대로 기록한 것이라는 주장인데, 이것을 목적영감설(目的靈感說)이라 한다.

그건 그렇고, 성경은 교회에 갈 때나 들고 다니는 책이 돼서는 안 된다. 예배 시간에 지정된 성경의 한 부분을 읽고 설교를 들음으로써 감동을 받아 마음에 위안을 얻거나 새로운 용기가 솟아났다 하더라도 그것이 오래 가지 못하고 어느새 잊히고 마는 것이 인간의 어쩔 수 없는 약점이다. 그렇기에 우리가 신앙인답게 살아가기 위해서는 삶의 참 지침이 되는 말씀으로 채워진 성경을 자주 읽어야만 이 약점을 보완할 수가 있다.

그러면 '저 많은 말씀 중에서 어디를 읽어야 하나?' 하는 의문이 일어날 터인데, 성경책 처음에 있는 창세기에서 시작해서 차례로 읽어나가는 사람도 있고 신약을 먼저 읽은 다음에 구약으로 눈을 돌리는 사람도 있겠지만, 초신자인 경우라면 신약의 '누가복음' 부터 착실히 읽으라고 권하고 싶다. 왜냐하면 다른 성경들은 거의 모두 오랜 세월 동안 자기민족만이 하나님의 유일한 선민(選民)이라고 믿어온 유대인을 대상으로 기록한 것이지만, '누가복음' 은 유대인이 아닌 '누가' 가 이방인을 대상으로 기록한 것이기 때문이다.

성경을 읽고 또 읽는 동안에 자연스럽게 외워지는 것이 정상이지만 특별히 마음에 와 닿는 성구를 일부러 외워서 자주 암송하는 것도 은혜가 될 것이다.

지금은 교회 학교에서 '성경암송대회' 같은 프로그램을 가지는지 모르겠는데, 예전에는 대단히 성행했었다. 어릴 적에 경쟁적으로 외워둔 성경말씀이 어른이 된 후에 그 사람의 신앙생활에 얼마나 도움이 되는지는 사람에 따라 다르겠지만, 결코 손해가 될리는 없다.

그렇다고 꼭 외우자는 말은 아니다. 성경을 읽다가 다시 읽고 싶은

구절이 있으면 어떤 표시를 해두고 정기적으로든지, 수시로든지 읽고
또 읽고 하는 것이 우리의 낙이기도 할 것이기 때문이다.

예배시간

　개신교 교회에서는 대개 새벽마다 5시에 새벽기도회를 시작하고, 주
일에는 오전 11시에 주일예배를 시작하는데, 신자가 넘치는 교회는 여
러 번으로 나눠서 드린다.

　또 저녁예배는 계절에 맞추어서 7시 반이나 7시에 시작하는데, 최근
에는 대낮에 드리는 경향이 생겼다. 그러나 수요일 밤 예배는 삼일기도
회라는 이름으로 여전히 저녁에 시작한다. 그리고 금요일 밤에는 철야
기도회로 모이는 교회가 많다. 그뿐인가? 성탄절예배, 부활절예배도
빠질 수 없다.

　이렇게 교회에 모여서 드리는 예배 말고도 금요일마다 신자들의 말
단조직인 속회(구역회) 예배를 구성원의 가정을 차례로 찾아가서 드리
는데, 시간은 규정돼 있지 않다. 이밖에 교역자가 정기적으로나 개별적
으로 교인의 가정을 심방해서 드리는 예배도 있다. 또 어느 가정에서
경조사가 생기면 교역자가 관계자들의 예배를 인도한다.

　이렇듯 기독교인의 예배 행위는 참 여러 가지에서 보통 열성으로는
빠짐없이 참례하기가 어렵다. 그런 만큼 정기적이든, 비정기적이든 모
든 예배에는 반드시 참례해야 된다는 의무감이나 의무를 다하지 못한

죄책감으로 고민할 일은 아니다. 모든 예배는 어떤 경우에나 하나님께 정성을 바치는 행위이니만큼 자신이 처한 상황에서 할 수 있는 데까지 하면 되는 것이지 결코 절대적 의무는 아니기 때문이다. 본질적으로 주님께서 기뻐하시는 예배는 그 양(量)에 있지 않고 질(質)에 있을 터이다.

또 한 가지는 개신교가 유난히 예배 행위를 강조하는 이유를 알 필요가 있다. 마귀는 인간이 한가하고 나태할 때를 노려서 유혹의 손을 내민다. 그러기에 신앙인은 항상 부지런히 성령님과 교류하는 기도에 힘써야 하고 말씀으로 무장하고 있어야 한다. 그러기 위해서 예배하는 기회를 자주 가지게 하는 것이다. 예배시간이 많은 것은 신앙심을 굳세게 하기 위해서이지 교인을 구속하려는 것이 아니다. 그것은 마치 군대의 전투력을 강화하기 위해서 훈련시간을 많이 가지게 하는 것과 같은 이치다. 예배시간이야말로 '믿는 자'가 그 몸과 마음을 오로지 주님께 바침으로써 성령님이 주시는 영적 능력을 받는 기회가 되는 것이다.

예배 예의

신자들에게 있어서 가장 중요한 것은 뭐니 뭐니 해도 주님께 대한 예배행위다. 예배는 곧 '믿는 자'의 모든 것을 주님께 바친다는 맹세를 나타내는 행위이기 때문이다. 따라서 인간관계에서 예의가 필요하듯이, 아니! 주님과의 관계이기에 더욱 예의가 지켜져야겠다.

그렇다면 예배에는 어떤 예의가 있는가를 살펴보자. 첫째가 경건이다. 무릇 숭배의 대상에게 경배하며 기원하는 입장이라면 당연히 사전에 목욕재개 하는 것이 기본이지만, 정말 중요한 것은 그 행위보다 경건한 마음가짐이 우선이다. 그런 의미에서 신자가 교회에서 지켜야 할 예배예의를 몇 가지 적으면 다음과 같다.

첫째, 복장이 단정해야겠다. 여름철 덥다고 반바지나 맨발에 샌들을 끌고 나타나는 남성이나 유난스럽게 치장을 한 여성들은 때와 장소를 가리지 못하는 무감각한 사람이라는 생각을 하게 된다.

둘째는 예배를 시작하기 전에 자리에 앉았으면 우선 옷매무새를 바로잡고 기도부터 하는데, 나중에 온 사람이 기도 중인 사람에게 어떤 방해 행위도 해서는 안 된다. 그 사람에게 실례가 될 뿐 아니라 그의 기도를 들으시는 주님께도 실례가 되는 것이다. 구체적으로 말하면 기도 중인 사람을 밀고 앉거나, 그의 무릎을 건드리며 지나가거나, 조심성 없이 부스럭거리거나, 아는 얼굴에게 말을 걸어 잡담을 하거나, 큰 소리로 웃어대거나 하는 것은 – 특히 교회생활에 익숙한 사람은 – 후배들에게 본이 되지 못하는 행태로 자숙해야겠다.

셋째는 교인이 자리에 앉아 기도한 다음에는 주보를 보면서 찬송가, 교독문, 성경구절 등을 찾아놓는 것이 좋다. 그렇지 않으면 예배 진행에 따라가느라고 신경을 써야 하고, 어떤 경우에는 옆 사람에게 물어야 하니 그러면 그에게 폐가 된다.

넷째 헌금시간에 바칠 현찰은 미리 책갈피에 끼워두는 것이 좋다. 헌금 바구니가 코앞에 왔는데 황급히 지갑을 꺼내거나 호주머니를 뒤지는 행태는 결코 경건한 자세가 아니다. 그리고 말 나온 김에 하는 말인데 현찰은 되도록 신권을 준비해두었다가 바치는 것이 좋다. 예배 후에 그날의 헌금을 정리하는데, 가끔 어떤 사람은 아이들 과자 사먹으라고 주어도 싫다고 할 낡은 지폐를, 그것도 몇 겹으로 접은 것을 보면 이것도 주님께 바친다는 마음을 담은 것일까? 하고 섭섭해진다는 것이다.

이상에 열거한 것은 모두 평신도가 예배에 임하는 마음가짐과 행동에 대한 주문인데 모든 교인들이 자신의 품위와 같은 입장에 있는 '믿음의 식구'들에게 예의를 지킴으로써 주님께는 경건을 지키고, 이웃과는 피차 덕이 되었으면 좋겠다.

기도

기도는 인간이 자기 능력의 한계를 느낄 때 인간 이상인 그 무엇에 의지하려는 심리에서 나오는 행위일 것이다. 떠오르는 해를 보고 빌거나 밝은 달을 향해 비는 등 자연물을 대상으로 할 뿐 아니라 사람이 돌이나, 나무, 흙으로 만든 우상에 비는 것 모두가 인간의 약점을 스스로 노출하는 모습이다. 그러나 기독교는 우상숭배는 물론 자연물에 비는 행위도 반대한다. 그것은 기독교인의 숭배 대상은 오로지 우주 만물을 창조하신 하나님뿐이라고 믿기 때문이다.

기독교인의 기도에는 공(公)기도와 사(私)기도가 있고, 중보(仲保)기도와 통성(通聲)기도라는 것이 있다.

그 중에서 공기도는 교회 예배에서의 대표기도를 비롯한 공식적인 기도인데, 합석한 사람이 많든, 적든 회중을 대표하는 기도인 만큼, 기도하는 사람은 모인 사람들의 공통된 희망사항을 대변해야 한다. 그런데 기도하는 목소리가 너무 약해서 못 듣는 사람이 있어서도 안 되지만, 목소리가 너무 커서 귀가 밝은 사람을 당황하게 하는 것은 사람에게뿐 아니라 하나님께 큰 실례가 된다. 사람이 하나님 앞에 큰소리를 칠 수는 없지 않은가.

한편 사기도는 나 홀로 하는 기도로서 남에게 신경 쓰지 않고 방해받는 일도 없이 드리는 기도이기에 가장 조용한 분위기에서 차분하고 진지하게 드리는 기도다. 시간과 장소도 자유롭다.

그리고 중보기도라는 것은 어떤 문제로 고민하거나 고통을 받고 있는 이웃을 위해서 단체로든지, 개인으로든지 그 개인을 돕고자 하는 사랑으로 주님의 손길을 기원하는 것이기에 하나님께서 기뻐하실 것이다.

또 통성기도라 함은 교회나 기도원에서 회중 전체가 같은 목적을 두고 각각 제 목소리로 기도하는 것인데, 대개는 시간이 제한되는데다가 대중 속에서 제 목소리를 빼앗기지 않으려면 목청껏 부르짖게 된다. 그런 경우에는 차라리 손가락으로 자기 귀를 막고 기도하는 편이 나을 것이다.

이상에 열거한 어떤 기도에서나 명심할 것은 모든 기도는 하나님께 말씀드리는 행위이므로 그분께 대한 예의를 갖추어야 한다는 것이다.

첫째는 용어 선택이다. 간혹 대표기도 하는 이가 하나님을 가리켜 '당신'이라고 하는데, 우리말의 '당신'은 2인칭으로도 쓰이고, 3인칭으로도 쓰이지만 하나님께 대해서는 피해야 되겠다.

그리고 우리가 일상생활에서 선생님이나 부모님 같은 어른 앞에서는 '제가' '저희는' 이라고 자신을 낮추어 말하면서 하나님께 드리는 기도에서 어찌 감히 '나 같은 죄인이' '우리 교회를' 이라고 말할 수 있겠는가! 성경이나 찬송가에도 없고 어느 외국어에도 없지만, 우리에게는 있는 이런 '낮춤말' 을 버릴 수는 없는 일이다.

둘째는 우리가 기도하는 태도에서 하나님께 강요하는 자세가 되어서는 안 되겠다는 것이다. 어린 아이가 울거나 발버둥을 치면서 어른에게 떼를 쓰는 것 같은 기도는 결코 성숙한 신앙인의 태도라고 할 수 없다.

셋째는 하나님의 자격을 규정짓는 듯한 표현은 피해야 한다는 것이다. 어떤 경건한 대표 기도자가 기도를 시작하면서 "전지전능하사 우주 만물을 창조하시고 무소부재(無所不在)하사 인간의 생사화복을 감찰하시며, 믿는 자에게 복주시기를 기뻐하시는 아버지시여~" 한다면 그것은 마치 돈에 궁한 자식이 아버지 앞에 공손히 절하고 나서 "아버지께서는 이해심이 많으시고 자식 사랑이 각별하신 분이십니다. 자식이 어쩌다가 사업에 실패했더라도 '너 같은 자식 둔 일 없다' 고 내치실 분이 아니라고 믿습니다"라고 아첨하는 꼴이다. 하나님은 인간의 표현능력을 초월해 계신다.

넷째는 사기도, 공기도를 막론하고 "간절히, 간절히 바라고 원합니다"라는 말은 사족(蛇足)이다. 왜냐하면 그 기도가 간절한지 아닌지는 주께서 아시는 일이니, 본인은 그저 정성을 다해 진지하고 솔직하게 말씀드리기만 하면 될 일이다.

결론으로 여기에 예수께서 친히 가르쳐주신 기도의 원칙을 제시한다. 그것은 우리들이 일상 외우고 있는 '주기도문'인데 그 순서는 이렇다.

1. "이름(하나님의 이름)이 거룩히 여김을 받으시며", 2. "나라(하나님이 주관하시는 즉, 지상천국)가 임하옵시며", 3. "뜻(하나님의 뜻하시는 목적)이 하늘에서 이루어진 것 같이 땅에서도 이루어지이다" 그리고,

그 다음에야 일용할 양식을 비롯한 요구사항을 말씀드리는 것이다. 예수께서 가르치신 기도의 순서는 '먼저(우선) 하나님을 찬양하고 나서, 자신의 요청을 드리라는 것이다.

왜냐하면 하나님은 우리가 아뢰기 전에 이미 우리의 소원을 알고 계시니 이미 알고 계신 분에게 무슨 구구한 설명이나 중언부언이 필요하겠느냐는 것이다. (마태복음 6장 8절)

그렇기는 하지만, 아무리 그렇다 하더라도 이 속 좁은 인간이 어찌 "하늘의 아버지여! 제 마음 다 아시지 않습니까? 주님의 뜻대로만 하시옵소서" 하고 기도를 끝낼 수가 있을까?

십일조 헌금

한 10여 년 전쯤에 신문에서 읽은 기억으로는 서울YMCA 총무라는 분이 한국 교회에는 34가지 헌금 종목이 있다고 말했다는 것이다. 그의 사회적 위치로 보아서는 교회를 헐뜯을 분이 아닐 터인데 무슨 의도로 그런 말을 했는지는 알 수 없지만, 교인이 교회에 헌금하는데 있어

서 헌금의 종목이 몇 가지가 되든지 왜 그것이 문제가 되는지 알다가도 모를 일이다. 종목이야 많든, 적든 헌금을 하는 사람의 입장에서는 바칠 수 있느냐, 없느냐가 문제일 것이다.

종목이 몇 가지가 되든지 모두 바칠 수 있는 사람도 있고, 한 가지도 바치지 못하는 사람도 있을 것이며, 어떤 헌금은 바치지만 다른 종목에는 참가하지 못하는 사람도 있을 터이다.

그런데 어떤 종목의 헌금이든지 참가 여부와 액수는 본인의 신앙심과 경제사정에 따라서 달라지는 것이지만, 단 한 가지 십일조에 있어서만은 자유롭지 못하다. 왜냐하면 대개는 교회에서 집사, 권사, 장로 등을 선출하는 경우에 십일조 헌금이 조건이 되기 때문이다.

그런 연유로 십일조에 관한 성경말씀을 찾아보았더니 구약성경에는 참 여러 곳에 언급되어 있는데, 그 중에서도 교회에서 십일조를 강조할 때 인용되는 성구는 말라기 3장 10절이다. '만군의 여호와가 이르노라. 너희의 온전한 십일조를 창고에 들여 나의 집에 양식이 있게 하고, 그것으로 나를 시험하여 내가 하늘 문을 열고 너희에게 복을 쌓을 곳이 없도록 붓지 아니하나 보라' 하셨는데, 이 구절이 어떤 개역성경에는 '너희가 수확한 다음에 십일조는 정확하게 나의 성전에 가져다 바쳐서 제사장들에게 먹을 양식이 있도록 하여라. 그런 다음에 양식이 모자랄까봐 염려하지 말아라. 내 말을 꼭 믿어라. 내가 너희에게 넘치도록 부어주는 복을 너희가 받을 것이다' 라고 번역돼 있다.

그러면 예수께서는 십일조에 대해 어떤 견해를 보이셨는지 알아보자. 예수님이 십일조를 적극적으로 강조하신 적은 없지만, 당시의 지도층인 서기관과 바리새인들이 십일조 바치는 것을 자랑한 데 대해서 "그것도 해야 하지만 더 중요한 것을 무시하고 있다"고 꾸짖으셨다. 즉, 구역성경에는 "화 있을진저. 외식하는 서기관들과 바리새인들이여, 너희가 박하와 회향과 근채의 십일조를 드리되 율법의 더 중한 바 의와 인과 신은 버렸도다. 그러나 이것도 행하고 저것도 버리지 말아야 할지니라(마태복음 23:23)" 하셨고, 누가복음(11:42)에도 거의 같은 내용이 있을 뿐이다.

그렇지만 예수께서 이렇게 십일조를 인정하셨으니, 그것은 유대인의 전통이니 뭐니 할 필요도 없고 십일조를 강조하는 설교에 이의(異議)를 가질 일도 아니다. 설마하니 빚을 내서라도 십일조를 바쳐야 된다고까지야 하겠는가?

십일조뿐 아니라 모든 헌금은 복을 받기 위해서 바치는 것이 아니라, 이미 주신 은혜에 감사하는 '감사헌금' 이어야 주님이 기뻐하실 것이다.

미자립 교회

기독교계에서만 쓰는 말로 '미자립 교회' 라는 말이 있는데, 그것은 가난한 농·어촌에 위치한 교회이기 때문에 교역자의 생활비를 비롯한 교회의 비용을 교인들의 헌금만으로는 충당하지 못하는 교회를 뜻한다.

교회가 자립하지 못하는 형편이면 제일 괴로운 사람은 당연히 담임 교역자일 수밖에 없다. 교역자가 총각이라면 좀 낫겠지만, 가족이 있는 경우에는 생활비 걱정에서 벗어나기가 어렵다. 이런 경우에 교회도 살리고 교역자도 살아갈 방도는 무엇일까?

첫째로 생각할 수 있는 것은 '순회목회'다. 어떤 사람은 친구가 미국 플로리다주의 한인교회 여섯 곳을 순회목회 한다는 말을 듣고 우리나라에는 그런 제도가 왜 없을까 했다는데, 사실은 우리나라에서도 초창기에는 전담교역자 없이 순회목사님이 오시는 날만 기다리는 교회가 많았다. 교통사정이 불편했던 옛날에 비하면 지금은 도로 사정이나 교통수단이 얼마나 좋아졌는가? 자동차가 없으면 자전거로라도 두세 교회를 순회목회 하는 것이 가난한 한 교회에 매달려 고민하는 것보다 얼마나 활기찬 목회일까 싶다.

둘째로는 자비량(自費糧) 교역자의 활용이다. 자비량이란 자기의 생활비를 자신이 해결함으로써 교회에는 부담을 주지 않는 교역자를 뜻한다. 이런 교역을 할 수 있는 사람은 은퇴한 목사님이나 교역의 뜻을 이루지 못했던 평신도가 늦게나마 단 몇 해만이라도 자진해서 봉사하는 경우다.

셋째로 지금까지는 젊은 교역자가 농어촌 교회에 파송되면 가난한 교인들의 헌금에만 기댈 수가 없어서 외부에 손을 내미는 경우가 적지 않았다. 일례를 들면 어떤 부흥사는 해마다 수십 번씩 집회에 나가는데, 어떤 사람들은 그가 사례금만으로도 부자가 되겠다고 수군거린다. 하지만 사실은 젊은 후배들이 기다리고 있다가 매달리는 바람에 빈손으로 돌아오는 경우가 허다하다는 것이다.

그리고 좀 크다싶은 교회에는 미자립 교회 교역자들이 보내오는 하소연을 외면하지 못해 매월 얼마씩 보조하고 있는데, 도움을 받는 쪽에서는 용돈이나 될까 말까한 액수에 의지할 수가 없으니 여러 곳에 손을 내밀게 된다. 어쩌면 이런 식의 보조가 오히려 젊은 교역자를 나태하게 만들지 않을까 염려스럽다. 도움을 줄 수 있는 교회의 입장에서는 누구는 주고, 누구는 안주고 하기가 난처하겠지만, 차라리 한두 교회를 골라서 계약제로 하면 어떨까? 다시 말하면 3년이든, 5년이든 기한을 정하고 그동안 교역자의 생활비 전액을 보장하는 대신 기한 전에 자립하도록 하는 것이다.

그러나 무엇보다도 필요한 것은 미자립 교회에 파송된 당사자의 적극적인 자세다. 의욕은 넘치지만 세상 물정을 모르는 젊은 교역자에게 권하고 싶은 것이 있으니, 첫째는 그 동네와 이웃 동네의 어른들을 찾아뵙고 인사를 드리라는 것이다. 우리나라는 낙후한 시골일수록 배타성이 강하므로 외지에서 온, 더군다나 자기들의 전통신앙을 위협할 사람을 반가워할리가 없다. 그런데다 대고 첫 대면부터 긴 말을 늘어놓는 것은 예의에도 어긋나고 반발을 사기 쉬우니 어른 대접만 하고 이내 물러나야 한다. 둘째는 교인들이 교회에 모이는 시간을 너무 자주 갖게 하지 말고 대신에 심방을 자주하되 불쑥 찾아갔다가 헛걸음이 되더라도 심방할 시간을 미리 알려서 대기하는 부담을 주지 않는 것이 좋겠다. 요행 집에 사람이 있으면(어른은 없고 아이만 있더라도) 그 가정을 위해서 기도하고 이내 일어서는 것이 좋겠다.

셋째로 주일예배는 반드시 예배당이나 기도처에서 드려야 된다는 고정관념에 얽매이지 말고, 농번기 같은 때에는 논이든, 밭이든 주민들의 삶의 현장에서 일손을 멈추고 예배를 드리는 것을 꺼리지 말라는 것이다. 하나님은 누가, 언제, 어디에서 드리는 예배인가를 가려서 받으시는 분이 아닐 터이니 하는 말이다.

넷째는 농어촌교회에 파송된 젊은 교역자는 자립 여부를 떠나서 교인이든 아니든 모든 주민들과 고락을 함께 나누는 '다정한 사람'이었으면 좋겠다.

끝으로 그들에게 금기사항 하나를 제시하겠는데, 그것은 아무리 경제적으로 쪼들리는 경우에라도 어떤 부업을 가지거나 그럴 궁리는 하지 말라는 것이다.

왜냐하면 대개는 부업이 본업보다 당신의 발목을 잡아 두 가지가 모두 실패의 쓴 잔을 마시게 하기 때문이고, 그런 불행한 실례를 몇 번 보았기 때문이다.

전도(傳道)

교회에서 전도대를 조직해 지역사회나 혹은 교회가 없는 오지에 예수님의 진리를 전해서 믿게 하려고 노력하거나 어느 개인이 혼자서나 혹 두세 사람이 같이 다니면서 주님을 선전하는 것을 '전도 한다'고 하고, 이와는 다르게 교회 안의 선교회 단위로나 교회 단위 또는 더 큰 단위로 활동하는 것을 '선교(宣敎)'라고 구별해서 말한다. 하지만 예수님을 모르거나, 믿지 않는 개인이나 집단에 주님을 소개하는 일이라는 의미에서는 다를 것이 없다.

그러나 여기서는 전도에 대해서만 말하고 선교에 대해서는 따로 다루고자 한다.

모든 일에는 목적이 있고, 그 목적을 이루기 위한 방법이 동원되는 법인데, 어떤 방법이 그 목적에 적합 하냐, 안하냐에 따라서 성공도 하고 실패도 한다. 그런 의미에서 우리는 지금까지 전도의 방법에 있어서 잘못된 점은 없었는지 돌이켜 보아야겠다.

얼핏 생각나는 것은 전철 안이나 거리에서 "예수 믿고 천당 가십시오"라거나, "예수 안 믿으면 지옥 갑니다" 하는 사람, 심지어 "예수 천당, 마귀 지옥"을 주문 외듯이 외치며 쏜살같이 지나가는 사람을 자주 보았었는데, 최근에는 그런 사람이 전혀 보이지 않는다. 그 이유는 알 수 없지만 어쨌든 다행한 현상이다. 왜냐하면 그런 사람이 지나간 뒤에 주변을 살펴보면 불평하는 사람이나, 불쾌한 표정을 짓거나, 무관심한 얼굴뿐이지, 호의적인 반응을 발견할 수가 없었기 때문이다. 그런 전도는 오히려 기독교에 대해 싫증이나 반감을 일으키고 예수님의 이름을 욕되게 하는 행위였다. 그런 사람들이 안보이게 된 것은 본인이 헛수고라는 것을 알았기 때문이었든지, 다른 어떤 사정이 있어서였든지 하여간 잘 된 일이다.

그러나 지금도 가끔 보이는 전도방식은 전철역 출입구에서 교회 이름이 있는 어깨띠를 걸치고 승객들에게 전단을 건네는 사람들인데, 그 전단이 길바닥에 널려있는 것을 보게 되면 입안이 쓸쓸해진다. 이야말로 예수께서 말씀하신 '길가에 떨어진 씨앗' 이 아닌가? (마태 13:1~9 참조)

농사를 제대로 짓는 농부라면 씨를 뿌리기에 앞서 밭을 갈아엎고 흙을 골라 옥토가 되게 한 다음에야 씨를 뿌린다. 그와 같은 이치로 복음의 씨를 뿌리는데 있어서도 사전작업이 필요하지 않겠는가?

보험을 권유하는 직업인의 성공담을 들으면 저들이 고객 후보자에게 쏟는 정성이 이만저만한 것이 아니라는 것을 알게 된다. 저들의 목적은 보험에 가입하게 하는 것이지만, 우선은 자신을 믿을 만한 사람으로 인식시키는 것을 목표로 삼고 정성을 쏟는다.

우리가 전도를 하는데 있어서도 의무감이나 단순한 열성에서가 아니라, 상대자의 영혼과 그의 행복을 염원하는 사랑으로 꾸준히 기도하고 접촉하면서 정성을 쏟으면 성령께서 저의 마음을 얻게 하실 것이라는 믿음을 갖는 것이 전도하는 행위에 앞서야 할 것이다.

성경(사도행전 2:47)에 기록된 것을 보면 초대교회 신도들이 '온 백성들에게서 칭송을 받으니 주께서 믿는 자를 날마다 더하게 하셨다' 는 것이다.

그렇다! 우리 '믿는 자' 들이 주변 사람들 입에서 "역시 믿는 사람은 어디가 달라도 달라!"라는 칭찬을 듣게 되어야만 성령께서 저들을 감동시키셔서 우리의 신앙 동지가 되게 하실 것이다. 전도는 입으로가 아니라, 신앙인다운 생활과 저 영혼에 대한 사랑으로 하는 것이다. 이것이 전도의 정도(正道)가 아닐까?

해외 선교

우리나라 안에 있는 교회들의 해외 선교에 대한 열의는 정말 대단하다. 교민이 백 단위만 돼도 해외 선교사가 어디에 누구, 어디에 누구라고 주보에 싣는다. 어느 대형교회는 선교사가 몇 백 명이라고 자랑한다. 그래서 전국 교회들이 해외에 파송한 선교사가 이미 1만 명이 넘어서 미국 다음 가는 선교국이라고 하니 축하할 만한 일이다.

물론 이런 선교열은 예수께서 승천 직전에 제자들에게 당부하신 사명을 실천하려는 데서 출발했을 터이지만, 성경에 기록된 당부의 말씀을 살펴보면 마태복음(28:19, 20)에는 '모든 족속'이, 마가복음(16:15)에는 '온 천하'가 선교대상인데, 사도행전(1:18)에는 선교의 순서가 구체적으로 제시돼 있다. 즉, "오직 성령이 너희에게 임하시면 너희가 권능을 받고, 예루살렘과 온 유다와 사마리아와 땅 끝까지 이르러 내 증인이 되리라"고 기록돼 있다.

예수님의 뜻은 가까운 곳에서 시작해서 차츰 먼 곳으로 나아가 온 세계에 복음을 전하라는 것임을 알 수 있다. 그런데 한국 교회들이 해외 선교에 이토록 열성적인 것은 혹시 국내 선교보다 해외 선교가 교인들에게 더 인기가 있다고 판단해서일까? 아니면 국내 선교는 이만하면 만족하다는 생각일까?

설령 그렇다 하더라도 해외에 말씀을 전할 선교사를 홀로(부부동반이라도) 보내는 것은 재고할 일이다. 예수님은 하나님의 아들로서의 권능을 가지셨는데도 말씀만이 아니라, 배고픈 청중에게 5병이어의 기적으로 배부르게 하시고 병든 자들을 고통에서 벗어나게 하셨다. 또 백이십년 전에 미국 선교사들이 우리나라에 복음을 전하러 올 수 있었던 것은 의사 알렌이 왕실의 신임을 얻은 것이 계기가 됐던 것이다. 그때 세워진 병원과 학교들이 지금까지 우리 국민에게 끼친 혜택이 얼마나 큰

지는 다들 아는 바와 같다.

한국 교회는 예수님의 행적과 미국 선교단의 선례를 본받아서 해외 선교를 개별 교회 단위로 하든지, 교단 단위로 하든지간에 선교사만이 아니라, 의사, 간호사, 교사, 농촌지도사 등으로 구성된 선교단을 어느 지역에 파송함으로써 종합적으로 활동하게 했으면 좋겠다.

예수께서 말씀하셨듯이 씨를 뿌리는 자는 씨앗이 길바닥이나, 돌짝밭이나, 풀숲에 떨어지지 않게 뿌려야 한다. 우리나라 농사법으로 말하자면 씨앗을 뿌리기 전에 밭을 갈아엎어야 하고, 모를 내기 전에 논을 갈고 써레질로 논바닥을 고르게 해야 한다. 또 아무런 기초공사도 하지 않고 건물을 세우는 것은 그야말로 '모래 위에 집을 짓는' 무모한 일이다.

이런 이치로 사전 준비도 없이 불쑥 선교사만 보내는 것은 모험이 아닐 수 없다. 어느 날 TV에 한 선교사 부인이 나와서 말하기를 터키 이스탄불에 파송된지 10년인데, 신도 수는 20명이라면서 그동안에 겪은 애로와 고통을 공개하는 것이었다.

터키는 이슬람국가다. 그러니 이들은 몰래 침입한 간첩이나 다름이 없는 셈이다. 그런 신분으로 선교활동을 하는 것은 어쩌면 순교정신이라 할지 모르지만, 과연 이 지구상에 그런 곳 말고는 선교할 만한 곳이 없을까? 세계는 넓고 미신 투성이인 미개지역도 많다. 그런데 굳이 별 성과도 올리지 못할 곳에 가서 감시와 질시와 핍박을 받아야 선교사다운 것일까?

국내에서는 어느 교회가 타종교 신자를 개종시키는 운동을 한다는 말을 듣지 못했는데, 왜 온갖 애로와 위험이 예상되는 외국에 나가서 개종활동을 해야만 하는 것일까?

선교의 목적은 복음을 전함으로써 저들에게 주님의 자녀로서의 행복을 누리게 하는 것이지, 선교사나 그가 소속된 교회의 명예를 위한 것은 아닐 터이다. 해외 선교든 국내 선교든 모든 선교사업은 예수께서 마지막으로 제자들에게 당부하신 일이다. 그러므로 먼저 복음을 받아서 이만큼 발전한 한국 교회가 역점사업으로 추진하는 것은 당연한 일이지만, 이왕 좋은 뜻으로 시작한 바에는 사전에 충분히 연구하고 합의해서 시행착오 없이 큰 성과를 올려, 주님께서 기뻐하시고 상을 내리시도록 했으면 좋겠다.

세례

천주교에서는 영세라 하고, 개신교에서는 세례라고 하는 의식은 원래 기독교의 뿌리인 유대교에는 없던 것이다. 이 말의 근거는 구약성경 어디에도 '세례'나 '영세'라는 단어가 단 하나도 보이지 않는 것으로 알 수 있다. 그러나 신약성경에는 예수께서 일부러 요단강에 나타나 세례 요한에게서 세례를 받고 성령님의 인도를 받았다는 기록에서 비로소 '세례'라는 단어를 발견한다.

최근 요단 강변에서 2천년 전에 요한이 이끄는 일단의 수도자들이 이용했을 것으로 추측되는 동굴이 발견됐다는 보도가 있었다. 이에 곁들여서 쓴 '이규태 코너'를 보니 요단강 끝자락의 황야와 사해의 황무지에는 여러 동굴이 산재하는데, 쿰란동굴에서 발견된 사해문서(死海文書)에 의하면 쿰란교단의 입신식(入信式)에 세례를 베풀었다 하니, 쿰란교단과 요한교단과는 신앙적 공감대가 있었다고 짐작할 수 있다는 것이다. 더군다나 그 동굴 입구에는 발을 씻을 수 있는 돌이 놓여있고, 세례 현장에서는 성수(聖水)를 담았을 항아리의 파편이 25만 점이나 발굴되었다 하니 강물에 들어서서 베풀던 세례가 동굴 안으로 옮겨졌을 것이라는 것이다.

초대교회는 특정 냇물이나 샘에서 세례식을 했지만, 4세기에 기독교가 공인된 후에는 세례당 안에서 베풀어졌다 한다.

그런데 미국에서 가장 큰 교단인 침례교와 러시아정교에서는 지금까지 물속에 온 몸을 잠그는 침례(浸禮)를 계승하고 있으며, 몸에 물을 퍼붓는 관수례(觀水禮)가 있고, 정수리에 물방울을 떨어뜨리는 적수례(的水禮)도 있는데, 좀 더 간소화한 것이 주례자가 물그릇에서 물을 묻힌 손가락을 세례 받는 사람의 정수리에 살짝 대는 것으로 끝내는 세례로, 굳이 이름을 붙인다면 촉수례(觸水禮)라 할 것이다.

형식이야 어떻든지 세례의 의의는 더러운 것을 물로 씻어버리듯이 사람이 지은 죄를 하나님의 용서하시는 은혜로 씻어버린다는 데에 있으므로 세례를 주는 이가 정성을 기울여 이 사람이 죄 씻음을 받고 하나님의 은혜 안에 안주하기를 염원하는 마음으로 예식을 행하며, 세례를 받는 본인이 진심으로 과거를 회개하고 하나님께서 앞길을 인도해 주시기를 갈망하는 심정이 되는 시간이어야 할 것이다. 그렇지 않고 그저 교인으로서 거쳐 가는 한 단계로 인식한다면 별 의미도 없는 행사에 그치고 말 것이다. 세례의식은 그 개인의 영적인 중생(重生)의 기념식인 것이다.

성경에서 '세례'에 대한 말씀을 찾으면 베드로 전서 3장 21절에 다음과 같이 기록되어 있다.

'이것은 오늘날 우리가 받는 세례와 깊은 연관이 있습니다. 우리가 세례를 받는 것은 그리스도의 부활을 통하여 우리가 죽음과 멸망할 운명에서 구원받는다는 것을 의미하기 때문입니다. 다시 말해서 세례는 단순히 우리 몸을 물로 깨끗하게 씻는다는 의미가 아니라, 우리가 하나님께로 돌아와 죄에서 깨끗해지기를 하나님께 간구하고 그렇게 살기를 약속드리는 것입니다.' (성서원 발행 《현대어 성경》)

믿는다는 것

어떤 사람이 이런 얘기를 들려주었다. "어제는 우리 선교회원들이 가을 소풍에 나섰었는데, 부인들이 동참해서 더욱 정다운 분위기였지요. 한데 버스가 많이 흔들리더군요. 나는 무심코 '웬 버스가 이렇게 흔들려?' 라고 말했어요. 옆자리에 앉은 Y권사가 그렇게 조바심이 심한 사람인줄 미리 알았더라면 결코 내 입에서 나오지 않았을 말이었지요. 그는 버스가 달리는 2시간 동안을 운전사에게서 눈을 떼지 못하고 '저런, 저런' 소리를 연발하지 않겠어요? 그도 그럴 것이 그는 그 지방 출신이라 자기가 알고 있는 길과 지금 버스가 가고 있는 길이 달랐기 때문이었던 거지요. 하지만 사전 지식이 없는 나는 천하태평이었어요. 설령 길을 잘못 들어서는 일이 있더라도 결국에는 목적지에 도달할 테지, 다소 시간은 지체되겠지만 어차피 관광차 나선 길이니 엉뚱한 곳을 구경하는 것도 손해날 것은 없지 않을까? Y권사는 아는 것이 있기에 운전석에 신경을 쓰느라고 바깥 구경도 못하지만, 목적지에 우리를 데려다 줄 사람은 결국 운전기사이니 그에게 맡겨두자고 생각한 나는 산천 구경에서 눈을 떼지 않았지요. 수확 직전인 황금벌판이며 푸른 산자락마다 노랗게 또는 주황색으로 물든 단풍들이 아름답게 빛나고 있데요. 문득 신앙인의 자세에 생각이 미쳤어요. 사람이 신앙생활을 하다보면 예배 중에나, 성경을 읽는 중에나, 또는 교인끼리 지내는 중에 자기의 상식에 맞지 않는다고 생각되는 일이 있기 쉬운데, 그런 경우에 지나치게 자기 생각에 집착하면 자신의 마음이 불편할 뿐 아니라 불안하거나 불만에 사로잡히게 되기가 쉬워서 주변 사람들의 마음까지 어둡게 해요. 더군다나 남을 의심하고 조바심하는 성격인 사람은 무엇보다 자기 반성에 힘쓰고 일단은 사람을 믿으려고 노력할 필요가 있어요. 정말이지 돈 문제만 빼고는 사람을 믿는 것이 마음 편하게 사는 방법이지요. 왜 돈을 빼라고 하느냐 하면 아무리 믿을 만한 사람이라도 돈 때문에 달라지는 수가 있으니까요. 그건 사람이 변하는 것이 아니라 돈이 사람을 변하게 하는 것이니까요.”

언젠가 ‘연세인’ 들이 잊지 못한다는 MS가 웃으면서 들려주신 이야기다. 어느 날 그분은 아랫사람이 올린 결재서류를 백낙준 총장 앞에 내밀었는데, 총장이 서류를 들추면서 “부총장은 이 내용을 알아요?” 하더란다. 그래서 “모릅니다”라고 대답했더니 “나도 모르겠는데” 하는 바람에 두 분이 한바탕 웃었다는 것이다. 그렇다. 윗사람이 아랫사람을 믿지 못하고 꼬치꼬치 따지기보다는 믿어주는 아량을 보이면 아랫사람은 책임감을 더 가질 것이고, 아랫사람이 윗사람을 믿지 못해 의심의 눈으로 보는 것보다는 믿고 따르는 것이 올바른 처세법일 것이다.

그와 마찬가지로 신앙인의 경우에 자기가 신앙생활을 오래 했다거나, 성경을 많이 읽었다거나, 또는 산 기도를 몇 번 했다는 자만심 때문에 교역자나 선배를 못마땅하게 여기고 비판한다면, 그는 참 신앙인이라 하기 어렵겠다.

거울

거울은 내 얼굴, 내 모습, 내 옷이며, 머리모양 등을 있는 그대로 보여준다. 나 자신에게 보여준다. 그러기에 거울에 비친 내 모습이나 머리모양이 마음에 들지 않으면 옷을 갈아입기도 하고 넥타이나 모자를 바꿔보고 괜찮다싶으면 마음이 편해진다.

그러나 자칫하면 정작 보아야 할 얼굴을 보지 않고 지나치기 쉽다. 그러므로 정 바쁜 때가 아니면 일부러 거울에 내 얼굴을 비춰보자. 내 얼굴이 어떻게 생겼나? 위에서 아래로 차근차근 훑어 내리자. 넓은 면적도 아니다. 그러나 유심히 살피자고 들면 시간이 꽤 걸릴 것이다. 그러니까 바쁘지 않을 때를 택하자는 말이다.

이마를 가로지른 주름살은 몇 개나 패어 있나? 다리미로 민 것처럼 이마가 반질반질하다면 오히려 부자연스러울 것 같다. 관상에 관한 어떤 글을 보면 이마에 깊은 주름이 하나만 있으면 흉상이고, 두셋이 좋고, 넷이면 고생할 상이라고 했는데, 꼭 그런 것 같지는 않다.

잘은 모르지만 관상학에서는 이마를 인생의 초년, 눈, 코와 광대뼈를 중년, 입, 볼 턱을 말년으로 본다는 것이다.

그밖에 위쪽은 지혜를, 가운데는 감정을 아래쪽은 의지를 나타낸다고 한다.

또 귀에 대해서는 말이 많은데 주로 귓불이 푸짐하면 복스럽다고 – 불상(佛像)이 대표적 – 하지만 내 친구 부부는 똑같이 '칼귀'인데도 만사가 순풍에 돛단 듯이 평생 순탄하게 살고 있으니 어쩌면 예외일까?

어쨌거나 우리의 관심사는 타고난 얼굴을 평생 그대로 모시고 살아야 하는 운명인지? 아니면 얼마쯤은 변화시킬 수 있는지? 하는 문제인데, 관상학에서야 뭐라 하든지 나 자신이 내 얼굴에 책임을 지고, 남의 눈보다는 우선 자신의 눈에 호감이 들도록 노력하노라면 반드시 성공하리라는 신념이 필요하겠다.

우선 눈여겨볼 것이 양미간에 세로로 패어 있는 주름살이다. 없으면 다행이지만 소위 내천(川)자가 보이면, 그것이 유전이 아니면 자신이 육체적 또는 정신적으로 고통을 겪은 흔적이므로, 손가락으로 살살 문지르면서 마음을 평정시키려고 염원할 일이다.

다음으로 유심히 살필 필요가 있는 것은 눈과 입이다. 왜냐하면 다른 부위는 거의 고정적이지만 눈과 입은 마음먹기에 따라, 버릇들이기에 따라서 차츰차츰 변해가는 것이니까 말이다.

흔히들 '눈은 마음의 창문'이라고 말하는데, 이는 진실이다. 이 창문을 통해서 그 사람의 마음을 들여다볼 수가 있으니까 눈은 정말 많은 것을 보여준다. 희로애락(喜怒哀樂)은 물론 불안해하는지, 확고한 신념이 있는지, 애정이 깃들어 있는지, 미움이 있는지, 무슨 고민이 있는지, 아무런 생각도 없는지 다 보여준다.

어떤 사람은 소년시절에 '군의 눈이 무서워' 하는 친구의 말을 듣고부터는 틈나는 대로 거울 앞에서 자기 눈이 정말 남의 눈에 띌 만큼 무서운가를 살폈다는데, 이런 경우가 아니더라도 자신의 마음을 다스리기 위해서는 거울을 이용하는 것이 상책이다.

그 다음에는 입을 살피자. 누구나 알고 있듯이 입은 먹는 입과 말하는 입을 겸한 기관인데, 입 모양이 변하는 것은 입의 중심부가 아니라 입의 양쪽 끝이다. 사람이 말을 하는 버릇에 따라 입 끝이 올라가기도 하고 내려앉기도 하며, 경우에 따라서는 양끝이 수평을 잃고 입 전체가 삐뚤어지는데, 그 원인은 그 사람이 말을 할 때에 어떤 마음이었는가에 따라서 입 모양이 다르고, 그것이 쌓이고 쌓이면 보기 좋게든지 보기에 흉하게 굳어지는 것이다.

다시 말하면 이렇다. 착한 마음, 착한 생각에서 긍정적이고 호의적으로 말해 버릇하면 입 모양이 아름다워지고, 부정적인 생각으로 나쁘게 말해 버릇하면 어느새 입 모양이 미워진다는 말이다.

결국 눈이나 입도 타고나는 것이기는 하지만, 그것이 평생 그대로 유지되는 것이 아니라 본인의 정신 상태와 노력 여하에 따라서 아름답게도 되고 추해지기도 한다는 것이다.

그러므로 우리 그리스도인들은 예수님의 눈과 입을 상상하면서 그분을 닮으려고 기도하며 노력할 의무가 있음을 명심할 일이다.

악수

　악수는 본래 서양인들의 인사법이지만 지금은 불교인 말고는 세계적 인사법인데, 아마도 선거를 앞둔 입후보자 말고는 기독교인이 제일 많이 쓰는 인사법일 것이다. 특히 교회에서 아는 얼굴을 만나면 남녀간에도 반갑게 악수하는 경우가 허다하다.

　그런데 아무리 익숙한 악수라 하더라도 역시 예외는 있어야 한다. 예의를 누가 이래라 저래라 규정해 놓은 것은 아니지만, 요컨대 악수를 하고 나서 쌍방이든, 일방이든 조금이라도 불쾌감이 생기지는 않아야 한다. 인사는 피차 우정이나 호의를 나타내는 행위인 만큼 손을 잡고 있는 동안이나 손을 놓은 직후에도 좋은 감정이 남아 있어야만 기분이 좋다.

　어쨌든 교회에서 악수가 가장 많을 때는 예배가 끝나고 흩어질 때인데, 어떤 노인은 낯선 한 젊은이가 먼저 손을 내밀기에 무심코 그 손을 잡았다가 소스라치게 놀랐단다. 젊은이의 손아귀가 어찌나 센지 손을 놓고 나서도 한참동안 손가락이 아팠다는 것이다. 공교롭게도 몇 주 연거푸 그 악수를 당하면서 무례한 사람이라고 생각했는데, 나중에 알고 보니 그의 직업이 정원사였더라는 것이다.

　손아래 사람이 윗사람에게 먼저 손을 내밀어 악수를 청하는 것은 예의가 아니다. 또 윗사람에게 경의를 표한다고 허리를 굽혀 인사하고 나서 악수하는 것도 지나친 인사다.

　상하를 막론하고 가장 잘못된 악수는 손을 잡은 채 시선을 딴 데로 보내는 태도다. 아무리 악수할 대상이 많더라도 악수하는 순간에는 상대자와 눈을 마주치고 있어야 악수의 의미를 살리는 것이다.

심지어 이런 사람도 있다. 한 손은 악수를 하면서 다른 한 손은 금덩이라도 쥐고 있는지 바지 주머니에서 빼지 못한다. 이런 태도는 그 자신의 인격을 깎아내리는 행위밖에 되지 않는다.

대단한 권력자나 인기 절정인 연예인 같은 경우에는 손에서 힘을 빼고 손가락만 빌려주는 악수를 하더라도 이해할만하지만, 이왕이면 정이 담긴 악수를 하는 것이 좋겠다.

그렇다고 악수하는 손 위에 다른 손을 얹는 것은 윗사람인 경우에는 신임을 나타내는 표시인데, 아랫사람이 그러면 존경의 표시로 받아들일 일이다.

또 이성간에 악수를 하는 경우 악수의 본고장인 서양에서는 여성 쪽이 손에 힘을 주어 당당하게 한다지만, 우리의 정서로는 피차 가볍게 쥐는 것이 우리다운 인사일 것이다.

반면에 친숙한 사이거나, 오랜만에 만나서 반갑거나, 다정한 감정을 나타내는 경우에는 손에 잠깐 힘을 주고 금방 손을 놓지 않고 약간 흔드는 것이 정다워 보인다. 물론 이 순간에 얼굴에는 미소가 먼저 있을 것이다.

모처럼 예배에서 은혜를 받고 감사하는 마음으로 나오다가 다정한 악수까지 곁들여지면 얼마나 행복하겠는가? 다른 데서는 얻기 어려운 기쁨을 교회에서 받는 사람은 그야말로 '복되도다' 할 것이다. 할렐루야!

대접

남에게서 대접받는 것을 싫어할 사람은 없을 것이다. 더군다나 어떤 사업에서 실패했거나 늙어서 무기력해진 사람일 경우에는 더욱 대접해 주는 사람이 아쉬울 터이다.

어떤 사람은 소년시절에 친구에게서 들은 얘기를 가끔 상기한다. 그 친구가 자란 마을에는 나이가 아주 많은 한 노인이 있었는데, 어떤 날에는 아침 일찍 방문을 열어놓고 얼굴을 내밀면서 "지난밤에는 ○○네 제사였는데…" 하더라는 얘기였다. 제사를 지냈으면 으레 제사음식이 올 것으로 기대하는 모습이 그려지는 참 정겨운 얘기다.

이와는 다르게 유쾌하지 못한 대접이 있다. 버스에 '경로석'이라는 것이 있고, 전철 안에도 네 구석에 세 사람씩 앉을 자리가 마련돼 있어서 장애인이나 임신부에게는 제구실을 하는 듯하지만, 노인들에게는 간혹 멋쩍은 경험을 하게 한다.

멀쩡한 젊은이가 버티고 앉아서 앞에 늙은이가 서 있어도 거들떠보지 않거나 아예 눈을 딱 감고 '나 자고 있잖아요?' 하는 꼴을 보는 것이 불쾌하겠기에 어떤 사람은 숫제 근처에도 가지 않는단다. 그런가 하면 어떤 사람은 그런 경우에 호통을 쳐서 자리를 찾는다는데, 그건 좀 지나치다. 왜냐하면 차표도 무료이면서 좌석에 대한 권리까지 주장할 만큼 우리 늙은이들이 그렇게 당당한 처지인지가 의문이기 때문이다.

예수께서는 "남에게 대접을 받고자 하는 대로 너희도 남을 대접하라" 하셨고, 베드로는 "서로 대접하기를 원망 없이 하라"고 했다.

그러면 교회 안에서는 어떤가를 살펴보자. 혹 어떤 사람은 원로목사에 비해서 원로장로에 대한 대접이 소홀하다고 불평한다. 그런 사람의 말을 들자면 목사나, 장로나 성심성의로 교회에 봉사하기는 마찬가지요, 목사는 보수를 받으면서 봉사했지만, 장로는 무보수였다는 것이다. 그런데 목사가 은퇴하면 교회의 재정과 연금으로 노후가 계속 보장되지만, 은퇴한 장로에게는 무엇이 있느냐는 것이다.

이런 주장은 아무래도 억지로 들린다. 왜냐하면 목사와 장로는 애당초 사명이 다르고 봉사내용과 방법이 다르기 때문이다. 목사는 전문직이니까 생계를 오로지 그 교회에 의존해 왔고, 그러니 은퇴 후에는 교회와 연금에 의지할 수밖에 없지만, 장로는 자기 직업이 있으면서 교회와 목사에게 협조했던 것이니 비교할 일이 아니다.

대접이란 본래 대접하는 쪽의 성의와 사정에 따라서 행해지는 것이지 받는 쪽의 희망사항이어서는 안 되는 것이 아니겠는가?

어떤 교회에서는 해마다 한두 번씩 원로장로들에게 관광여행으로 위로하는 성의를 보인다고 하는데 사실 원로장로의 입장에서는 이런 대접을 받는 것이 과분하다고 생각하고, 대접을 못 받으면 자신이 교회에 많이 봉사하지 못한 결과라고 반성해야 마땅한 일이라 하겠다.

돈이라는 것

어느 날 TV에 희미한 그림이 나타났는데 나레이터의 목소리가 들린다.

"한 제자가 스승에게 물었습니다. '선생님! 가난한 사람은 남을 도울 줄 아는데, 부자는 왜 남을 돕지 않습니까?' 그러자 스승은 제자를 창문 앞으로 데리고 갔습니다. '저기 창밖에 무엇이 보이느냐?' '예, 한 부인이 아기를 업고 걸어가는데 그 옆을 자동차가 지나갑니다' 하고 대답했습니다. 스승은 다시 '그러면 이리 오너라' 하고는 큰 거울 앞으로 데리고 가서 '무엇이 보이느냐?' 하고 물었습니다. 제자가 웃으면서 '저 말고 무엇이 보이겠습니까?' 라고 반문했습니다. 그때 스승은 조용한 목소리로 말했습니다. '네가 유리를 통해 창밖을 보았을 때에는 남이 보였지만, 거울을 보았을 때는 너 자신밖에 보이지 않았지. 그것은 똑같은 유리라도 거기에 수은을 발라 거울이 되면 맨 유리 때와는 달라진다. 그와 마찬가지로 돈이라는 것이 눈앞을 가리면 남은 안 보이고 자기만 보이는 것이란다' 라고 말했습니다."

이 스승의 가르침을 다른 말로 하면 "돈이 멀리 있으면 남이 보이지만, 돈이 앞을 가리면 나밖에 안 보이는 것이 세상 이치"라는 것이다.

돈! 돈이란 참 좋은 것이다. 그러기에 돌잔치의 주인공이 돌상 위에 놓인 것들 중에서 돈에 손을 뻗기만 하면 주목하던 식구들이 일제히 박장대소(拍掌大笑)하지 않는가?

왜들 그럴까? 그야 누구나 공감하듯이 부자가 될 징조라고 생각하기 때문이다. 장차 그 아이가 과연 부자가 될지 못될지는 두고 볼 일이지만, 돈 때문에 우는 인생이 되지 않고 영유있게 살기를 축원하는 마음 때문이다.

돈이 있으면 인생길이 한결 평탄해서 마치 운전기사가 모는 자가용

차를 타고 다니면서 관광이나 하듯이 아무런 걱정도 없이 안락하게 살 것이라고 생각하면 그것을 마다할 사람이 있겠는가?

그나저나 정말 돈이라는 것이 인생을 안락하게 해주기는 하는 것인지 생각해 볼 일이다. 왜냐하면 돈이 없어서 고생하는 사람도 많지만, 반대로 돈이 많아서 그것 때문에 이런저런 걱정으로 잠을 설치는 사람도 적지 않으니까 말이다.

돈이라는 것이 없어도 탈이지만 많아도 걱정거리다. 돈이 사람을 웃기고, 울리고 할 뿐 아니라 사람을 살리기도 하고 죽이기도 한다. 사람이 필요해서 만들었는데, 그것이 어느새 사람을 '가지고 논다'는 생각이 들면 입맛이 쓰다.

어쨌든 돈과 인간의 행복과의 관계는 돈이 많으냐, 적으냐에 달려있는 것 같지만, 사실은 가진 돈을 어떻게 쓰느냐에 있다. 그것이 돈의 가치기준이다.

적은 돈이라도 좋은 일에 쓰면 쓰는 사람 자신부터 행복하지만, 아무리 돈이 많아도 좋은 일에 쓰지 않고 끌어안고만 있으면 본인도 행복하지 못하고 남에게도 기쁨을 주지 못한다.

우리 믿음 있는 사람들은 요한 웨슬리가 말한 것처럼 정당한 방법으로 돈을 많이 벌어서 좋은 일에 잘 써야 하겠다. 그것이 돈을 가치 있게 하는 것이요, 자신과 남을 행복하게 하는 길이겠다.

교회 안에서의 돈 거래

교회도 사람이 모여서 이루어지는 것인데 사람이 모이다보면 아무리 신앙으로 모였다 해도 취향이나, 소득이나, 사고방식이 같은 사람끼리만 모여드는 것은 아니다. 그럼에도 불구하고 피차의 입장이나 상황을 이해하고, 할 수만 있으면 도와주려는 자세로 임한다. 그것이 한 교회 안에서의 신앙인다운 태도이기도 하다. 그런데 교인 사이의 교류에 있어서 모처럼 도우려고 했던 성의가 오히려 상처를 입는 일이 가끔 생기는데, 그 중에서 가장 심각한 문제가 바로 금전 거래에서 생긴다.

실제로 있었던 한 예를 들면, 어느 교회에 봉사 잘하는 장년부부가 있었는데, 교수인 남편의 친형이 아주 유명한 벤처사업을 시작했지만 자금이 부족하다면서 부부가 새벽기도를 열심히 하는 사정을 어느 전도사가 알고는 안타깝게 생각하고 중간 역할을 해주었다. 그러나 불행하게도 사업은 실패하고 그 부부는 교회에 나타나지 않게 됐다. 그러니 선의로 도왔던 전도사와 전도사를 믿고 돈을 꿔주었던 사람들의 신앙심에 어찌 상처가 나지 않았겠는가?

폐일언하고 교인 사이에서의 돈 거래는 하지 말아야 한다. 더군다나 이자가 붙는 돈 거래는 엄금할 일이다. 돈을 꿔주려면 이자는 물론 원금을 못 받아도 좋다는 생각으로 하라. 그러면 누구를 원망할 일도 아웅다웅 싸울 일도 생기지 않는다.

한마디로 교회 다니다가, 예수 믿다가 망했다는 말이 나와서는 안 될 일이다.

술·담배

우리나라 사람들이 다른 나라 사람들보다 유난히 술·담배를 즐기는 것도 아닐 터인데, 최근 그 해독에 대한 여론이 분분한 것은 아마도 그만큼 실상이 알려졌기 때문일 것이다. 더군다나 술·담배를 즐기는 연령층이 급격히 낮아지는 현상은 참으로 걱정스러운 일이다.

돌이켜 보건대, 기독교가 우리나라에 처음 들어왔을 때에는 '술' 하면 으레 '탁주' 였다. 탁주는 지금의 '막걸리' 인데 전통 발효주여서 노동현장에서 농민, 노동자의 고통을 덜어주는 활력소였고, 고단한 삶을 잊어버리고 잠들게 해주는 수면제였다.

그래도 나라가 망한 상황에서 백성들이 술로 시름을 잊고 한풀이를 하는 것이 딱해보였던지 교회가 나서서 금주운동을 벌였었다. 어떤 사람은 어렸을 때 '금주' 라는 팻말을 들고 10여 명이 함께 거리를 누비면서 '금주가' 를 불렀다. – 금주가는 찬송가 책 맨 뒤에 있었는데 그것을 외워서 불렀다. –

그때나 지금이나 사람들이 답답한 심정을 술이나 담배로 푸는 것이 극히 자연스러운 행동이기는 하지만, 그것이 버릇이 되면 결국은 정신적, 신체적 황폐로 끌고 들어가는 '물귀신' 이라는 것을 나중에서야 깨닫게 된다. 생활주변에서 경고음이 자주 들려오는데도 왜 본인들은 그 소리를 귀담아 듣지 않고 있다가 급류에 떠내려가는 신세가 되는지 그것이 안타깝다.

그러나 술은 적당히 마시면 건강에 이롭다지 않는가? 백해무익인 것은 담배 쪽이다. 그럼에도 불구하고 교회가 여전히 금주를 주장함으로써 교인들을 압박하는 것은 아무래도 시대상황을 직시하지 못하는 낡은 사고방식 때문일까? 하기야 술·담배가 습관이 되면 중독되기 쉬운 일이니 아예 입에 대지 말라는 뜻이겠지만, 중독이라면 오히려 도박 쪽이 더 심각한 문제일 것이다.

도박이라 하면 화투나 카드놀이를 하다가 경찰에 들키는 도박단을 연상하겠지만, 법적으로는 오히려 보장돼 있는 경마, 복권 등 요행과 운수대통, 대박에 온 정신을 빼앗기는 것이야말로 건전한 일상생활을 망가뜨리는 독소가 아닐까?

그나저나 성경(에베소 5:18)에 '술에 취하지 말라'는 말씀은 있어도 '술을 입에 대지 말라'는 말씀은 없다. 그리고 예수께서 가나의 잔칫집에서 물로 맛있는 술이 되게 하심으로써 사람들을 놀라게 하신 이적을 나타내신 사실은 즐거운 일에 흥을 돋우는 술의 가치를 인정하신 것이라고 해석된다.

어쨌든 술·담배를 끊지 못해서 교회에 나가지 못한다는 핑계를 막기 위해서라도 교회는 술·담배를 죄악시하지 말고, 신앙심이 정착되면 저절로 해소될 문제이니만큼 본인들이 자기의 자유의지로 자제하도록 맡기는 것이 좋겠다.

기독교는 시대를 앞서가는 향도이지 뒷북이나 치는 종교가 아니기 때문이다.

역사를 짓밟아

신라고분 수난…안내문이 부끄럽다

지난달 26일 1000년 고도 경주의 신라고분을 찾아보니, 엄마 아빠 아이들이 손에 손을 잡고 악착같이 고분을 오르고 있었다. 고분 앞에는 '금지 안내문'과 두 외국인이 있었다.
김명기·회사원·대구 달성군(디카폰카 투고는 http://dica.chosun.com)

어떤 사람은 어느 날 신문에서 이 사진을 보고 깜짝 놀랐다. 그는 자신이 월남 후에 경주에 머물러 있을 때나 연전(年前)에 여행을 갔을 때에도 깨끗했던 저 고분이 어쩌다가 이렇게 마치 제초제 세례를 받은 것처럼 변했단 말인가 하고 한숨을 쉬었다. 누가 저 거대한 봉분을 빈틈없이 싯누렇게 만들어 놓았는가? 바닥의 푸른 풀밭과는 너무나 대조가 되는 봉분의 몰골에 갑자기 얼굴이 달아오르는 부끄러움을 느낀다.

누구를 탓해야 하나? 저게 누구 책임인가? 관리책임자인 공무원의 직무유기인가? 세계에 자랑하는 문화유적이요, 관광명소를 이 꼴로 만들어놓고도 관광객을 유치하겠다고 선전할 염치가 있을까?

보나마나 눈이 녹기 전에는 애어른 할 것 없이 공짜 눈썰매장이 생겼다고 봉분을 기어올라서는 환성을 지르면서 미끄러져 내렸을 것이다. 그리고는 그것으로도 모자라 눈이 녹은 후에도 애어른 가릴 것도 없이 마치 산등성이에 올라 '야호' 라도 외칠 듯이 신이 나서 깔아뭉개는 데야 천년을 견뎌온 봉분인들 당해낼 수가 있겠는가?

저 애어른이 누군가? 우리나라 사람, 한국 국민, 5천년 역사를 자랑하는 배달민족 아닌가?

이 사람들은 신라의 고분을 짓밟으면서 우리 겨레의 역사를 짓밟고 있는 것이다. 혹시 저들은 이 왕의 무덤이 우리 조상들을 못살게 굴었던 폭군의 무덤이니 짓밟아 마땅하다고 생각한 것은 아닐까? 아니면 이 고분이 신라의 찬란한 '천년문화' 의 상징이라는 것을 몰라서 이러는 것일까? 아니다! 이도 저도 아니다. 저들은 무엇이 어쨌든 즐겁기만 하면 된다. 재미만 있으면 그만이다. 이런저런 복잡한 생각은 하기 싫다. 기성세대들이 '금쪽같은 내 새끼' 라고 '오냐오냐' 하는 사이에 신세대들은 '좋은 게 좋은 거' 라는 생각에서 역사고 뭐고 복잡한 생각은 안 하기로 작정한 것처럼 살아간다.

이러한 시류(時流)는 이미 떠나버린 버스처럼 기성세대로서는 붙잡을 수 없게 됐다. 기성세대로서는 걱정이 돼서 하는 말이지만, 신세대는 귓등으로 흘리는 게 아니라 '걸림돌' 이라고 면박을 하는 데야 무슨 수로 붙잡겠는가?

이 지경에 이르렀으니 이제 기성세대가 할 일은 한 가지밖에 없어 보인다. 먹고 사는데 급급해서 내가 겪은 고생을 자식에게는 물려주지 않겠다는 집념에 사로잡혀서 자식들을 '우물 안 개구리'로 길러버리고 만 것을 회개하고 신세대가 이끄는 이 나라가 세상의 웃음거리로 전락하는 수모를 면할 뿐 아니라, 나름대로의 모습을 갖추어서 국제사회의 떳떳한 일원이 되기를 기원하는 일이다.

통곡의 벽

유대인들은 예루살렘에 있는 성전의 벽에다 이마를 대고 기도하면서 울기에 그 벽을 '통곡의 벽'이라고 한다는 것은 익히 알려져 있는 일이다. 그들이 '통곡의 벽'을 찾는 이유는 두말할 것도 없이 조국을 잃고 나서 2천년에 걸친 부평초(浮萍草) 인생에서 온갖 설음을 겪었을 뿐 아니라 세계 2차 대전 때에는 히틀러의 광기 때문에 6백만 명이 가스실에서 알몸으로 죽임을 당하는 참변을 겪는 와중에서도 어찌어찌 살아남아, 그리도 그리던 조국 땅에 돌아왔으니 그 감격이 오죽했을까? 저절로 통곡이 나왔을 것이다.

흔히들 유대 민족과 우리 민족이 닮은 데가 있다고 말한다. 아닌 게 아니라 우리 민족은 양순한 성정 때문에 이웃 민족을 괴롭힌 적이 없음에도 불구하고 9백번 이상이나 침범을 당해, 그때마다 죽고, 다치고, 잡혀가는 피해 민족의 모욕을 겪어왔다. 그러다가 하나님의 각별하신 은혜로 광복의 기쁨을 맛보았지만 그것은 잠깐일 뿐 강대국들의 힘에 따라 국토와 주민이 남과 북으로 갈라졌고, 드디어는 동족상잔의 비극

끝에 지금까지 휴전선을 사이에 둔 대치상태가 계속되고 있다.

그러나 다시 생각하면 닮기는커녕 정반대되는 것이 있으니 저들은 조국땅 밖에서 고난을 겪었지만, 우리 민족은 극소수인 망명객과 바가지를 주렁주렁 단 이불보따리를 이고지고 만주행 열차에 오른 사람들 말고는 거의 다 이 땅에 주저앉아서 그 많은 고초를 겪었다는 사실이다.

또 한 가지 다른 점이 있다. 저들은 주변 국가들의 방해를 물리치고 독립과 번영을 구가하고 있는데, 우리는 어떤가? 우리는 부지런하고 서두르는 국민성 덕에 경제적으로는 상당히 발전했음에도 불구하고 국민이 국가의 장래에 대한 불안을 떨치지 못하고 있다. 오죽하면 교수들이 2003년을 '우왕좌왕'이라고 했겠는가? 국민들은 모든 것이 불안하다. 정치도, 경제도 불안하고, 사회나 교육도 불안하기는 마찬가지다. 게다가 대미관계나 대북관계도 불확실하다.

이런 불안요소에는 다음과 같은 세 가지 원인이 있다.

첫째는 이념의 벽이다. 6·25전쟁에 관한 역사적 사실에 전혀 관심이 없는 젊은 세대의 반미·친북성향과 이에 반대되는 세대를 수구세력으로 매도하는 시대 사조가 이 나라를 어디로 끌고 갈지 걱정을 안 할 수 없게 한다.

둘째는 지역감정의 벽이다. 천여 년 전 신라와 백제의 대립과 전쟁이 남긴 원한의 뿌리가 아직도 남아 있어서 겉으로는 동서화합을 부르짖고 있어도, 실상은 그렇지 못한 것이 정치와 사회현상에서 드러나고 있다.

셋째는 빈부의 벽이다. 가진 자는 더 많이 가지려고, 또는 빼앗기지 않으려고 노심초사하는 반면, 못 가진 자들은 자기 몫을 부자들이 빼앗았다고 생각하기 때문에 저들을 원망하고 미워하며 저주한다. 복수심이 발동하면 강도·살인·납치 등 막가는 인생으로 전락하고 그러지 못하는 사람은 자살이나 동반자살로 생을 마감하는데, 그도 저도 못하는 심약하고 무기력한 사람은 노숙자로 전락하고 만다.

여기서 우리 '믿는 자' 들은 이 나라가 이 지경에 이르는 동안 우리는 무엇을 했으며, 지금은 무엇을 하고 있는지 반성해야겠다. 이 나라에는 천만 명이 넘는 기독교 신자가 있고 이들이 섬기는 교회가 있는데, 우리가 같은 땅 위에서 삶을 같이 하고 있는 이 겨레 사이에 가로 놓인 이런 벽들을 외면한 채 누구더러 '예수 믿고 복 받으라' 고 말할 수 있겠는가?

우리가 먼저, 믿는 자가 먼저, 우리 교회들이 먼저 우리의 사명에 충실하지 못했던 잘못을 회개해야겠다. 눈물 흘리며 통곡해야겠다. 개인으로서는 물론, 개별 교회 단위로든지, 교단 단위로든지, 더 크게 교단연합으로든지 애국 애족의 회개운동을 일으켜야겠다. 이 나라를 사람에게 맡기지 말고 주님의 손에 맡겨야겠다.

용서

예수님의 말씀은 어느 하나도 버릴 것이 없지만 우리 믿는 자들이 특별히 주목하고 마음에 새겨야 할 것은 '용서' 에 대해 누누이, 그리고 간곡히 타일러주신 말씀이다. 성경(마태 6:14, 15)에 '너희가 사람의 과실을 용서하면 너희 천부께서도 너희 과실을 용서하시려니와 너희가 사람의 과실을 용서하지 아니하면 너희 아버지께서도 너희 과실을 용서하지 아니하시리라' 고 하신 말씀을 비롯해서 베드로의 질문에 대답하실 때 '일곱 번이 아니라 일흔 번씩 일곱 번이라도 용서하라' 하셨고, '기도 중에 자신에게 혐의가 있는 사람이 생각나거든 기도를 중단하고 우선 화해하고 다시 와서 기도하라' 거나, 1만 달란트 빚진 신하가 왕에게서 탕감을 받았는데도 동료가 꾸어간 백 데나리온을 받아내려고 그를 투옥한 행위 때문에 왕의 진노를 샀다는 비유까지 하셨다. 또 기도를 가르치는 대목에서 '우리가 우리에게 죄 지은 자를 사하여 준 것 같이 우리 죄를 사하여 주옵소서' 하라고 하셨다. ― 이것은 우리가 예배를 드릴 때마다 외우는 '주기도문' 에 들어 있다. ― 그런데 여기서 생각할 것이 있다. '주께서 저희 죄를 용서해 주셨으니 저희도 남의 잘못을 용서하겠습니다' 하는 것이 아니고, '주께서 저희 죄를 용서해 주시면 저희도 남의 죄를 용서하겠습니다' 하는 것도 아니라, 거꾸로 '제가 제게 잘못한 사람을 용서했으니 주께서도 제 죄를 용서해 주옵소서' 하라는 말씀이다.

유명한 작가인 춘원 이광수는 원래 기독교 신자였다가 불교로 개종했는데, 그 동기가 '주기도문' 중에 있는 '우리가 우리에게 죄 지은 자를 사하여 준 것 같이' 라는 대목에 있었다는 것이다. 그의 '개종의 변'은 이랬을 것이라고 추측된다. 사람이 자기에게 잘못을 저지른 사람을 모두 용서할 수야 있겠는가? 경우에 따라서 용서할 수도 있겠지만 도저히 용서할 수 없는 사람도 생기는 것이 인생이다. 그런데 어떤 가해자라도 용서할 수 있다면 그는 이미 성인(聖人)의 경지에 이른 사람이다. 예수 자신은 그럴 수 있었겠지만 범인(凡人)으로서는 도저히 그럴 수가 없다. 그럴 자신도 없으면서 입으로만 용서한다고 말하는 것은 기만이요, 위선이다. 차라리 '주께서 제 죄를 용서해 주셨음을 믿습니다. 이제는 저도 남의 잘못을 용서할 수 있도록 제 마음을 다스려 주옵소서'라고 하는 것이 정직한 태도가 아니겠느냐? 하는 것이었을 것이다. 어떻게 이런 추측을 하느냐 하면, 비단 이광수뿐 아니라 지성인 중에는 이런 생각을 하는 사람이 적지 않겠기 때문이다.

그러나 이런 생각은 예수님의 뜻을 제대로 이해하지 못한 생각이다. 예수님의 뜻은 누가복음(11:4)에 기록된 그대로 사람이 남의 허물을 용서해 주지도 않으면서(즉, 남에게는 인색하면서) 자기는 주님의 용서를 받으려는(즉, 가장 큰 복을 받으려는) 욕심이야말로 뻔뻔스럽고 염치없는 태도이기에, 주님은 결코 그런 사람의 죄를 용서해 주시지 않는다는 것이다.

그러면 어떤 사람의 죄를 용서하시는가? 성경(요한복음 8:1~11)에 기록된 장면을 떠올린 사람은 예수께서 누구를 어떻게 용서하시는지를 눈으로 보는 것 같아서 참 용서가 어떤 것인지도 알게 될 것이다.

그 기록을 요약하면 이렇다. 바리새인들이 간음하다가 들킨 한 여인을 붙잡아서 예수님 앞에 끌고 와서는 "모세의 율법에는 '간음한 자는 돌로 치라'고 했는데, 선생은 뭐라 하겠소?"라고 했을 때 예수님이 "너희 중에 죄 없는 자가 먼저 돌로 치라" 하시자, 저들이 양심의 가책 때문에 슬슬 빠져나가고 한 사람도 남지 않게 되자, 예수께서 그 여인에게 "나도 너를 정죄하지 않겠으니 다시는 죄를 짓지 말라"고 하셨다는 이야기다.

그리고 세리장으로 많은 사람의 원망을 듣던 사캐오가 사람들의 눈을 피해 뽕나무에 올라가 있는 것을 예수께서 어떻게 하셨는지를 성경에서 살펴볼 일이다.

예수께서는 자진해서 사캐오의 집에 들어가셔서 음식 대접을 받으셨을 뿐 아니라, 사캐오가 스스로 죄를 회개하고 보상하겠다고 말하도록 그의 마음을 감동시키셨다. 결코 그의 죄를 지적하거나 회개하라고 꾸짖지 않으셨다.

또 닭이 울기 전에 세 번이나 예수를 모른다고 말한 비겁한 배신자 베드로가 어부로 돌아가 있을 때 예수께서 일부러 찾아가셔서 어떻게 하셨는지를 보자. 예수님은 베드로를 꾸짖지 않으셨다. 예수님은 인간의 약점을 이해하셨기에 용서하시고, "네가 나를 사랑하느냐?"고만 물으셨던 것이다.

우리 믿는 자들은 당연히 예수님의 이런 용서를 본받아야 할 것이다.

칭찬과 책망

최근에 《칭찬은 고래도 춤추게 한다》는 책의 광고가 자주 나오는 것을 보고 괜스레 걱정이 된다. 왜냐하면 그렇지 않아도 지금 우리나라 젊은 부모들은 자식의 기를 살려주어야 한다며 칭찬 일변도로 기르고 있는 터에, 외국의 책까지 거들어주는 것이 결코 좋은 현상은 아니라는 생각이 들기 때문이다.

사실 우리나라의 전통적 자녀교육방법은 유교의 영향 때문에 칭찬보다는 '회초리'로 상징되는 징계였다. 그러다가 광복이 되고 전쟁 때문에 북쪽 사람들이 쏟아져 내려오면서 급격한 산업화와 아울러 교육열이 팽배한 결과 이른바 '우골탑(牛骨塔)'이라는 대학교가 비온 뒤의 죽순처럼 세워지고, 따라서 고등교육을 받은 사람이 많아졌다.

자식들이 유식해지는 반면에 그 자식들의 부모는 상대적 무식쟁이로 전락했으니 자식에 대해 말발이 설리가 없다. 편의상 이 세대를 1세대라 한다면, 2세대는 3세대를 어떻게 기르겠는가? 당연히 자신이 어렸을 때 무식한 부모에게서 야단맞고 매 맞은 데 대한 불만을 내 자식에게는 대물림하지 않겠다는 생각으로 마냥 칭찬하면서 이야말로 가장 선진적인 교육방법이라고 자부한다.

과연 그럴까를 생각하다가, 우리가 믿고 따르는 예수께서는 어떤 경우에 어떤 사람을 칭찬하시고, 또는 책망하셨던가를 성경 속에서 찾아보았다.

그랬더니, 칭찬은 네 번이었고 책망은 세 번이었는데, 그 내용은 다음과 같다.

1. 칭찬

(1) 베드로의 신앙고백에 대하여(마태 16:15~19, 마가 8:27~30, 누가 9:18~20)

(2) 백부장의 신앙고백에 대하여(마태 8:5~10)

(3) 가나안 여인의 신앙고백에 대하여(마태 15:21~28, 마가 7:24~30)

(4) 예수님 머리에 향유를 부은 여인에 대하여(마가 14:3~9, 요한 12:1~8)

2. 책망

(1) 회개하지 않은 고을에 대하여(마태 11:20~24, 누가 10:13~15)

(2) 예루살렘 성전을 모독하는데 대하여(마태 21:12~13, 마가 11:15
    ~19, 누가 19:45~48, 요한 2:13~22)

(3) 서기관 바리새교인의 위선에 대하여(마태 23:1~36, 마가 12:88
    ~40, 누가 11:37~52, 20:45~47)

그러면 예수님의 칭찬과 책망 즉, 상과 벌의 기준은 무엇이었던가? 그분은 순전한 믿음을 칭찬하신 반면 바른 말을 듣지 않고 잘못을 거듭하는 사람과 권위를 무시하는 사람, 그리고 겉으로는 거룩한 체하지만 속은 썩어있는 사람을 '회칠한 무덤'이라고 책망하셨다. 특히 당시 권력층이던 서기관들이 우대받는 것을 즐기면서 남의 불행을 이용하는 비열한 행위를 맹렬히 질타하셨다. (누가 20:45~47)

그러므로 우리는 예수님을 본받아 상벌의 기준을 확실히 세워서 먼저 자신을 다스리고, 그 기준을 자녀교육이나 대인관계에 적용하면서 살아가야 하겠다.

비교

조선시대의 재상 중에서 사람들 입에 가장 많이 오르는 인물은 단연 황희 정승이다. 그가 그렇게 훌륭한 인물이 된 데에는 잘 알려진 일화가 있다. 그가 패기만만하던 젊은 시절, 하루는 어느 농촌을 지나가다가 한 농부가 소 두 필을 끄는 쟁기로 밭가는 것을 보고 서 있었다. 한참 지나서 가까워오는 농부에게 그가 물었다. "여보시오, 황소와 칡소 중 어느 쪽이 낫소?" 그러자 늙은 농부가 자기 입에 손가락을 대더니 "와, 와" 하고 쟁기질을 멈춘 다음 황희에게 다가와서 속삭였다. "힘은 황소가 세지요." 황희가 의아해서 물었다. "노인장은 왜 저기서 대답해도 될 일을 이러시오?" 그러자 농부가 역시 속삭이듯 말하는 것이었다. "아무리 미물이라도 남만 못하다는 말은 듣기 싫을 것 같아서요."

이때 크게 깨달은 황희는 남을 비교, 평가하는 말은 일절 입 밖에 내지 않았다는 것이다.

사람이 세상살이를 하다보면 이래저래 비교하게 되는 일이 자주 생기는데, 그야말로 속세를 등지고 깊은 산속에 파묻혀 살지 않는 한은 황희 정승처럼 처세하기란 쉬운 일이 아니다.

그래서 누구와 누구를 비교함으로써 누구의 마음을 아프게 하기도 하고, 때로는 자신과 누구를 비교함으로써 우월감에 취하거나 열등감에 빠지기도 하는 것이 인생살이다.

사리분별을 하는 사람이라면 사회생활 중에서 누구와 누구를 비교하는 일은 피할 수 없는 숙명처럼 따라다닌다.

예를 들어 선생의 입장이라면 학생들의 성적을 두고 비교하게 되고, 사장의 입장에서는 당연히 사원들을 비교, 평가해서 대우하게 된다. 그러나 여기에서 말하는 비교는 그런 성격의 비교가 아니다. 예를 들어 부모가 어느 자식을 나무라는 경우에 "네 동생은 안 그러는데 너는 동생한테 부끄럽지도 않니?" 한다면 두 자식이 모두 피해자가 되기 쉬운 일이므로 지각이 있는 부모로서는 스스로 경계할 일이다.

부모뿐 아니라 무릇 윗사람이 아랫사람에 대해 선의로 격려할 경우라도 당사자가 아는 누구를 끌어들여서 자극하는 것은 삼가야 한다.

또 한 가지는 자기 자신을 누구와 비교하는 일이다. 사람이 살아가는 과정에서는 어떤 면에서든지 자신보다 나은 사람도 만나고 못한 사람도 알게 된다. 그런데 전자 때문에 기가 죽거나 후자로 인해 우쭐해진다면, 그것은 자신이 아직도 성숙되지 못했다는 사실을 깨달아야 하겠다. 잘난 사람이면 본받으려하고, 못난 사람을 보고는 자신을 경계하는 태도가 자기관리를 제대로 하는 자주적인 인격자로서의 올바른 태도다.

모름지기 예수님을 믿고 따르는 우리들은 그분의 겸손을 본받아 누구에게 상처를 입히거나 자신을 헤치는 일 없이 언제나 평상심을 유지하며, 모든 사람을 사랑하는 따뜻한 눈으로 바라봐야 하겠다.

뿌리 깊은 나무

유교에서는 수신제가치국평천하(修身齊家治國平天下)를 인생의 바른 길이라 한다는데, 그것은 아마도 한 인간이 천하를 평정한다 하더라도 그 기초는 자신이 제대로 된 인격자라야 된다는 뜻일 터이다. 수신(修身)의 글자풀이를 하면 '몸을 닦는다' 가 되지만, 그것은 목욕재개를 하듯이 마음을 깨끗하고 단정하게 가져야 한다는 뜻이겠다. 왜냐하면 수신과 비슷한 한자어에 수행(修行), 수양(修養), 수련(修鍊) 따위가 있는 것으로 미루어서도 인간의 자기 연마가 강조되고 있는 것을 알 수 있기 때문이다. 그것은 곧 사람이 돌이나, 나무나, 쇠붙이 같은 것을 깎고, 다듬고, 문질러서 쓸모없는 물건을 만들듯이 자신의 인격을 반듯하고 가치있게 가꾸어나가는 것이 참사람이 되는 길이라는 것일 터이다.

무릇 인간이란 어떤 의미에서는 나무나, 돌이나, 또는 쇠붙이나, 보석 등 질적으로 다르게 태어난다고 볼 수 있다. 그리고 어릴 때에는 부모를 중심으로 하는 가족과 선생 같은 남의 손에 의해서 다듬어지지만, 성인이 되면서부터는 스스로 자신을 다듬어야만 사람다운 사람이 될 수가 있다. 따라서 제아무리 보석으로 태어나 애지중지 키워졌더라도 자신이 자각하고 노력하지 않으면 원석 상태에서 크게 달라지지 못해 보석으로서의 가치를 발휘하지 못한 채, 인생을 마감하게 되기가 쉽다.

그와는 반대로, 비록 나무토막이나 굴러다니는 돌멩이 같이 하찮게 태어나서 별로 사람대접도 받지 못하면서 자랐다 하더라도 자기의 의지로 자신을 꾸준히 개발하고 연마하면 훌륭한 예술품 같은 인생이 될 수도 있는 것이 바로 인간이다.

그런데 목적지도 정하지 않은 채 비행기에 오르는 사람이 없듯이 자신을 가꾸는데 있어서도 목표가 있어야만 동력이 생긴다. 사람들이 저마다 자기 나름으로 자신을 가꾸어가겠지만, 우리 '믿는 자' 는 어디에다 목표를 두고 어떤 자세로 자신을 채찍질할 것인가? 그것은 두말할 것도 없이 예수님을 목표로 삼고 비록 거기까지 가지는 못하더라도 가까이에는 가고자 하는 소망과 의지로 부단히 기도하며 노력하노라면 성령께서 도와주시고 인도하시리라는 믿음에 뿌리를 박아야 하겠다.

뿌리가 깊은 나무는 어떤 가뭄에도 말라죽지 않는다. 그와 마찬가지로 믿음의 뿌리가 깊은 사람은 어떤 역경에서도 낙심하거나 좌절하지 않는다. 마치 잉어가 폭포수 앞에서 머뭇거리거나 돌아서지 않고 과감하게 거슬러 뛰어오르듯이 도전하는 용기가 있다. 몇 번을 실패하더라도 결코 물러서지 않고, 도전하고 또 도전함으로써 기어이 성공하고야 만다. 잉어는 모천(母川)에 올라가서 알을 낳아놓고 죽는 것이 운명인 것처럼 우리 '믿는 자' 들은 주께서 주신 사명을 다하기 위해 자신을 닦달하며 달려가야 한다. 잉어처럼, 독수리처럼 날아올라야 한다. 그것이 우리의 운명이요, 자랑이며, 영광이다.

'저 높은 곳을 향하여 날마다 나아갑니다.' 이것은 수많은 '믿는 자' 들이 전쟁 때문에 고향산천과 가족·친척과 믿음의 식구들을 죽음의 땅에 둔 채 천신만고 끝에 남쪽나라에 발을 붙인 후에 주님의 은혜에 감사하며, 때를 따라 불렀던 찬송가의 첫마디다. 저들의 믿음과 자기 연마와 도전정신을 주께서 가상히 여기셔서 이 나라에 천만 명이 넘는 '믿는 자' 를 두시는 것을 감사하면서 우리의 사명을 다하기 위해 날마다 정진해야겠다.

'내 주여, 내 발 붙드사 그곳에 서게 하소서. 그곳은 빛과 사랑이 언제나 넘치옵니다.' 아멘!

잘난 사람 못난 사람

사람들은 남의 외모를 보고 '잘 생겼다', '못 생겼다' 한다. 사람의 얼굴 생김새는 이마에서 시작해서 코, 인중, 입, 턱으로 내려오면서 좌우(左右) 대칭(對稱)으로 그 크기와 모양새가 적당하면 호감이 가기에 잘생겼다 하고, 그렇지 못하면 못생겼다고 한다. 그러나 타고난 바탕이 어떠했던지 성장과정에서 사고나 성형수술에 의한 변화가 아니더라도 자기도 모르는 사이에 변할 수 있는 것이 사람의 외모인데, 그 가장 큰 원인은 환경의 지배를 받기 때문이다. 환경이 좋으면 신체적, 정신적으로 순탄하게 성장하고, 그 인생길이 순탄하면 그것이 그 얼굴에 반영된다. 그런 얼굴을 보고 ‘부티가 난다’ 고 한다.

반면에 타고난 바탕이 좋았더라도 성장과정이 불우할 경우에는 모처럼 호감이 갔던 용모였더라도 어딘가에 그늘이 지거나, 일그러지면서 험상궂어 보이거나, 불쌍해 보이게 된다. 이렇게 정반대로 갈라지는 이유는 그 개인이 자신이 처한 불우한 환경을 헤쳐 나오는 과정에서 인내심과 투지를 가졌는지, 아니면 홍수에 휩쓸려 떠내려가듯 저항도 못한 채 살아왔는지에 따라서 결정된다.

이렇듯 인간은 그 생활조건에 어떻게 대응하느냐에 따라서 그 인상(印象)이 결정된다. 링컨이 “사람이 40세가 되면 자기 얼굴에 책임을 져야 한다”고 말했다는데, 그것은 사람의 얼굴에 나타나는 인상을 두고 한 말일 것이다.

사람을 평가할 때 ‘잘났다, 못났다’ 하는 것은 외모와는 별로 상관이 없다. 왜냐하면 외모는 겉에 있지만, ‘잘났다, 못났다’ 는 그 사람 속에 있기 때문이다.

대체 어떤 사람을 잘났다 하고 어떤 사람을 못났다 하는지 따져보자.

문제는 그 개인의 자기인식이다. 자신을 귀한 존재로 인식하면 잘난 사람이고, 그렇지 못하면 못난 사람이다. 이렇게만 말하면 오해의 소지가 있기에 급히 보충할 말은 자신이 귀한 존재이면 다른 개인도 귀한 존재라는 것을 인정해야 한다는 것이다.

잘난 사람은 자신이 왜 귀한지를 안다. 자신이 원한 것도 아닌데, 어느 날 갑자기 어느 여인의 몸에 잉태되어 이 아름다운 지구에서 인간사회의 일원으로서 살아갈 특권을 얻은 행운이라는 것을 안다.

그는 또 이 한 번뿐인 행운을 가치 있게 장식하고 나서 회심의 미소를 지으며 작별하기 위해서는 어떤 마음으로 어떻게 행동하며 살아야 할까를 늘 생각한다. 그가 다행히 예수님을 믿게 된다면 그는 자신의 과거, 현재, 미래의 모든 것이 모두 주께서 주시는 선물이라는 것을 알고 감사하며, 마음이 평안해진다. 그것을 알게 하시는 분이 성령님이다. 성령의 은혜를 받은 사람의 특징은 첫째가 겸손이다. 예수께서 제자들의 발을 씻어주시는 모습이 눈에 아른거려서 그분을 닮으려고 노력한다. 주신 것에 감사하며, 못 가진 것을 부끄러워하지 않는다. 이것이 자존심이요, 자신감이다.

잘난 사람의 둘째 특징은 남을 대할 때 그 지위의 고하, 빈부, 유·무식에 관심을 두지 않고, 다만 한 인격체로만 본다. 그러기에 강자 앞에서 몸이 굳어지거나 약자 앞에서 턱을 쳐드는 일이 없다. 그는 우쭐대는 사람을 불쌍히 여기며, 힘들어하는 사람을 안타깝게 생각하고 도와주고 싶어 한다.

셋째 특징은 자기 앞에 알짱거리며 아첨하는 사람을 경계하고, 누가 알아주든 말든 자기 일에만 정성을 쏟는 사람을 알아본다.

넷째로 정말 잘난 사람은 어떤 일로든지 불편한 관계가 된 경우에

‘미안합니다’, ‘죄송합니다’ 하고 먼저 손을 내민다.

그러면 못난 사람이란 어떤 사람일까? 첫째는 사람보다 돈을 사랑하는 사람, 둘째는 요행을 바라고 육체노동을 천하게 여기는 사람, 셋째는 나보다 못해 보이는 사람을 외면하는 사람, 넷째는 남 앞에서 그 자리에 없는 누군가를 헐뜯는 사람이다.

끝으로 첨가할 말은 세상에서 잘났다는 사람이 빠지기 쉬운 함정이 있는데, 그것은 칭찬하는 말에는 솔깃해하고 비난이나 충고에는 불쾌해하거나 화를 내는 자만심이다.

모름지기 우리 ‘믿는 자’ 들은 못난 사람이라는 말을 들으며 주님의 빛을 가리는 존재가 되지 말고, 비록 온전하지는 못하더라도 잘난 사람이 돼서 남들이 ‘역시 믿는 사람은 달라’ 라는 말을 하도록 처신함으로써 주님께 영광이 돌아가게 해야겠다.

성구카드 놀이 · 지도 놀이

해방 전 우리나라에는 한때 ‘시조(時調)카드’ 놀이가 성행했었다. 그 카드의 크기는 지금도 널리 쓰이고 있고 마술사들이 많이 이용하는 카드만한데, 모두 몇 십 장이었는지는 생각이 나지 않지만 ‘읽어주는 카드’ 와 ‘찾아내는 카드’ 로 나뉘어있다. 그 카드 놀이의 방식을 설명하면 이렇다.

놀이에 참가하는 사람은 단 둘이든지, 여럿이든지 상관이 없는데, 그 중 한 사람이 '읽어 주는 카드'를 전부 들고 있으면서 자기 마음대로 한 장씩 읽는다. 그 카드에는 시조 한 수와 그림이 인쇄돼 있다. 그러면 남은 사람이 몇이든지 그 시조의 종장이 큰 글씨로 인쇄돼 있는 카드를 찾아서 집어 든다. 카드를 모두 읽고 나서 찾은 카드를 세면 성적이 나오니까 두 사람 이상이면 경쟁이 된다. 읽는 사람은 시조의 초장, 중장, 종장을 읽어 내려가는데 서투른 사람은 종장까지 듣고서야 카드를 찾아 헤매지만, 이미 외우고 있는 사람은 초장이나 중장만 듣고도 찾아낸다. 단 둘이 하면 번갈아 읽어도 되고, 여럿일 때에는 제일 많이 찾은 사람에게 권리가 있다.

여기에 시조 카드를 부활시키고자 이러는 것으로 오해하지 말자. 시조 대신 성구 카드 놀이를 제안하기 위해서다.

식구끼리든지 친한 사이에서든지 또는 속회(구역회) 예배 후에 잡담으로 친교 하는 것보다는 은혜로운 성구(聖句)를 외우는 즐거운 시간을 가졌으면 좋겠다. 이 제안을 하는 사람은 특허권을 주장하지 않을 모양이니 누군가가 만들어서 보급시켜 주었으면 좋겠다.

또 한 가지는 지도(地圖)나 지구의(地球儀)를 이용하는 놀이다. 부모가 자녀에게, 혹은 형이 동생에게 지구의나 세계지도를 이용, 놀이를 하면서 우리가 사는 이 지구가 어떤 곳인지, 우선 우리나라는 지구의 어디에 있는 얼마나 작은 나라인데, 그것도 지금은 남북으로 갈라져 있지만, 고구려시대에는 얼마만큼 컸었다는 등 지리와 역사를 아울러 가르칠 수도 있다.

그런데 지구의는 지구의 모양을 가르치기에는 좋지만 어느 지점을 찾는 데는 불편하고, 반대로 세계지도는 지구상의 모든 육지와 바다와 나라들을 한 눈에 볼 수 있다. 하지만 평면이기 때문에 지구의 구형에 대한 실감이 나지 않는다. 그래서 세계지도와 지구의를 함께 이용할 필요가 있을 것이다.

그리고 이 놀이는 1대 1로 해도 좋지만, 여럿에게 경쟁을 시키면 더 재미가 있을 것이다.

기독교인은 원초적으로 세계인이다. 그것은 예수께서 "너희는 가서 모든 족속으로 제자를 삼아~(마태복음 28:19, 20)"라고 하시고, "너희는 온 천하를 다니며 만민에게 복음을 전하라(마가 6:15)"고 말씀하셨기 때문이다. 그러므로 선교정신을 가르치기 위해서라도 지도 놀이를 이용하라고 권하고 싶다.

새벽송

기독교 신자라 하더라도 '새벽송'이 무엇인지 모르는 사람이 많을 것이다. 더군다나 도시 교회가 새벽송을 안 하게 된지가 꽤 오래기 때문에 그럴 것이다. 새벽송이란 새벽에 부른다는 뜻이지만, 사실은 교회에서만 쓰는 말이다.

12월 25일 새벽, 아직 캄캄한 시간에 교회의 어린이들이나 젊은이들이 떼를 지어 그 교회 신자들의 집으로 찾아가서는 마당이나 출입문 앞에서 크리스마스 캐럴을 부르는 것을 새벽송이라 한다.

대개는 '고요한 밤', '기쁘다 구주 오셨네', '저 들 밖에 한 밤중에'

같은 찬송가를 미리 연습했다가 부르는데, 인솔자가 그 집 사람의 나이
나 성격 등을 감안해서 첫머리를 속삭여 주면 목소리를 낮추어 조용히
부른다. 시작하기 전과 끝난 후에도 조용하게 행동한다.

교회생활에 익숙한 가정에서는 새벽송이 들리면 조용히 듣고 있다가
끝나면 바로 박수로 화답하고는 불을 밝히고, 문을 열고 단원들을 맞아
들여서 따끈한 차를 대접한다. 또 어떤 이는 밖에 나가서 돈 봉투를 인
솔자에게 건네거나 간식거리를 대원들에게 나눠준다. 또 교회 요직에
있거나 경제적 여유가 있는 사람은 새벽송이 자기 집에서 끝나도록 자
원해서 새벽 찬 공기 속에서 손을 비비고 발을 동동거리던 대원들의 피
로를 풀어줄 음식을 대접한다.

어떤 사람은 소년 시절부터 새벽송에 참여했는데, 그 중에서도 마지
막 새벽송이 괴로웠던 만큼 아쉽다. 그것은 서울 수복 직후 어느 교회
에 봉사하던 중 성탄절을 맞이하자 대학생들로 구성된 성가대의 대장
으로서 참가했는데, 목사님은 조수석에서 길을 안내하고 대원들은 화
물트럭에 서로 붙잡고 서서 이 골목, 저 골목을 누볐다. 그런데 문제는
트럭이 큰길에만 나서면 전속력으로 달리는 바람에 피난민 신세인 그
는 허술한 옷 속으로 파고드는 찬바람을 견디느라 이를 악물고 참을 수
밖에 없었다. 그는 괴롭던 일을 입 밖에 내지 않았는데, 누가 불평을 했
는지 다음 해부터는 새벽송을 하지 않게 됐다. 아마 이런 애로 때문에
새벽송이 도시에서 사라졌는지도 모른다.

새벽송이 언제 어디에서 시작됐는지는 모르지만, 그 근거는 예수께
서 탄생하실 때 유대 땅 베들레헴 어느 들판에서 밤을 지새우며 양떼를
지키던 목자들에게 천사가 나타나 예수 탄생을 알려준 사건에서 유래

했을 것이다. 그러므로 성탄일 새벽에 신자의 집에 찾아가 예수 탄생을 알리는 새벽송은 길이길이 이어갈만한 귀중한 행사라 하겠다.

고난

우리가 이웃과 어울려 사노라면 인사말이 따르는데, 그 중에서는 '안녕' 이라는 말이 가장 많을 것이다. '안녕' 이란 '평안' 을 뜻하는데, 전에는 '무탈' 이라고도 했다.

하지만 사실은 우리가 남에게 아무 탈 없이 잘 살기를 축원하는 것보다는 자신이 평안하기를 원하는 마음이 간절할 것이다. 사람은 누구나 항상 평안 무사하기를 원하지만, 우리를 에워싸고 전개되는 상황은 그렇지 못한 경우가 많다. 자신이나 가족의 건강에 언제 어떤 문제가 생길지 모르고 생업에 어떤 변동이 생길지도 알 수 없는 노릇이다. 더군다나 요즘같이 뒤숭숭한 세상에서는 하루하루가 살얼음판을 걷는 것 같이 아슬아슬하다.

그렇기는 하지만 마냥 바늘방석에 앉아있을 수는 없지 않은가? 어차피 한치 앞을 내다볼 수 없는 것이 인간의 한계인 것을. 내가 불안에 떨거나, 무덤덤하거나, 상황은 상황대로 전개되고 말 터. 그러니 미리 겁먹을 일도 아니고 불안 때문에 잠을 설친다면 나만 손해 보는 일이다.

그것은 마치 한창 공부하는 학생이 시험 때문에 고민하는 것과 같다. 학생이면 당연히 평소에 열심히 공부해서 시험지를 받아 놓았을 때 침착하게 하나하나 풀어나가야지, 공부는 제대로 안 하고 있다가 "이렇게 갑자기 시험을 치르는 법이 어디 있느냐?"고 화를 내면서 시험을 치른다면 어찌 좋은 성적이 나오겠는가?

혹 친절한 선생님은 학생들의 성적을 고려해서 시험 과목과 출제 범위를 예고해 주지만, 인생행로에서의 시험문제는 예고 없이 들이닥친다.

사람이 평생을 탈 없이 살아갈 수만 있다면 얼마나 좋을까마는 그게 그렇게 누구에게나 주어지는 행운은 아닌 것이 얄궂은 인생살이다. 그러니 언제 시험을 치르게 되든지 대응할 준비를 해두는 학생처럼 어떤 고난이 내게 닥치더라도 감당할 마음을 다져두어야겠다.

첫째는 이웃에 불행한 일이 일어났을 때는 그것을 남의 일이라고만 생각하지 말고, 내게도 일어날 수 있는 일로 받아들여서 그런 경우에는 어떻게 대응할지를 생각할 일이다.

둘째는 불행하게 내가 어떤 고난을 당했으면 당황하지 말고 주님께 기도할 일이다. 구약성경의 '욥기'를 읽으면 욥이 큰 불행을 당하자 자기는 하나님께 충성을 다했는데 어찌 이런 불행을 주셨는가 하고 원망하지만, 우여곡절 끝에 "주신 이도 하나님이요, 취하신 이도 하나님"이라고 고백하는 과정을 서술한 서사시이다. 그래서 그렇겠지만 사회적으로 크게 성공했다가 실족한 사람이 철창신세를 지게 되면 신앙이 있든지 없든지 이 '욥기'를 읽는다고 한다. 다른 사람은 몰라도 내가 신앙인이라면 어떤 고난을 당했다고 억울하다 할 것이 아니라 자기반성부터 하고 주님의 뜻에 충분히 따르지 못했던 것을 회개해야 할 것이다.

셋째로는 고난이 곧 불행이라는 생각을 떨쳐버려야 한다. 일본 속담에 '고난이 너를 구슬로 만든다' 는 말이 있다. 아무리 값진 보석이라도 다듬지 않으면 원석 그대로여서 빛이 나지 않는다. 얼마나 잘 다듬어졌느냐에 따라서 값이 달라진다. 고난이야말로 나를 다듬는 손길이다. 그 손길이 나로 하여금 인내심을 갖게 하고 상황에 대처하는 지혜를 갖게 하며, 내 인격을 높여주어서 자긍심을 가지게 하며, 자신의 영혼을 보는 눈을 밝혀주는 것이다.

고난은 평안에 안주하려는 우리의 나태한 마음에 파고들어 우리를 참다운 신앙인으로 가꾸어주는 기회인 것이다. 그 기회를 나를 사랑하시는 주님의 선물이라고 믿는 것이 신앙인의 자세다.

고난은 바로 믿는 자의 '믿음의 뿌리' 를 더욱 깊게 하는 지나가는 태풍에 불과하다. 그 태풍에 쓰러지지 않고 믿음으로써 버텨낸 자에게는 승리의 쾌감과 하늘의 월계관이 준비되어 있다.

인간의 도전정신

지구상의 모든 생물은 예외 없이 환경의 지배를 받도록 운명 지어져 있다. 환경에 적응하면 살아남고, 적응하지 못하면 도태된다. 그것이 바로 적자생존(適者生存)의 원리라는 것이다. 그러나 그런 속에서 유독 인간만은 환경에 적응하는 수준을 뛰어넘어 환경을 극복함으로써 이만큼이나 번성했는데, 그 원인이 무엇이었을까? 그것은 하나님이 아담과 하와를 창조하실 때 그들에게 자유의지 즉, 생각하고 판단하며 결정할 수 있는 지능을 주셨기 때문이다. 그 지능이 있었기에 수많은 시행착오를 겪으면서도 오늘의 문명을 이룰 수 있었던 것이다.

그러면 어떤 시행착오가 있었던가? 헤아릴 수도 없이 많은 시행착오 중에서도 인간세계에 가장 큰 불행을 가져다 준 것은 아무래도 인간집단의 탐욕 때문에 일어났던 전쟁들이라고 하지 않을 수 없겠다. 그것은 아득한 원시시대에서 지금까지 계속되고 있는데, 때로는 민족이라는 명분으로, 또는 신앙이라는 깃발 아래, 혹은 사상이라는 완장을 팔에 두르고 저질러졌다. 그 중에서도 인류에게 돌이킬 수 없는 상처를 입힌 것은 공산주의다. 그것은 인류역사상 어떤 천재지변(天災地變)이나 전쟁도 공산주의처럼 사람의 목숨을 그렇게 무자비하게 많이 죽인 일이 없다. 그들은 인간이 쌓아놓은 문명과 그 공로자들을 싹 쓸어버리고 그것이 인민을 행복하게 하는 수단이라고 했지만, 속셈은 권력 장악이었다. 결국 그들의 야욕은 역시 시행착오였다는 것을 역사에 남기고 불과 73년 만에 물거품이 되었다.

공산주의가 그랬듯이 안정과 평화를 참지 못하는, 아니 저주하는 인간의 마성(魔性)은 드디어 하나님의 영역에 도전장을 내밀고 인간의 DNA로 복제인간을 만든다고 나서는 데까지 이르렀다. 그들은 '신은 죽었다' 고 선언한 니체의 이상이었던 '초인(超人)' 을 만들 작정인지도 모른다. 설령 복제인간이 생산된다한들 그것으로 인간세계가 행복해진다는 보장은 없다.

이미 지나간 일이지만 인간 복제도 다이너마이트를 발명한 노벨의 전철을 밟게 될 것이 뻔하기 때문이다.

노벨이 광부들의 중노동과 희생을 덜어주려는 착한 동기에서 발명한

TNT는 얼마 안 가서 전쟁에 이용되어 엄청난 인명살상의 도구로 변하지 않았던가?

인간은 시간이 흐를수록 점점 더 악해지고 있다. 그것은 사탄이 끊임없이 인간을 부추겨 하나님께 반항하게 하면서 인간을 제 손아귀에 완전히 틀어쥐려고 획책하고 있기 때문이다. 인간은 도전정신을 발휘해서 문명의 이기(利器)를 개발하지만, 사탄은 그것들을 통해서 인간들을 나태와 타락의 길로 끌고 가는 한편, 공해로 인한 오존층 파괴와 지구의 온난화가 가져오는 해수면의 상승 등 지구 멸망의 날이 가까워오는 건 아닐까? 하는 불안 때문에 인간들을 더욱 세기말적 절망감에 사로잡히게 하고 있다.

정말 지구는 종말을 향해 달리고 있는 것일까? 하나님께서는 인간에 대한 기대를 포기하셨을까? 그것은 알 수 없는 일이다. 예수께서 말씀하셨듯이 그것은 오로지 하나님의 고유권한이기 때문이다.

이런 시점에서 우리들은 어떤 생각으로 대처해야 할지 고민할 수밖에 없다. 아담 때부터 따라붙어 인간을 지옥으로 끌어들이려는 사탄에게 결국 인간은 노예가 되고 말 것이라고 체념할까? 아니다. 결코 그래서는 안 된다. 우리는 주님의 손에 뽑힌 고귀한 존재가 아닌가? 우리는 우리 아버지이신 하나님을 믿으며 스스로 하나님의 아들이라고 하신 예수님을 믿는다. 그렇다면 하나님의 자녀까지도 노예로 삼으려는 저 사탄의 궤계(詭計)를 물리쳐 주십사 하고 주님께 매달려야 하겠다. 우리의 정성이 지극하면 이왕 2천년이나 참아주신 주께서 우리를 살려주실 것이다.

'과거를 묻지 마세요'

한때 유행한 가요 중에 '과거를 묻지 마세요'라는 것이 있었다. 그 노래를 들으면서 "남에게 말하고 싶지 않은 과거가 하나둘은 있지 뭐" 하고 쓴 웃음을 짓는 사람이 있을 터이고, 자기의 화려했던 과거를 회상하고 미소를 짓는 사람도 있겠지만, 자기 배우자나 또는 무슨 일로 불편한 관계가 된 사람의 과거를 캐고 싶어 하는 사람도 있을 것이다. 그러나 성경에 기록된 솔로몬의 명언처럼 '모든 것은 다 지나가는 것'이다. 그야말로 과거(過去)는 지나가 사라지는 것이다. 그러기에 자신의 황금시대에 대한 미련을 버리지 못하고 "그때가 좋았는데…" 하거나 처신을 잘못해서 낭패한 일에 대해서 "그렇게만 안 했어도…" 하며 한숨짓는 것은 아무 소용도 없는 일이다.

우리는 일상적으로 신문이나 방송을 통해서 또는 어떤 뜬소문에 의해서 어떤 비리나 부도덕한 사건을 알게 되는데, 당사자가 어떤 상황에서 어떻게 처신한 결과인지 알지도 못하면서 덮어놓고 비난을 퍼붓거나 가까운 사람에게 마치 자기가 직접 보고 들은 것처럼 말하는 것은 듣는 사람의 마음을 흐리게 하고 사회를 어지럽히는 악취미라 하겠다.

사람이란 별수 없이 실수를 하면서 살아가는 존재다. 실수를 하고 자신을 부끄럽게 생각하기도 한다. 그러다가 일이 잘되기라도 하면 기뻐서 자랑도 하면서 사는 것이 곡절 많은 인생길이 아니겠는가?

혹 어떤 사람은 만날 때마다 자신의 업적이나 무용담을 늘어놓는데 같은 내용을 두 번 세 번 들으면 "또 시작이군" 하고 그냥 귓등으로 흘려보내면 그만이지만, 누구에게 이용을 당했다거나 배신을 당한 일에 대한 원한을 잊지 못해 푸념을 되풀이하는 경우에는 스스로 창피를 떠는 것이다. 그런데 그것을 깨닫지 못하니 참으로 딱해 보인다.

같은 과거사라도 그 내용이 말하는 사람이나 듣는 사람에게 유익한 것이라면 많이 해도 좋겠지만, 말하는 사람이 불쾌해서 하는 것이면 듣는 사람 역시 불쾌해질 수밖에 없으니 피차 덕 될 것이 없다.

예를 들어 한 남편이 너무나 착하고 헌신적인 아내에게 자신의 불미스러운 과거사를 숨기고 있기가 미안해서 고민하다가 양심고백을 했다면, 그 아내의 반응이 어땠을까? 내 남편은 정말 양심적인 인격자라고 고마워했을까? 자기를 사랑하고 믿었기 때문이라고 너그럽게 받아들였을까? 그렇지 않을 것이다. 대개는 그토록 믿었던 남편에 대한 배신감에 몸부림치거나 존경심이 변해서 멸시하기가 쉽다. 설령 그 아내의 심성이 너그러워서 남편이 과거에는 그런 사람이었다지만, 자기에게 쏟는 사랑에 만족하고 용서한다 하더라도, 그래도 사랑하고 믿었던 남편에게 그런 불미한 과거가 있었다는 것을 알게 된 이상은 그의 밝았던 마음 한 구석이 먹구름에 덮이게 될 것은 분명하다.

이것은 반대로 아내가 남편에게 고백할 경우에도 마찬가지다. 그러므로 남의 과거를 알려고 하지도 말고, 자기의 과거사 중에서도 부끄러운 일은 말하지도 말고, 추억으로 떠올리지도 않는 것이 좋겠다.

그런데 '믿는 자'의 입장에서는 마음속에서 부글부글 괴고 있는 죄의식을 어떻게 면할 수 있을까? 방법은 하나밖에 없다. 사람에게는 고백하지 말고 우리 주님께 고백하는 것이다. 그것도 단 한번만 하라. 똑같은 고백을 여러 번 거듭하는 것을 주님은 기뻐하지 않으실 것이다.

왜냐하면 예수께서는 이미 우리의 모든 죄를 대신 지시고 십자가에 달리셨기 때문이다.

우리는 과거에 발목을 잡히지 말고 현재와 미래에 살아야 한다. 과거의 모든 허물은 예수께서 청산해 주셨으니 나는 주께서 내 앞길을 인도해 주신다는 확신과 내게 주신 사명을 위해서 최선을 다하는 사랑의 실천자로서, 주께서 부르실 때까지 봉사할 따름이라는 믿음을 지키자고 자신에게 다짐할 일이다.

발가락이 닮았다

오래전에 《발가락이 닮았다》는 소설이 있었다. 그리고 보니 어떤 사람은 자기 오른쪽 넷째 발가락이 안으로 기울어서 셋째 발가락을 누르고 있는 것이 어머니를 닮았다고 한다. 어머니는 양쪽이 똑같은데, 자기 형은 어머니를 고스란히 닮았지만 자기는 반밖에 닮지 못해서 서운하단다. 왜냐하면 자기의 구부러진 발가락 때문에 그지없이 존경하고 사랑하는 어머니 생각이 간절해지기 때문이란다.

사실 그는 어머니보다 아버지를 더 많이 닮았다. 골격이 닮았고 머리 벗어지는 것도 닮았는데, 고맙지 않게도 코고는 것까지 닮았다. 이건 삼형제가 골고루 유산처럼 물려받았다는 것이다.

이처럼 부모자식간에는 신체적으로 닮는다. 그것이 유전이고 혈통이다. 혈통은 신체적으로만 닮는 것이 아니라, 성격도 닮고 사고방식도 닮는다. 그래서 부부 사이에서는 자식의 행동에 대해 '누구를 닮아서 저래?' 하기가 일쑤다.

누구에게나 결점은 있게 마련이고 나 자신이 내 결점을 싫어하는 터에 아무리 가족이라도 농담이든, 진담이든 내 결점을 건드리면 불쾌해지는 것은 당연한 일이다.

사람의 결점에는 고칠 수 있는 것과 도저히 고칠 수 없는 것이 있다. 그 중에서도 유전으로 물려받은 결점은 본인이 제아무리 노력해도, 남이 아무리 압력을 가해도 좀처럼 고쳐지지 않는 것인데, 고칠 수 없는 결점을 들추어 쑤시면 아프기만 하지 말하는 사람이나, 듣는 사람에게나 덕 될 것이 하나도 없다. 아니! 덕 되기는커녕 손해만 난다.

남의 결점을 들먹이면서 자신이 유쾌해진다면 그 사람은 자기 마음이 삐뚤어져있다는 것을 개달아야 하겠고, 누가 자기의 약점을 쑤실 때 큰 소리로 웃는 사람이라면, 도통한 사람이라 하겠다. 그러나 실제로 이런 사람은 매우 드물다. 대개는 남의 약점을 아무런 죄의식도 없이 들먹이고, 그런 말을 직접이든 간접으로든 들으면 불쾌해지거나 화를 내는 것이 보통사람의 보통 감정이다. 그러므로 우리는 남의 약점을 들추는 악취미에 빠지지 말고 돌이켜 자신의 결점에 관심을 쏟아야겠다. 예수께서 경계하신 말씀을 잊지 말고, 내 눈에 들어있는 들보는 그냥 둔 채 남의 눈의 티를 탓하는 우를 범하는 염치없는 사람은 되지 말아야겠다.

문득 젊었을 때 읽었던 책의 제목이 생각났다. 토마스 아켐피스의 《그리스도를 본받아》였다. 우리 '믿는 자' 들은 물려받은 결점을 고치려고 애쓰는 것보다는 우리의 지상목표인 그리스도를 닮으려고 기도하며 노력하는 편이 희망찬 방향설정이 아닐까?

성격

사람의 성격이라는 것이 참으로 미묘하다. 그것은 사람의 얼굴이 개인마다 다르듯이 제각각이다. 사람의 얼굴이 다른 것은 크게는 백인종, 황인종, 흑인종 등으로 가르지만 같은 백인종이라도 북방계와 남방계가 다르고, 같은 흑인종이라도 종족에 따라서 다르며, 황인종 역시 민족간 차이가 확연하게 다르다. 시야를 좁혀서 중국인, 한국인, 일본인만 보더라도 얼핏 보기에는 별 차이가 없는 것 같지만 자세히 살피면 분명히 다르다.

이와 같이 민족이나 종족에 따라 얼굴이 다른 것은 그들의 선조들의 역사가 반영돼 있기 때문이다. 그런 관점에서 우리 이웃의 얼굴을 눈여겨보면 그 얼굴에 그 선조의 역사가 아로새겨져 있음을 알게 된다. 대대로 살림살이가 넉넉했던 집안이었는지, 아니면 쪼들리는 살림 때문에 근근이 살아온 집안사람인지 그런 흔적이 그 얼굴에 새겨져 있다(아마도 관상(觀相)이라는 것이 그것을 찾아내는 것이리라).

얼굴 이야기를 하다 보니 생각나는 것이 북방계와 남방계의 차이다. 첫째는 머리카락과 눈동자가 남방으로 갈수록 검게 된 것은 햇빛 때문일 것이고, 코가 길고 짧은 것, 입술이 얇고 작은 것과 두텁고 크게 된 원인은 호흡하는 공기의 차고 더운 차이 때문일 것이며, 눈 언저리가 쑥 들어간 것과 다리가 굵고 긴 것은 서양 사람들이 벌판을 뛰어다니며 사냥을 위주로 살아온 결과요, 동양 사람은 토질이 좋으니까 집 가까이에서 농사를 지으며 살아오다 보니 다리도 짧고 눈도 작아졌을 것이라는 것이다. 결국 눈앞에 있는 사람은 누구나 그 조상에게서 물려받은 인자에 의해서 체격과 용모가 결정된 것이니, 사실 본인은 자랑할 자격도 부끄러워할 책임도 없는 셈이다.

성격이라는 제목을 적어놓고 딴소리만 한 것 같지만, 사실은 사람의 성격과 얼굴은 동떨어진 것이 아니라는 것을 아는 사람이면 이해해 줄 것이라고 생각한다.

사람의 성격을 A, B, O, AB 그리고 드물게는 RH＋－ 등 혈액형에 따라 구별하거나 사상(四象) 의학에서 말하는 태양인, 소양인, 태음인, 소음인으로 구분하지만, 그런 방식은 인간의 성격을 너무 크게 구분하는 것이어서 개개인의 미묘한 성격을 알기에는 지나치게 포괄적이다. 그래서 좀 더 세분화한 것이 심리학에서의 다혈질 : 신경질, 이성적 : 감성적, 분석적 : 종합적, 낙관적 : 비관적, 외향적 : 내성적, 적극적 : 소극적, 긍정적 : 부정적 등 이분법적으로 구분하거나, 신중하다, 무뚝뚝하다, 침착하다, 상냥하다, 친절하다, 자상하다, 속이 깊다, 속이 좁다, 털털하다, 까다롭다, 대범하다, 소심하다, 우유부단하다, 과단성이 있다, 경솔하다, 신중하다, 거만하다, 건방지다, 촐싹댄다 등등 사람의 성격을 표현하는 말은 참으로 많기도 하다.

그런데 저 여러 가지 성격 중에서 비슷한 것이 같은 방향으로 겹치기도 하고 서로 반대되는 것이 섞이는 경우도 있으니, 사람의 성격을 함부로 규정짓는 것은 애당초 무리라 할 것이다.

그러기에 첫인상이 좋아서 교제를 시작했다가, 또는 연애를 하다가도 어떤 기회에 미처 몰랐던 상대자의 성격상 결점을 알게 되면 실망하고, 결국은 헤어지기도 하고, 결혼생활을 하다가도 성격 때문에 티격태격하다가 끝내 이혼하고 마는 경우도 허다하다. 심지어 최근에는 여권 신장의 여파인지 자녀를 다 키워놓은 노부부의 이혼이나 별거 사례가 사회적 화제로 등장하는데, 대개는 경제적 이유보다 성격상의 갈등을 해소하지 못한 탓으로 보인다.

그러나 어찌하리오! 앞에서도 말했듯이 성격이라는 것이 조상에게서 물려받은 것이기에 본인이 자신의 성격상 결점을 알고 반성하며 고치려고 애를 쓴다 하더라도, 그게 그렇게 쉽사리 고쳐지지 않으니 그게 문제다.

그렇다고 성격 개조는 절대 불가능하냐 하면 다행히 그렇지는 않다. 본인이 자신의 성격에 어떤 결점이 있어서 남에게 부담을 주고 있다는 것을 자각했으면, 또 그것이 다음 대에 유전으로 작용한다는 것을 알았으면 그것을 고치기 위해 주님께 기도하는 수밖에 없다. 그 기도가 진지하고 간절하면, 그리고 꾸준하면 성령께서 역사해 주실 것이다.

여기에 덧붙일 것이 있다. 그것은 내가 자신의 성격을 고치는 것이 얼마나 어려운지를 아는 사람이라면 결코 남의 성격을 탓하지 못할 터인데, 자신의 성격상 결점은 그대로 둔 채 나 아닌 남인 배우자나 친구의 성격이 내 마음에 들지 않는다고 탓하거나 고치려드는 것은 확실히 잘못된 태도라는 것이다.

대화와 토론

우리나라 사람들이 대화나 토론에 서툴다는 것은 누구나 공감하는 일이다. 그것은 나라를 위해, 국민을 위해 가장 좋은 정책들을 세워달라고 뽑아 세운 국회의원들이 국가와 국민의 이런저런 현안들을 대화와 토론으로 풀어가지 못하고 걸핏하면 막말과 고함과 욕설과 삿대질로도 모자라는지, 때로는 완력으로 의사당을 난장판이 되게 하고도 부끄러워하지도 않는 미숙한 작태를 보이고 있으니 국민들은 '우리가 어쩌다가 저런 사람을 우리의 대표로 뽑았던가?' 하고 한숨짓는 현실에서도 실감한다.

그러면 국회의원쯤이나 되는 사람들이 왜 저럴까? 아마도 대화나 토론으로는 문제를 풀어낼 만한 마음의 여유가 없기 때문일 것이다. 왜 여유가 없을까? 그것은 필경 왕정시대에는 탐관, 오리에게 시달리고 다른 민족의 멸시와 천대에 이를 갈다가 군사독재에 화병을 앓는 동안 남의 말을 곧이듣지 못하는 속 좁은 사람들이 돼버려서 결국 말까지 거칠어졌기 때문일 것이다.

그렇다 하더라도 나라 안에서나, 밖에 대해서나 이대로 끌고 가서는 안 될 일이다. 원인이야 어쨌든지 잘못된 줄 알았으면 뜯어고쳐야지 과거나 탓하고 말 일이 결코 아니다.

그러면 어떻게 하는 것이 좋을까? 첫째는 우리만 속이 좁아서 이런 건 아니라는 것을 알 필요가 있다. 대화를 잘한다는 서양인들도 처음부터 저랬던 것은 아니고, 우여곡절을 거쳐서 저만큼 발전했다. 그들도 전에는 대화나 토론으로 문제를 풀기보다는 '결투' 라는 극단적 방법으로 결판을 냈었는데 그런 아픔을 오래 겪고 나서야 칼이나 권총이 아닌 '말'로 문제를 해결하는 성숙도에 도달한 것이다.

둘째로는 우리나라가 서양문명을 알게 된 것이 백년이 넘었는데, 다른 것은 많이 따라왔으면서도 대화법은 아직 미숙하다는 것을 부끄럽게 생각하고, 대화법의 본질을 알아보아야겠다.

대화의 첫째 요건은, 내 생각이 절대적이란 태도를 버려야 하는 것이다. 내가 '하늘이 두 쪽이 난다 해도 내 생각을 변하지 않는다' 하면 대화든, 토론이든 시작할 필요도 없다. 그러기에 대화법의 가장 중요한 요건은 내 말만 하지 않고 남의 말을 들어보는 것이다. 듣는 동안 반박하고 싶은 대목이 있어도 참고 있다가 그의 말이 끝난 다음에 입을 떼어야 하는 것이 예의다. 그의 말에서 수긍되는 것은 인정하고 반박할 부분에 대해서는 흥분하지 말고, 그가 수긍하지 않을 수 없는 말로 대응해야만 대화나 토론이 성립된다.

더 구체적으로 설명하자면, 상대자의 말을 도중에 막고 반박하거나, 그의 말과는 무관한 문제를 들고 나와 혼선을 일으키거나 그의 말을 무시하고 제 주장만 밀고 나가는 것은 월남한 실향민들이 북쪽에서 신물이 나도록 경험한 일인데, 그것은 대화도, 토론도 아니고 일방적이고 강압적인 화법이다.

대화와 토론의 대원칙은 내 생각과 상대자의 생각을 평등한 위치에 놓고 교환해야 한다는 것이다. 다른 말로 하면, 내 생각이 옳다고 믿는 것처럼 저쪽도 자기 생각이 옳다고 믿는다는 것을 인정하되 피차의 생각이 부딪힐 경우에는 어떤 타협점이 없는지를 모색하고 도저히 절충이 불가능하다고 판단되거든 상대자의 생각에 어떤 모순이 있는지를 찾아내서 그것을 집중적으로 공략하되 합리적인 이론과 가장 예의바른 용어로 조목조목 논박해야 한다. 결코 언성을 높여서 강압적이거나 상대를 얕잡아보는 태도가 돼서는 안 된다. 특히 부모자식 사이나 사제지간이나 선후배 사이에서 나이나 경력 같은 권위를 내세워 상대자를 미숙하다고 내려다보는 태도로 대화나 토론을 벌이는 것은 잘못이다. 윗사람은 어떤 경우에나 겸손하고 여유 있는 마음으로 아랫사람의 생각을 충분히 들은 다음에 대화든, 토론이든 의견교환에 들어가야만 저쪽이 마음의 문을 열어준다는 것을 미리 알고 있어야 한다. 대화나 토론은 누가 이기고 누가 지는 게임이 아니라, 무엇이 옳고 무엇이 잘못인지를 찾아내서 서로가 공감하고 합의하자는 것이 목적이어야 한다. 신앙심이 있는 사람에게 특별히 요구되는 것은 대화나 토론에서 자기의 생각을 상대자가 받아들이지 않았을 경우에 그를 미워하거나 멸시해서는 안 된다는 것이다. 오히려 그를 설득하지 못한 자신을 채찍질할 일이기 때문이다.

대화에 있어서의 예의바른 말(A)과 피해야 할 말(B)을 여기에 덧붙이면 다음과 같다.

A. '일리 있는 말이지만'

　'그럴 수도 있겠지만'

　'알아요. 그야 그렇지만'

B. '물론'

　'말도 안 되는 소리'

　'그걸 말이라고'

　'그런 궤변을'

'그야 당연한 소리'

'그건 하나마나한 소리'

'그렇다고 했잖아'

굶주림과 비만

– 김혜자의 저서 《꽃으로도 때리지 말라》의 광고를 보고

김혜자는 세상이 다 알아주는 유명한 탤런트다. 그녀가 아프리카를 비롯한 여러 나라의 굶주리는 어린 이들을 돕기 시작한 것은 6·25를 계기로 발족한 '월드비전'과 연관돼 있다지만, 어쨌든 10여 년 동안의 경험을 엮어서 책으로 낸 것은 장하고 고마운 일이다.

그 책을 읽어달라고 낸 광고를 보고 어떤 사람은 김혜자의 저 표정에 눈길이 가는 순간 가슴이 메어지는 충격을 받았다. 혹 저런 표정은 김혜자가 탤런트니까 지을 수 있었다고 생각하는 사람도 있을지 모르지만, 그는 저 표정이 연출에 의한 것이라고는 생각되지 않았다. 김혜자가 자기 가슴에 파고드는 저 어린 것의 소리 없는 절규를 느꼈고, 그래서 금방이라도 눈물을 쏟으며 통곡할 듯한 표정이 지어졌을 것이라고 생각했다.

어쨌든 이 사진으로 인해서 그는 기아문제를 심각하게 생각하기 시작했다. 그가 알기로는 수 년 전에 G8의 대표들이 세계 기아문제를 놓고 회담을 열었지만 아무런 결론을 얻지 못했고, UN 식량기구도 마찬가지였다는 것이다.

왜 그렇게 되었을까? 혹시 다른 나라에서도 북한처럼 구호 식량이 필요한 대상에게 공급되지 못하고 오히려 독재세력만 키워주게 될까봐 그랬을까? 사정이 그렇다면 그야말로 '깨진 독에 물 붓기' 밖에 안 되는 일이기는 하다. 그렇지만, 그렇다고 저 굶주린 백성들의 신음소리에 귀를 막을 수는 없는 일이 아닌가? 잘 사는 나라의 많은 사람들이 너무 잘 먹고 너무 편해서 비만 때문에 고민하는 이런 아이러니를 그냥 웃어넘겨도 죄가 되지 않는 것일까? G8, UN 식량기구도 세계의 기아문제에서 손을 들고 말았으면, 그러면 이제 더 바라볼 데가 없을까? 아니다! 하나님은 저 굶주림에 지친 얼굴들을 보시고 그 신음소리를 들으신다. 그리고 우리들 '믿는 자' 에게 보여주시고 들려주신다. 이제라도 우리가 나서야 한다. 예수께서 바라시던 '선한 사마리아인' 이 돼야 한다.

세계에 기독교인이 20억이라는데 기아인구는 수억에 이른다니 우리가 예수님의 뜻을 받들기로 마음을 모으면 능히 감당할 수 있는 일이다.

우리가 이 일을 감당하면 주께서 우리에게뿐 아니라 세계 인류에게 평화라는 큰 선물을 주실 것이다. 무슨 말이냐 하면, 지금 이라크뿐 아니라 세계 각지에서 테러사건이 연일 터져서 세계를 불안과 공포로 몰아가고 있는데, 이것은 이슬람의 지도자들이 무슬림들에게 순교가 곧 천국행 차표라고 세뇌하기 때문이다. 그렇다고 유태인들처럼 '눈에는 눈, 이에는 이' 식인 복수로 대응하는 것은 '원수를 사랑하라' 하신 예수님의 정신에 역행하는 일이다. 우리는 오히려 전쟁의 피해자인 이라크의 난민을 비롯해 굶주리는 백성들을 구호함으로써 복수심으로 얼어붙은 저 무슬림의 마음을 녹여주어야 할 것이다.

우리는 하나님의 한없는 사랑을 받기만 하고 남에게 내 사랑 주기를 주저하면서 그러면서도 '믿는 자'로 자처한다면 그건 정말 염치없는 일이다.

적(敵)그리스도

기독교에 해를 끼치거나 적대적 관계가 되는 단체나 세력을 적그리스도라 한다. 따라서 숭배의 대상이나 교리가 다르다고 해서 적그리스도라고 하지는 않는다. 하기는 기독교단체라는 이름을 내걸고 딴전을 피우는 사이비 종교단체가 있어서 기독교의 명예에 먹칠을 하거나 기독교의 선교활동에 방해가 되기는 하지만, 그래도 적그리스도라고 하지는 않는다. 왜냐하면 진짜 적그리스도가 엄연히 존재해 왔고, 지금도 그 뿌리는 깊이 박혀있어서 기독교뿐 아니라 원시종교에서 고등종교까지를 망라한 모든 종교에 대해 인민을 현혹하는 마약이라고 규정하고, 이를 말살하는 것을 지상목표로 삼고 있는 공산주의 세력이 그것이기 때문이다.

그 공산주의의 싹은 1776년 5월 1일 '일루미나티(Illuminati)의 창시자인 아담 바이스하우프트에서 시작되었는데, 그는 이렇게 선언했다. "우리는 비밀을 밝힌다. 우리가 유일무이한 종교를 가진 척했던 것은 기독교를 비롯한 모든 종교를 없애기 위해서였다. 목적은 수단을 정당화한다는 것을 기억하라. 이는 비밀결사에 의하지 않고는 달리 이루어질 수가 없다. 이 교단의 특별한 목표는 기독교를 말살하는 것이고, 모든 시민정부를 전복하는 것이다."

철저한 비밀조직인 '일루미나티'는 그 후에 '프리메이슨'이라고 이름을 바꾸었는데, 내세우는 모토는 자유, 평등, 박애였지만 그들의 비밀스러운 의식에 따라 세뇌가 되면 '참된 신은 사탄'이라고 믿게 되었던 것이다.

프리메이슨의 입회의식 이후에 탈퇴하려는 자는 살해를 당하는 등 비밀이 유지되는 가운데 그들의 조직은 유럽 전역으로 퍼져나가서 프랑스혁명의 배후세력이 되었고, 마르크스와 엥겔스가 그 이론을 근거로 '공산당선언'을 선포했고, 그것을 러시아혁명에 이용한 것이 레닌, 트로츠키, 케렌스키였던 것이다.

저들의 목적은 권력 장악이었지만 그 방법으로서의 목표는 기독교 타도였다. 그래서 "종교는 아편이다"라고 외쳤다. 공산주의는 무신론 사상이기에 저들은 '종교 말살론'을 발판으로 러시아혁명을 성공시켰고, 그 여파는 세계로 퍼져나갔다. 그 결과로 벌어진 기독교 신자의 희생과 저들이 '눈의 가시'로 여긴 무고한 사람들의 희생은 그야말로 인류 역사상 전무후무한 참극을 빚고 말았다. 어떤 통계에 의하면 그 희생자의 수는 다음과 같다.

〈공산당에 의해 학살된 인민 수〉

중국 : 6천5백만 명

소련 : 2천만 명

북한 : 3백만 명

캄보디아 : 2백만 명

아프가니스탄 : 1백5십만 명

아프리카 : 1백2십만 명

월남 : 1백만 명

동유럽 : 1백만 명

남미 : 15만 명

기타 : 1만 명

합계 : 9천5백3십6만 명

이처럼 기독교를 말살하기 위해 일어난 공산주의 운동은 결국 인류를 죽음으로 몰고 가는 것이었지만, 공산주의정권의 수괴였던 소련의 몰락으로 세계를 벌겋게 물들여가던 공산주의는 그 빛을 잃었다. 그럼에도 불구하고 기득권에 매달려있는 몇 개 나라가 겉과 속이 다른 정치를 유지하고 있는 중에 유독 우리 겨레인 북한만이 저렇게 인민민주주의라는 간판을 내걸고, 속으로는 공산주의를 고집하면서 세계의 골칫거리가 되어 있으니 참으로 안타가운 일이다.

그러나 우리는 믿는다. 하나님을 부인하고 사탄의 노예가 된 공산주의는 머지않아 역사의 그늘로 사라지고 말 것이며, 이 겨레는 하나님의 보호 아래 영원히 빛날 것임을.

〈미래신문〉 참조

‘있을 때 잘해?’

‘있을 때 잘해’ 라는 유행가가 자주 들린다. 가사를 다는 모르지만 애인이나 배우자에게 하는 말인 것 같다. 그러니까 자신이 잘하겠다는 것이 아니라 남에게 잘해달라는 말인가 보다.

그러나 우리 ‘믿는 자’ 들은 남에게 잘하라고 하기보다는 자신에게 할 말로 고쳐 들어야겠다. 우리는 이 유한하고 단 한번뿐인 인생길에서 내가 만나는 사람이 많든지, 적든지 그들에게 참 잘해주어야겠다는 생각으로 살아야겠다.

그럼 잘한다는 것이 무엇일까? 어떻게 하는 것이 잘하는 것일까? 내가 나 좋은 대로 하는 것은 아닐 것이다. 오히려 나는 얼마쯤 불편하고 힘들거나 손해되는 일이더라도 상대자를 기쁘게, 편하게, 이롭게, 행복하게 하는 것이 잘하는 것일 터이다.

정말이지 있을 때 잘해야 한다. 후회하지 말고 있을 때 잘해야겠다. 내가 이 세상에 있을 때, 도우면 좋아할 사람이 내 곁에 있을 때, 내게 믿음이 있을 때, 예수님의 정신이 내 속에 있을 때, 내 영혼이 깨어있을 때, 성령님이 내 마음에 사랑을 일깨우고 있을 때, 이때를 놓치지 말고 잘해야겠다.

내가 잘해 주면 저쪽에서 좋은 반응이 온다. '가는 말이 고와야 오는 말이 곱다' 는 속담도 있지 않은가? 이것이 인정의 자연스러운 흐름이다.

그러나 돌아오는 것을 기대하고 잘해 주는 것은 정말 잘하는 것이 아니다.

결과는 생각하지 말고 그냥 잘해 주자고, 예수님처럼 사랑하는 마음에서 다정하게, 친절하게, 알뜰하게 상대자에게 맞추어서 대접하자고, 자신을 타이르면서 살아야겠다.

내가 예수님을 본받아 남에게 잘하면 그것을 보고들은 자손이나 후배가, 그리고 또 나도 모르는 누군가가 본을 받는다. 그것이 목적이어서는 안 되지만, 그렇게 되는 것이 자연스러운 결과다.

설령 그런 결과가 나타나지 않는다 해도 하나님께서는 칭찬해 주실 것이다. 하나님의 칭찬, 그 이상의 행복이 어디 또 있으랴!

주여! 들으소서

주여! 들으소서. 제 소원을, 제 애원을 들으소서. 저희 죄악을 벌하지 마시고 용서하셔서 이 나라 백성 4,900만이 주님의 은혜로 행복할 수 있게 하소서.

지금 이 길이, 행복에로의 길이 날이 갈수록 좁아지고 막히고 있습니다. 악의 세력이 이 길을 가로막고 있습니다.

악의 세력이 국민의 눈을 '돈'이라는 미끼로 유혹합니다. 그래서 허망한 '도박 공화국'으로 끌어들입니다.

그보다 더 큰 문제는 사상문제입니다. 유물사상 때문에 이기주의의 노예가 되어 가정에서, 학교에서, 직장에서, 단체에서 믿음과 사랑이 퇴색하고 적대관계로 전락하고 있습니다.

정부와 국민과의 관계에서도 마찬가지입니다. 이래서는 나라가 제대로 발전할 수가 없습니다. 발전의 길이 점점 좁아지고 있습니다. 완전히 막혀버리기 전에 길을 뚫게 하소서.

누구를, 어떤 전사(戰士)를 앞장서게 하시든지 하루 속히 이 막히는 길을 뚫게 하소서.

여호수아가 요단강을 건널 때 법궤를 멘 제사장들을 앞세우자 여호와께서 요단강의 물길을 돌리셨기에 저들이 맨땅을 밟으며 건넜습니다. 그 하나님! 지금 이 나라에는 법궤를 메고 앞장설 주님의 종이 없습니까? 주께서 누군가를 지명(指名)하시고 민족의 구원운동에 앞장서라고 명령해 주옵소서.

무능하고 노쇠한 저같이 앞에 나서지 못하는 사람들의 기도에도 귀를 기울이시고 저희의 애원을 들으사 지도자를 내세워 주시고, 이스라엘 백성들이 여리고성을 에워싸고 돌다가 제 7일에 일제히 함성을 지르자 그 철옹성 같던 여리고성이 와르르 무너졌듯이 저희들의 간절한 기도로 악의 세력이 무너지게 하옵소서.

1919년 3월 1일에 민족의 지도자들이 목숨을 던질 각오로 독립선언을 함으로써 민족의 잠을 깨운 그 역사가 이 나라에서 이 시대에 다시금 화산처럼 터지게 하옵소서.

당시에는 기독교 신자가 전 인구의 3%에 불과했지만, 지금은 신·구교 신자가 전 인구의 30%나 되었으니 수적으로는 10배가 되었는데, 과연 저희가 무엇을 하고 있는지 반성하게 하소서.

예수께서 저희 '믿는 자'들을 '세상의 빛'이요, '세상의 소금'이라고 하셨는데, 지금 저희가 이 나라에 무슨 기여를 하고 있는지 성찰하고 회개하게 하소서.

주여! 진심으로 통회하오니 저희의 아픔을 헤아려 주옵소서.

전국적으로 저희들이 회개운동을 일으킴으로써 '하나님은 없다'는 악의 세력에 물들어가는 이 민족을 구원하게 하소서.

그래서 마침내 '대한민국은 기독교가 살렸다'고 역사에 기록되게 하옵소서. 그러면 저희 믿는 자들의 자손들은 '대한민국은 하나님이 구원하셨다' 하며 주님을 찬양할 것입니다.

주여! 그날을 주소서. 저희 애원을 들으소서. 응답하옵소서. 예수님의 이름을 의지하고 애원합니다. 아멘!

그날이 오면

그날이 오면
오오! 그날이 오면
모두들 춤추며 노래하자
홍해를 건넌 미리암이 소고 치며 노래했듯이
주님을 찬양하자

그날이 오면
3월 초하루에 두 손 높이 들고
대한 독립 만세를 외쳤듯이
주님을 찬양하자

그날이 오면
8월 보름날에 태극기 휘날리며
얼싸안고 기뻐했듯이
우리 주님을 찬양하자

그날이 오면
너희는 치리라
북 치고 장구 치고 징에 꽹과리
치고 치고 또 치리라

나는 불리라 나팔을 불리라
닐니리 닐니리 닐니리야
힘차게 불리라
불고 불고 또 불리라

저들은 춤추리라 춤을 추리라
덩실덩실 더덩실 춤을 추리라
덩덩 덩더쿵 덩기덩기 덩더쿵
춤판을 벌이리라

그날이 오면
오오! 그날이 오기만 하면
우리는 모두모두 어울려 어울려
다시 오시는 주님을 환영하리라.

2부. 이런저런 문답

문 : 인간이 원시시대에는 천재지변과 질병을 두려워했지만, 인류의 역사가 진행될수록 전쟁, 사고, 테러 등 인재가 겹침에 따라서 인간의 삶은 불안에서 벗어나지 못하고 있다. 요행 이런 봉변을 면한다 하더라도 기껏해야 백년도 살기가 어려운 것이 인생이다. 사실 인생이라는 것이 별것도 아닌 것 같다. 이 좁디좁은 지구촌에 60억 인구가 바글바글 아귀다툼을 하자니, 아무리 돈이면 만사가 해결된다는 세상이지만 마음 편하게 살도록 보장해주는 것도 아니다. 종교는 인간의 불안 심리에서 생긴 것이라고 알고 있는데, 기독교의 입장은 어떤가?

답 : 질문이 비관적이어서 안타깝다. 유감스럽게도 우리 국민 중 다수가 신봉하는 불교가 '인생은 고해(苦海)'라고 비관적이고 허무주의적으로 해석해서 개인이 고통에서 벗어나는 해탈(解脫)을 목표로 수행한

다는데, 기독교는 그와는 반대로 인간의 육체는 유한하지만, 영혼은 무한하다고 믿기 때문에, 인생은 가치가 있는 것, 아름다운 것, 사랑할 만한 것이라고 해석한다. 따라서 개인이 자신을 소중한 실존으로서 사랑하는 차원에서 출발해, 자신의 가족, 자신의 이웃 그리고 자신의 생활 터전인 자연과 인간을 사랑하며, 이렇게 사랑하는 마음을 가지도록 창조해 주신 하나님을 사랑하는 것이다. 이것은 예수께서 "하나님을 사랑하고 이웃을 사랑하는 것이 율법과 선지자의 대강령(大綱領)이다"라고 말씀하셨을 뿐 아니라, 인간을 사랑하신 나머지 자신을 인간의 속죄(贖罪) 제물(祭物)로 바치신 사실을 성경에 기록된 그대로 가감 없이 믿는 것이다.

문 : 지금 성경이라고 했는데, 성경은 원래 유대인의 경전이 아닌가?

답 : 우리가 성경이라는 것은 구약(舊約)과 신약(新約)의 합본이고, 유대인은 구약만을 경전으로 삼고, 거기에 근거해서 유대인만이 하나님께서 선택하신 백성 즉, 선민(選民)이라고 믿는다. 구약의 창세기 12장에 의거해서 설명하자면, 풍요의 땅에서 우상 숭배에 빠져있던 아브라함을 하나님(여호와·야훼)이 불러내셔서 역경을 통해 오로지 하나님만을 의지하는 신앙을 갖도록 인도하셨으니, 그의 후손인 자기들만이 선민이라는 것이다. 따라서 그들은 예수를 이단자(異端者)로 몰아, 십자가형을 받게 했던 것이다. 그러니 당연히 신약을 무시한다.

문 : 아브라함은 이슬람교에서도 숭상되고 있다던데?

답 : 그렇다더라. 그러나 이슬람교는 신앙의 대상을 하나님이라 하지 않고, 성경에도 없는 '알라'를 숭상한다. 구약(창세기 16장)에 의하면 아브라함이 그 아내인 사라의 권유에 따라서 사라의 몸종인 애굽 여자 하갈을 통해서 낳은 이스마엘이라는 혼혈아가 아브라함의 장자라는 주장이고, 유대교는 아브라함이 늦게나마 본부인인 사라의 몸에서 난 이삭이야말로 순수한 혈통이니까 그 후손만이 선민이라는 것이다. 그 상극관계가 수천 년을 이어와서 지금도 이스라엘과 아랍 사이에 알력이 이어지고 있는 것이다.

문 : 그러면 기독교는 유대교나 이슬람과는 어떤 관계에 있는가?

답 : 기독교는 예수님만이 그리스도(구세주)로 세상에 오신 하나님이라고 믿는다. 그분은 스스로 자신이 하나님의 아들이라고 자기를 낮추셨지만, 그분이 아니었다면 세상 사람들이 하나님의 사랑을 알지 못한 채, 유대교가 믿고 있던 대로 하나님은 엄하신 분, 인간의 죄에 대해 가차 없이 벌하시는 분, '정의(正義)의 신(神)'으로서 상과 벌을 공정하게 시행하시는 분인데, 인간은 부족하니까 그분을 기쁘시게 해드려서 상을 받기는 어렵고, 죄 값으로 벌을 받 마련이니 두려운 분으로만 알고 있었을 것이었다.

문 : 예수가 인간세계에 끼친 영향은 무엇인가?

답 : 하나님을 '정의의 신'으로만 알고 두려워하는 유대인들의 오해에

대해, 하나님은 인간이 약하다는 것을 아시니까 어떤 잘못이라도 뉘우치기만 하면 용서하시고 끌어안아 주시는 사랑의 본체라는 것을 가르쳐주셨다. 그래서 기독교를 '사랑의 종교'라고 하는 것이다. 이것을 분명하게 증언한 것이 신약성경(요한복음 3장 16절 이하)에 기록돼 있고, 예수께서 말씀하신 비유(누가복음 15장 11절 이하)에서도 잘 드러나 있다. 그 비유를 간단히 소개하면, 한 부자에게 두 아들이 있는데, 작은아들이 유산을 미리 받아가지고 나가서는 탕진한 끝에 굶어죽을 지경이 되자 뉘우치고 집에 돌아와, 아들 자격은 없으니 품꾼으로 써달라고 했다. 그런데 아버지는 죽었던 자식이 돌아왔다면서 환영했다는 것이다. 이 비유는 인간이 제 잘못을 회개하고 하나님께 사죄하기만 하면 구원을 얻는다는 말씀이다. 이 말씀을 믿고 기독교 신자가 된 사람이 수없이 많았고, 지금 살아있는 신자만 해도 20억이나 된다.

문 : 세상에는 여러 종교가 있고 종교의 자유라는 것도 있는데, 왜 유독 기독교만 믿으라고 하는가?

답 : 질문이 잘못 된 것 같다. 어느 종교 신자가 우리 종교 믿지 말고 다른 종교 믿으라고 권하겠는가? 자신이 믿는 종교 이상은 없다는 확신이 있으니까 남에게 권유할 열의가 생기는 것이다.

문 : 기독교가 다른 종교에 비해서 특별히 다른 점은 무엇인가?

답 : 지구상에 있는 많은 종교와 기독교를 일일이 비교할 수는 없지만,

한 가지 분명히 다른 것은 기독교만이 부활신앙을 가졌다는 점이다.

문 : 이슬람도 부활을 믿는다던데?

답 : 아니다. 이슬람은 인간의 부활을 믿는 것이 아니라, 순교해야만 천국에 간다고 믿는다. 그 때문에 지금도 가끔 폭탄을 안고 건물이나 군중 속에 뛰어 들어서 무고한 사람들을 희생시키는 순진한 무슬림(이슬람 신자)들이 있지 않은가?

문 : 그럼, 부활 신앙이란 무엇인가?

답 : 간단히 말해서 사람이 죽으면 육신은 없어지지만 육신에 내재해 있던 영혼은 다시 살아난다는 신앙이다.

문 : 영혼이 부활한다는 것을 누가 어떻게 증명하는가?

답 : 예수께서 자신이 부활하실 것을 예언하시면서 누구든지 자신의 말씀을 믿으면 그 믿음대로 된다고 약속하셨을 뿐 아니라 십자가에 못 박혀 죽으셨다가 부활하신 모습을 제자들에게 보여주셨는데, 그 사실이 성경에 자세하게 기록되어서 전해오고 있으니 그 이상 확실한 증명이 있겠는가.

문 : 그러니까 성경에 기록된 내용을 믿는 사람은 부활하고, 믿지 않는 사람

은 부활하지 못한다는 것인가?

답 : 그렇다. 그렇기 때문에 예수님의 말씀을 믿게 된 사람들은 이렇게 기쁜 소식(복음, 福音)을 아직 모르고 있는 이웃에 알려야겠다는 열정에서 같이 믿고 구원의 복을 받자고 하는 것이다.

문 : 같이 믿어서 복을 받자고 하는 뜻은 고마운 일일지 모르지만, 왜 굳이 복잡한 전철 안에서 시끄럽게 떠드는가? 금방이라도 세상이 두 쪽 날 것처럼 야단인데 그건 공해 아닌가?

답 : 물론 비신자의 입장에서는 공해로 느껴질 것이고 신자의 입장에서도 객관적으로는 그런 방법이 오히려 역효과를 낳을 것같이 생각됐었는데, 최근에는 그런 장면이 거의 보이지 않는다.

문 : 가끔 거리에 나갔다가 까만 가방을 든 백인 청년 둘이 걸어가거나 건널목에 서 있는 것을 목격하는데, 그 사람들도 기독교를 선전하는 건가?

답 : 그들은 ‘제칠일안식교’ 나 ‘몰몬교’ 의 전도자들이다. ‘제칠일안식교’ 는 기독교가 예수께서 부활하신 일요일을 거룩한 날로 삼아 예배를 드리는 것과는 달리, 유대교가 지켜온 안식일에 예배를 드려야 한다는 것이다. 그리고 ‘몰몬교’ 는 미국의 한 지방에서 일어난 교파인데, 처음에는 ‘일부다처주의’ 때문에 물의를 일으켰지만 지금은 달라졌다.

문 : 공원 같은 데서 중년부인 두 사람이 짝을 지어 다니는데 그들도 그런 일을 하는가?

답 : 아마 '여호와의 증인' 들을 보고 하는 질문인 듯한데, 그들은 거리에서가 아니라 주로 아파트를 찾아다니면서 '교회 패' 가 붙어있으면 초인종을 누르고 "진리를 전하러왔습니다" 한다. 그들이 주는 '등대', '파수꾼' 같은 책자를 읽어보면 구약의 예언서와 신약의 계시록을 인용한 '종말론(終末論)' 을 내세운다. 그들은 성경의 한두 부분에 집착함으로써 하나님의 큰 뜻을 현미경으로 살피는 우를 범하게 한다.

문 : 통일교라는 것도 있지 않는가?

답 : '제칠인안식교' 나 '여호와의 증인' 은 미국에서 들어왔지만, '통일교' 만은 국내에서 6·25 직후에 문선명이라는 사람이 창시한 것이다. 그가 표방하기는 '기독교세계통일협회' 라고 하지만, 실상은 오히려 반(反) 기독교적이다. 왜냐하면 그는 성경 중에서 창세기의 첫 사람인 아담과 하와의 '선악과 사건' 을 남녀간의 성적 관계로 해석해서 만들어냈기 때문이다.

문 : 무교회주의라는 것도 있다던데?

답 : 무교회주의는 교회라는 조직을 거부하고, 순전히 성경을 중심으로 하는 신앙생활을 주장하는 운동인데, 그 시작은 일본의 우치무라 간조

(內村鑑三)에게서 비롯됐고, 우리나라에서는 김교신(金敎臣)이 뒤를 이었는데, 우치무라의 많은 저서는 지난 세대 교역자들에게는 필독서나 다름이 없었다. 그들의 생각은 교회라는 조직체가 예수님의 순수한 정신을 인위적으로 해석한 결과 부정적 역사를 인류에게 안겨주었다는 것이다. 따라서 어떤 교파를 막론하고 교회에는 일절 속하지 않고, 생각이 같은 사람끼리 어느 가정에 모여서 기도하고 성경을 연구하는 시간을 정기적으로 갖는다. 그들은 찬송가를 부르지 않으며, 헌금도 하지 않는다.

문 : 그렇다면 그 편이 교회에 소속되는 것보다 편하지 않는가?

답 : 그것은 무정부주의나 다름없는 생각이다. 기독교는 개인의 영적 구원만을 추구하는 종교가 아니다. 예수께서 시몬이라는 제자에게 "너는 베드로(반석)이다. 내가 이 반석 위에 교회를 세우겠다"고 하셨는데, 그것은 시몬이 "주님은 하나님의 아들이요, 그리스도(구세주)십니다"라는 신앙고백을 했기 때문이었다.
그러니까 시몬처럼 예수님을 인식하고 믿으며, 의지하는 사람들이 모이는 단체가 교회다. 교회가 할 일은 예수님을 믿고 그분이 아버지라고 증언하신 하나님을 경배하며, 교인들이 합심해서 이웃을 사랑하는 정신으로 선교, 교육, 봉사에 힘쓰는 것을 사명으로 알고 실천하는 단체다.
부활하신 예수께서 이런 교회를 위해 성령님을 보내시겠다고 약속하셨는데, 그분이 승천하신 후에 제자들이 포함된 120명이 마가라는 제자의 집에 모여서 기도할 때에 성령님이 실제로 역사(役事)하심으로써 각 사람의 입에서 방언(方言, 사투리가 아닌 외국어)이 튀어 나와 사람들을 놀라게 했고, 그 후로는 서로 가진 것을 아낌없이 나누어 쓰는 사랑의 공동체가 됨으로써 주변 사람들에게 감동을 주어 따르는 사람이 날마다 늘어나게 되었다. 이것을 초대(初代)교회라고 한다.

그래서 지금도 많은 교회가 초대교회를 본받자고 하는데, 이것이 바로 성령님의 역사다. 성령님은 예수님을 믿고 그분의 뜻을 받들려는 개인의 영혼도 맑게 하신다. 이 은혜를 받은 영혼은 자신에게 손해가 되는 경우에라도 이웃을 사랑하는 새사람이 된다. 이것을 신생(新生), 또는 중생(重生)이라 한다. '새로 난다', '거듭난다'는 뜻이다.

문 : 그렇지만 교회에 다닌다고 누구나 변화되는 것 같지는 않더라. 교회에서는 좋은 신자일지 몰라도 주변에서 욕먹는 사람도 있지 않은가?

답 : 그건 인정한다. 그러나 한번 교회를 병원이라고 생각해 보자. 병원에는 건강진단을 하러오는 사람에서부터 각종 질병을 치료하려는 사람, 심지어 죽어가는 사람도 있고, 의사를 탓하고 퇴원하는 사람도 있지 않은가? 또, 의사 앞에서는 "선생님 말씀대로 실천하겠습니다"라고 해놓고도 여전히 건강에 해로운 제 버릇을 끊지 못하는 환자도 있다. 그와 마찬가지로 교회에 다니며 신앙생활을 하는 사람 중에도 예배를 드리는 시간에는 감동을 받고 결심도 하지만, 실생활에서는 여전히 남의 비난을 받으며 사는 사람이 있는 것이 사실이다. 그러나 그런 사람이라도 낙심하지 않고 교회에 다니느라면 어느새 변화된 자신을 발견하게 될 것이다.

문 : 그야 두고 봐야 알 일이지만, 신자가 되면 교회에 가는 일이 왜 그리 많은가? 교회가 신자들을 너무 들볶는 건 아닌가?

답 : 교회에서 신자들을 자주 모이게 하는 것은 신자들의 신앙심이 식지 않도록, 시들지 않도록, 그래서 날이 갈수록 싱싱하게 살아 활동하도록 훈련하기 위해서다. 그러니 참석하고 안 하는 것은 개개인의 신앙심과 열성이나 생활 여건에 달린 것이지, 교회 탓을 할 일은 아니다.

문 : 도시에 있는 교회 중에는 작고 초라한 교회도 있고 건물이 웅장하고 화려한 교회도 있는데, 그런 큰 교회가 셔틀버스를 운용하고 있는 것은 이해가 안 된다. 큰 교회는 신자들에게 가까운 교회에 다니라고 해서 작은 교회를 도와줄 아량이 없는 것일까?

답 : 미안하지만, 다시 병원에 비유하겠다. 어떤 환자가 가까운 개인 의원으로 가거나, 멀고 불편한데도 불구하고 유명한 종합병원에 가는 것은 환자의 자유가 아닌가? 종합병원 의사가 환자에게 "다음에는 여기까지 오지 말고 가까운 개인 의원에서 진료를 받으세요"라고 할 권리는 없다. 교회도 마찬가지다. 원 거리의 불편을 무릅쓰고 모이는 신자들의 편의를 위해서 셔틀버스를 운용하고, 교회 건물을 신축하거나 증축하는 것도 교인 수에 맞추는 것이지, 무작정 큰 건물을 지어놓고 교인이 모이기를 바라기야 하겠는가. 또 교회 건물이 화려하다는 비난도 있지만, 그것도 교인들의 생활수준에 맞추는 것이다. 어쨌거나 그 교회가 마음에 들지 않으면, 자기 마음에 맞는 교회를 찾아서 마음 편하게 봉

사할 것이지, 어느 교회가 불만스럽다고 해서 교회를 싸잡아 비난하는 것은 신앙인다운 태도가 아니다.

문 : 큰 교회와 작은 교회가 따로 있는 이유는 무엇인가?

답 : 첫째 이유는 지역이다. 인구가 많고 경제, 사회, 문화적으로 발전된 도시와 그렇지 못한 농어촌은 다를 수밖에 없다. 둘째는 교역자의 역량이다. 하나님은 교역자 개개인의 역량에 맞는 일터를 주신다. 한편으로는 장래성이 있는 일꾼이 수련을 받으면서 준비하게도 하신다. 그런 일터가 바로 농어촌이나 도시 변두리의 교회다. 그랬다가 어느 교역자가 그 교회에 두기 아까울 만큼 역량이 커지만 하나님은 좀 더 큰 일터로 옮겨주신다. 셋째는 그 교회에 속한 신도들의 봉사정신이다. 교역자가 역량이 있고 지역적으로 유리한 위치라 하더라도 신도들 사이에 불화가 생기면 그 교회는 성장하지 못하고, 따라서 교역자도 역량을 발휘하지 못하게 된다. 그러기에 비록 작게 시작한 교회일지라도 신도들이 그 교역자를 주께서 보내신 지도자로 믿고 따르며, 자신의 직분에 따라 충성스럽게 봉사하면서 입만 열면 "우리교회", "우리 목사님"하며 자랑하게 되면 그야말로 복받은 교회가 되는 것이다.

문 : 실패하는 교역자는 없는가?

답 : 세상 이치는 마찬가지여서 흔치는 않지만 교역자 사회에도 실패자는 있다. 실패하는 이유는 두 가지가 있는데, 그 하나는 교역자가 윤리

적으로 타락하는 경우다. 다시 말하면 부부간의 신의를 저버리거나, 교회의 공금을 제 마음대로 쓰거나 하는 경우에는 실패한다. 다른 하나는 잘못된 특권의식을 가지는 경우다. 교역자는 원래 하나님께서 자기를 종(從)으로 쓰시기 위해 불러주셨다는 소명(召命)의식이 있어서 신학 공부를 거쳐, 어느 작은 교회에 파송되거나 혹은 어느 큰 교회에서 수련을 받은 후에 한 교회를 맡게 되는데, '나는 하나님이 택하신 종이요, 그분의 대변자다. 내 말은 곧 하나님의 말씀이다' 라는 특권의식에 사로잡히면 그는 하나님의 충성스러운 종도, 교인들의 '선한 목자' 도 아니고, 하나님의 일을 방해하는 '악한 종' 이니 실패자다.

문 : 그런 교역자가 버티고 있는 교회의 교인들은 어떻게 처신해야 하는가?

답 : 그런 교역자를 만나는 것은 불행이지만, 그것이 개인의 신앙에 좋은 계기가 될 수도 있다. 신도로서 바람직한 대응방법은 그 교역자를 위하고, 교회를 위하고, 하나님의 영광을 위해서 열심히 기도하는 일이다. 결코 직접 항의하거나 충고하지 말라. 어려운 문제일수록 성령님의 역사(役事)를 간구하고 기다릴 일이다. 그러나 도저히 참을 수가 없거든 그 교회에서 조용히 떠나라. 그리고 그 후로는 그 교회나 교역자에 대해 일절 말하지 말아야 한다.

문 : 일요일 낮예배에 참석하는 것으로 만족하고 교회 일에 관여하지 않으려는 사람들에게 교회는 왜 이런저런 조직에 들어오라고 하는가?

답 : 교회는 단체요, 단체는 조직체인데 그 조직체에 소속된 개인들이 저마다 기분 내키는 대로 들락거리기만 하고, 아무런 구실도 하지 않으려고 한다면 그 조직체는 아무 일도 할 수가 없게 된다. 더군다나 교회는 예배, 천교, 교육, 선교, 봉사 등 대내외적 활동을 위해서 조직된 것인데, 예배에만 참가하고 다른 일에는 관여하기를 거부하는 것은 구경꾼이나 다름없는 자세로, 구성원으로서의 권리와 의무를 포기하는 태도다. 이런 행태는 본인의 신앙을 언제까지나 제자리걸음에 머무르게 한다. 신앙은 살아있어야 하는 것이고, 살아있는 것은 성장하고 성숙해야만 열매를 맺을 수 있는 것이 아닌가? 그러기에 성경(야고보서 2:14 이하)에 '행함이 없는 믿음은 죽은 것이다' 라고 기록돼 있다. 교회는 교회 내의 여러 조직을 통해서 특히 초신자(初信者)들을 훈련시키는데, 그런 훈련조차 거부하고서야 어찌 신앙인다운 생활을 할 수 있겠는가? 그것은 마치 훈련소를 거치지 않고 군대생활을 하겠다는 것이나 다름없다.

문 : 교회에서 훈련을 받으면 무엇이 달라지는가?

답 : 훈련을 받는 과정에서 사명감을 얻게 된다. 자기 혼자 구원을 받으면 된다는 생각이 이기주의였다는 것을 깨닫는다. 그러면 가만히 있는 것이 죄송스러워진다. 나는 예수님의 사랑으로 구원을 얻었다는 이 기쁨을 남에게 나눠주어서 같이 누리게 해야겠다는 깨달음이 바로 사명감이다. 예수님의 사랑을 본받아 실천하면서도 이것은 내가 저를 사랑하는 것이 아니라, 성령님이 내 안에 계시면서 내 마음을 다스려 내 입

이 사랑의 말을 하게 하시고, 내 손발이 사랑을 실천하게 하신다고 믿게 된다. 이것이 훈련에 의한 변화다.

문 : 그런 활동의 대상은 누구인가?

답 : 이런 변화를 제일 먼저 알아차리는 사람은 그의 가족이다. 그가 예수님 믿자고 하지 않더라도 그가 예수님의 사람이라는 것이 가족들의 마음에 전해진다. 그러면 서로의 눈빛이 맑아지고 밝아진다. 다정한 눈빛이 오가며 서로 고마워하게 되면 그것이 곧 '즐거운 나의 집' 이다. 그 다음은 이웃이다.

문 : 자기 가정보다도 교회 일에 열성적인 사람도 있던데 왜 그렇게 되는가?

답 : 그런 사람에 대해서는 두 부류로 나눠서 말할 필요가 있겠다. 그 한 부류는 소속된 교회에 충성하는 열성분자고, 다른 부류는 장돌뱅이처럼 이 교회 저 교회를 기웃거리거나 "기성교회에는 구원이 없다, 여기에 들어와야만 천당에 갈 수 있다"는 선전에 현혹돼서 그런 집단에 가진 것 다 갖다 바치는 사람들이 그런 '사이비 신앙단체의 밥' 이 되는데, 전자나 후자나 모두 자신만은 꼭 구원을 받아야 되겠다는 욕심 때문에 그렇게 되는 것이다.

문 : 예수께서 "무거운 짐 진 자들아, 다 내게로 오라"고 했다는데, 그 뜻은 인생의 짐들을 자기가 대신 져주겠다는 것인가? 정말 예수를 믿으면 이 무

거운 인생의 짐을 면할 수 있는가?

답 : 예수께서 말씀하신 ‘짐’에 대한 해석은 두 가지로 구분할 필요가 있다. 그 하나는 ‘죄짐’이다. 사람들 중에는 아무렇게나 말하고 행동함으로써 남에게 해를 끼치고도 미안한 생각조차 없는 ‘양심 마비자’가 있지만, 양심이 살아있는 사람은 자기 마음에 파고드는 악한 생각과의 싸움에서 이기지 못한 것을 자책하거나 악에 물들까봐 불안하다. 이것이 죄의식인데, 믿음이 확실한 사람은 예수께서 자신을 희생 제물로 삼아 인간의 죄 값을 갚으셨으니 내 죄도 씻겼다는 확신과 더불어 앞으로 닥칠지 모르는 죄악과의 싸움에서도 이기게 해주실 것이라는 믿음이 있어서 불안하지 않다. 또 하나의 짐은 일반적인 ‘인생의 짐’이다. 인생의 짐은 누구에게나 무거운 것이지만, 예수님에 대한 믿음이 확고한 사람은 그 짐을 지겨워하거나 기피하지 않고, 이 정도의 짐쯤이야 당연히 내가 져야 할 일이요, 주께서 맡겨주신 과제라고 생각하고 감당한다. 그러니 무게가 같은 짐이라도 본인이 느끼는 무게는 다르지 않겠는가?

문 : 천주교와 기독교는 둘 다 예수를 믿는 것으로 아는데, 무엇이 다른가?

답 : 천주교는 초기 기독교의 토대 위에 세워졌지만, 교황의 권력이 종교의 영역을 넘어 왕들에 대한 ‘파문(破門)’을 남발하면서 절대 권력을 행사함에 따라서 부패했다. 그러다가 교황이 있는 로마에 ‘베드로성당’을 짓기 시작했는데, 그 자금을 마련하기 위해 ‘면죄부(免罪符)’를 팔았다. 그것은 일종의 부적이었을 터인데, 그것을 사면 죄가 사면된다

는 것이다. 죄를 용서하는 권리는 하나님에게만 있는데, 그것을 교황이 가로챈 것이다. 그래서 마틴 루터라는 독일 신부가 반대 성명을 발표한 것이 발단이 돼서 일어난 신앙운동이 개신교로 발전했다. 천주교와 기독교가 다른 점은 여러 가지가 있는데, 형식적인 것보다는 원리에 차이가 있다. 개신교는 성경 중심으로써 예수님의 말씀과 인간의 죄를 대신 지신 십자가 정신을 믿으며, 그분이 아버지라고 부르신 하나님, 그리고 그분이 승천하시기 전에 보내시겠다고 약속하신 성령님, 이 삼위일체(三位一體)되시는 주님을 믿는데, 천주교는 사도(使徒) 베드로와 성모 마리아를 거쳐서 예수님에게 접근한다.

문 : 왜 베드로와 마리아를 거치는가?

답 : 베드로의 본명은 시몬이다. 그런데 어느 날 예수께서 제자들에게 "너희는 나를 누구라 하느냐"고 물으셨을 때, 시몬이 "주님은 그리스도시오, 하나님의 아들이십니다"라고 대답하자, 예수께서 "너는 베드로(반석)다. 이 반석 위에 내가 교회를 세우겠다. 내가 네게 천국 열쇠를 줄 것이니 네가 열면 열릴 것이요, 닫으면 닫힐 것이다"라고 하셨기 때문에 시몬을 베드로라고 부르게 됐는데, 이것이 천주교가 베드로를 떠받드는 근거다. 또 성모 마리아를 숭상하는 이유는 아마도 인간이 신이신 예수님께 직접 접근하는 것이 두려워서 예수님의 생모인 마리아를 거쳐야 된다는 것으로 해석된다. 그러나 개신교의 해석은 다르다. 베드로나 성모 마리아는 우리와 다름없는 인간이므로 숭상의 대상이 될 수 없다. 인간이 숭앙할 분은 오직 삼위일체되시는 주님뿐이다.

문 : 천주교는 어디에서나 같은데, 개신교는 왜 그리 교파가 많은가?

답 : 개신교는 성경에 기록된 예수님이 신앙의 대상인데, 2천년을 지나오는 동안에 그 성경을 해석하는 자세와 방법에 따라서 서로 다른 견해가 충돌하면서 분열이 생겨 교파가 난립하게 된 것이다. 그것을 인지의 발달에 따른 자연스러운 현상으로 해석할 일이다.

문 : 그 교파들은 우리나라에서 갈라진 것인가?

답 : 아니다. 선진 기독교국에서 분화된 것이 들어왔다. 1885년에 미국의 조합(組合)교회(장로교회) 선교사인 언더우드와 감리교회 선교사인 아펜젤러가 한 배를 타고 와서 선교하게 됐는데, 두 사람이 선교지역을 미리 합의해서 장로교는 북쪽, 감리교는 남쪽을 맡게 됐다고 알려져 있다.

문 : 장로교와 감리교는 무엇이 다른가?

답 : 교리(敎理)가 다르다. 교리라는 것은 종교의 원리인데, 장로교의 교리는 칼빈이라는 신학자의 주장에서 시작됐고, 감리교의 교리는 웨슬리 목사의 주장에 근거를 두고 있다. 신학을 전공한 사람에게 물으면 더 확실한 대답을 들을 수 있겠지만, 그냥 상식적으로 말하자면 하나님이 인간을 죄악에서 구원하시는 원리(原理)를 구원론(救援論)이라 하는데, 칼빈은 '하나님이 인간 하나 하나의 생명에 대한 구원 여부를 예

정해 두셨다’는 것이고, 웨슬리는 ‘인간 개개인이 자신의 자유의지로 예수님을 믿고 안 믿고에 따라서 구원을 얻기도 하고, 못 얻기도 한다’는 것이다. 그래서 전자를 예정설(豫定說)이라 하고, 후자를 자유의지설(自由意志說)이라 한다. 그런데 성경(요한복음 3:16)을 보면, ‘하나님이 세상을 이처럼 사랑하사 독생자를 주셨으니, 이는 저를 믿는 자마다 멸망치 않고 영생을 얻게 하려 하심’이라고 기록돼 있다. 그러니 하나님께서는 예수님을 믿는 사람을 구원하시기로 예정하셨다는 것이고, 인간이 자신의 자유의지로 예수님을 믿으면 하나님의 예정대로 구원을 받는다는 뜻이다. 그러므로 하나님께서 예정하신 사람은 예수님을 믿지 않아도 구원을 받고, 인간이 자진해서 예수님을 믿더라도 하나님께서 예정하신 명부에 이름이 없으면 구원을 받지 못한다는 뜻으로 해석할 일은 결코 아닐 터이다.

문 : 성결교라는 간판도 많이 보이던데

답 : 그렇다. 성결교는 감리교에서 갈라져 나온 교파인데, 성결(聖潔)이라는 이름에서 알 수 있듯이 인간이 예수님을 믿고 성령을 받아 거룩하게 변화 즉, 성화(聖化)되는 것을 강조한다.

문 : 침례교회라는 것은 어떤 교파인가?

답 : 침례교회는 미국에서 가장 큰 교단인데, 러시아정교와 같이 세례 예식을 예수님 당시처럼 해야 된다고 믿고 그렇게 실시한다. 즉, 세례

를 받는 사람은 옷을 입은 채 물 속에 들어서서 물이 목에 찰 때까지 몸을 낮추면, 세례를 주는 사람이 한 손을 그의 머리에 얹는 데 따라 몸을 낮추어 머리끝까지 물에 잠기게 했다가 일어서는 절차에 따르는 것이다. 그래서 침례(浸禮)다.

문 : 군복이나 경찰복 비슷한 복장으로 다니는 중년 남녀도 기독교를 선전하는 사람들인가?

답 : 구세군(救世軍) 장교들을 보고 하는 말인가 보다. 구세군은 영국에서 감리교회가 침체했을 때, 군대가 국가와 국민을 보위하기 위해 목숨을 걸고 싸우듯이 기독교 신자도 악의 세력에 맞서 싸워야 된다는 휴스 대장의 제창에 따라서 생긴 교파로서 모든 조직이 군대식으로 편제되어 있다. 다시 말하면 군대처럼 용감하게 전투적으로 선교하는 교파이지만, 우리나라에서는 교회보다 오히려 사회복지에 중점을 두고 활동하는 것이 특징이다.

문 : 예수를 믿는다고 고백하기만 하면 그것으로 구원이 되는가?

답 : 그게 그렇게 간단한 문제가 아니다. 입으로 "믿습니다" 하기만 하면 그것으로 구원문제가 해결되는 것이 아니라, 고백하기 전에 진심으로 믿는다는 확신이 서야 하고, 일단 입으로 결심을 밝혔으면 '믿는 자' 답게 살려고 노력해야 한다. 그것을 하나님께 충성한다고 한다.

문 : 믿는 자답게라는 것이 어떤 것인가?

답 : 아주 압축해서 말하자면 예수님의 말씀과 그분의 행적을 성경에 기록된 그대로 조금도 가감 없이 믿고, 그 말씀에 나를 맞춰 생각하면서 정성을 다해 살아가는 것이다.

문 : 예수의 말씀이라고 했는데, 그 핵심이 무엇인가?

답 : '마음을 다하고 뜻을 다하여(즉 정성을 다해서) 하나님을 사랑하고, 이웃을 네 몸같이 사랑하라' 는 것이다.

문 : 세상 사람들은 대개 우선 제 생각부터 하고, 기껏해야 제 가족이나 사랑하는데, 그런 사람은 예수를 믿어도 소용이 없다는 말인가?

답 : 섭섭하지만, 그건 어쩔 수 없다. 예수님의 말씀은 사람이 자기를 사랑하듯 이웃을 사랑하라고 하셨으니, 그것은 인간이 자기를 사랑하는 것을 당연한 일로 인정하신 것이다. 그러나 그 수준에만 머물러 있으면 이웃이 보이지 않으니까 그 한계를 벗어나서 남을 사랑하되, 자기 마음에 드는 사람과 자기를 좋아하는 사람만을 사랑하는 것이 아니라, 자기에게 불리한 사람이나 적대관계에 있는 사람까지도 사랑하라는 것이다. 예수님은 이런 말씀도 하셨다. "너희가 눈에 보이는 이웃을 사랑하지 못하면서, 눈에 보이지 않는 하나님을 어찌 사랑할 수 있겠느냐"고. 이 말씀은 사람이 이웃을 사랑하는 것이 바로 하나님을 사랑하는

길이기도 하다는 뜻이다. 왜냐하면, 하나님은 모든 인간을 사랑하시는 분이시니까. 이 원리를 인간생활에서의 부모·자식간의 관계로 생각해 보자, 부모는 어떤 경우에서도 자식을 사랑한다. 자식의 어릴 때나 성장한 후에나 자식이 부모에게 기쁨을 줄 때나 속을 썩일 때나 무조건 사랑한다. 그것이 부모의 마음이다. 하나님께서 인간을 사랑하시는 것이 바로 이런 부모의 마음과 같다. 그런데 자식은 부모 같지 않다. 아주 어릴 때부터 자기를 사랑해준다고 느낄 때는 부모를 사랑하며 재롱을 떨지만, 반대일 때는 부모를 의심하고, 싫어하며, 미워한다. 성장해서 자신이 자식을 기르면서 비로소 체험해야만 부모의 희생적 사랑을 알게 된다고 하지만, 그러나 많은 사람이 부모에게서 받는 것이 있을 때와는 반대로 부모가 짐이 되는 경우에는 기피한다. 그럼에도 불구하고, 부모는 자식의 효도를 받지 못하고 소외되는 경우에 이르더라도 자식들이 동기간에 의좋게 지내기만 하면 '자식농사'는 성공했다고 만족한 미소를 짓는다. 마찬가지로 하나님은 인간들이 서로 사랑하는 마음으로 사이좋게 사는 것을 기뻐하신다. 예수께서 이 세상에 오신 목적이 바로 이런 '사랑의 세상'을 만들기 위한 씨 뿌림이었다. 그래서 기독교를 '사랑의 종교'라고 하는 것이다.

문 : 그렇지만 세상 인심은 날로 각박해지고, 온갖 죄악이 기승을 부린다. 부모 자식간만해도 유산 때문에 동기간이 원수가 되기도 하고, 부모를 죽이는 일도 가끔 있을 뿐 아니라, 가난한 부모는 포기하기까지 한다. 이런 세상이 됐으니 예수는 실패한 것이 아닌가?

답 : 그렇게만 생각할 일이 아니다. 그건 너무 비관적이다. 우리나라가 반세기전까지만해도 몹시 빈약한데다가 6·25전쟁이라는 엄청난 재난을 겪었는데, 그런 위기에서도 하나님의 은혜로 16개국 군인들이 참전해서 피를 흘려주었기에 김일성의 야욕을 물리친데다가 전후 복구를 위한 미국의 적극적인 원조로 겨우 살길이 열렸던 것이 사실이다. 그후 온 국민이 '잘 살아보자'고 땀을 흘린 덕에 경제적으로는 살 만한 나라가 됐지만, 그런 과정에서 어느새 국민의식이 황금만능주의에 빠져버렸고, 지금도 거기서 허우적거리고 있다. 그러나 체념하거나 절망할 일은 아니다. 우리 국민은 결코 우매하지 않다. 이런 현상이 한 시대의 병폐일 뿐이라고 낙관적으로 보자. 조금 더 참고 기다리자. 머지않아 국민들이 반성하고 정도를 걷게 되리라는 기대를 갖자. 우리 기독교인들은 이 위기에서 세상의 빛과 소금 구실을 못하고 있는 것을 하나님께 사죄하며 나라를 위해서 눈물 흘리며 기도하고 있다. 우리는 우리나라를 사랑하시는 하나님께서 우리의 간절하고 꾸준한 기도에 응답하셔서 이 나라를 바로 세워주실 것을 믿는다.

문 : 교회에 다니게 되면 세례를 받는다던데, 왜 세례를 받아야 하는가?

답 : 원래 유대인의 전통의식(儀式)은 할례(割禮)와 세례(洗禮)다. 그 중 할례는 태어난지 8일만인 사내아이의 성기에 칼집을 내는 일종의 포경수술인데, 그것은 위생적 개념에서가 아니라 '유대인은 하나님이 특별히 뽑아낸 백성'이라는 선민의식(選民意識)에서 생긴 의식이고, 세례는 인간이 지은 모든 죄를 씻어버리고 새 사람이 된다는 의식이다.

그런데 기독교는 모든 인간이 하나님께서 사랑하시는 자녀라는 관점에서 전자는 배제하고, 후자는 계승한다. 전통적 세례의식은 예수께서도 요단강에서 세례 요한의 세례를 받으신 것처럼 온 몸을 강물에 잠갔다가 일어나는 형식이었지만, 이후 상황의 변화에 따라 형식이 변해왔다. 그러나 형식이야 어떻든지 세례를 받는 당사자가 '나는 이제 주님의 은혜로 죄에서 벗어나 새 사람이 됐다' 는 자각을 갖게 된다면 제대로 세례를 받은 것이지만, 신자라면 으레 거치는 절차쯤으로 받아들인다면 아무 의미도 없는 행사에 그치는 것이다.

문 : 그렇다면 아무런 지각도 없는 어린아이에게 세례를 주는 것은 무의미한 일이 아닌가?

답 : 일리 있는 말이다. 그러나 "성부와 성자와 성령의 이름으로 세례를 주노라" 하는 주례자의 집례를 통해서 자기 자식이 세례를 받게 함으로써 마귀의 손을 예방하려는 부모의 간절한 소원을 표현하는 유아세례는 결코 무의미하다 할 수 없는 일이다. 만약 그 아이가 성장과정에서 '자신은 유아세례를 받아 성별(聖別)된 사람' 이라는 것을 모르고 지내거나, 알고도 무시하거나 한다면 그것은 본인보다도 그 부모에게 책임이 있다. 왜냐하면 부모는 그 자식에게 '너는 세례를 받은 하나님의 귀중한 자녀' 라는 것을 수시로 일깨워줄 뿐만 아니라 신앙인으로서의 모범이 될 의무가 있다. 그러면 그 자녀가 세례를 받은 자다운 자부심으로 생활해 나갈 것이다. 이것이 유아세례의 목적이자 본래의 의의다.

문 : 세례를 받으면 무엇이 달라지는가?

답 : 개인의 성격이나 신앙심에 따라서 다 같지는 않겠지만, 가장 두드러진 변화는 두 가지로 말할 수 있겠다. 하나는 정신적 안정이다. 사람은 대개 죄의식이 있는데, 세례를 받고 '이제는 죄에서 벗어났다' 는 믿음이 생기면 하나님께서 내 죄를 용서해주셨을 뿐 아니라, 이제부터는 죄의 유혹에 빠지지 않도록 지켜주실 것이라는 확신이 생긴다. 그것이 그의 마음에 평안을 준다. 또 하나는 세례를 통해서 하나님이 나를 죄의 사슬에서 해방시켜주셨으니, 이제는 내 의지와 내게 주어진 능력으로 그분이 바라시는 바에 부응해야겠다는 사명감이 생긴다. 그것은 곧 하나님께서 나를 어떤 목적에 쓰시려고 불러주셨다는 소명의식(召命意識)과 연결된 것이다. 소명의식이 생기고, 사명을 느낀 사람은 의욕과 함께 용기와 활력이 생긴다. 그러면 그는 어떤 상황에서나 긍정적 사고와 호의적 대인관계를 가지게 된다. 다른 말로 하면 영성이 맑아지고 지성이 밝아지며, 감성이 따뜻해진다.

문 : 그것이 구체적으로 어떻게 나타나는가?

답 : 사명감이 가슴에 차오르면, 자기가 얼마나 무능하고 무력한지를 깨닫는다. 그러면 주께서 능력 주시기를 기도하지 않을 수 없다. 그런 사람은 열심히 그리고 꾸준히 기도하는 가운데, 성령께서 역사(役事)하시는 은혜를 받는다. 그러면 모든 불만이 사라지고 감사하는 마음과 감격으로 인해 저절로 입가에 미소가 감도는 표정이 나타난다. 어쩌다 불

쾌한 일을 당하더라도 화를 내지 않으며, 말이 조용하고 부드럽다. 농담에는 즉각 농담으로 대응하는 여유도 있다. 남의 말꼬리를 잡고 시비하지 않는다. 남의 고통을 아파하고, 능력껏 돕고 싶어 한다.

문 : 바람직한 기독교가정은 어떤 것인가?

답 : 신앙적으로 살아야 된다는 생각 때문에 지나치게 진지하거나 규칙적이면 집안 분위기가 딱딱해서 가족들이 늘 긴장하게 된다. 가정은 안식처요, '즐거운 나의 집' 이어야 된다. 집안에서 웃음소리가 자주 들리고, 가족이 서로 사랑하는 눈길을 주고받으며, 그것이 하나님의 은혜라고 믿는 것이 바람직한 기독교가정이다.

문 : 신앙생활을 하는 사람이 가장이거나 주부라면 자식들에게 어떻게 대하는 것이 신앙적인가?

답 : 부모로서의 책임을 다하기 위해 기도하면서 노력하는 것은 당연하지만, 지배자가 돼서는 안 된다. 부모로서의 의무가 있을 뿐 권리를 내세우는 태도는 옳지 않다. 자신의 인격을 소중하게 여기는 만큼 남의 인격을 존중해야 한다. 자기가 낳은 자식이라도 나 말고는 모두 남이다. 남을 내 마음대로 다루려는 데서 문제가 생긴다. 다시 말하거니와 의무에는 충실하되 권리는 포기하고, 가족 개개인을 나 아닌 독립된 인격체로 존중하고 대접하라. 이것이 겸손이고 가족을 기독교 정신으로 감화시키는 태도라 할 것이다. 구체적으로는 가족 개개인의 개성을 존중하

되, 그의 단점을 건드리지 말고, 장점을 신장시키도록 노력할 일이다.

문 : 장점을 신장시킨다고 했는데, 그러면 '칭찬은 고래도 춤추게 한다'는 말처럼 칭찬을 많이 한다는 뜻인가?

답 : 아무리 좋은 음식이라도 과식하면 탈이 나듯이 칭찬도 요란하거나 너무 자주 하면 안 한 것만도 못해진다. 차라리 미소를 띠고, 스킨십으로 사랑과 믿음을 나타내는 편이 우리 정서에 맞는다.

문 : 돈이나 선물로 칭찬하는 것은?

답 : 그것도 잦으면 희소가치가 떨어진다. 주는 쪽에서는 벼르고 별러서 줄 때 뿌듯할 터이고, 받는 쪽으로서는 뜻밖일 때 놀랍고, 반갑고, 고마울 테니까.

문 : 가정이 신앙적이어야 하는 이유는 무엇인가?

답 : 신앙인의 제일 목적은 자신의 영혼 구원이고, 다음은 가족의 영혼 구원이다. 제1목적은 제2목적과 분리할 수 없는 일이다. 자기 가족을 구원하지 못하고 어찌 이웃을 구원하겠다고 나서겠는가? 그러니까 자기 가족을 구원하기 위해서 늘 기도하면서 겸손하게 봉사하는 자세가 필요한 것이다. 자기 가족이 대대로, 그리고 빠짐없이 믿음을 지킴으로써 주께서 주시는 복을 천대에 이르도록 누리는 가계가 되는 것이야말

로 신앙인의 간절한 기도가 아닐 수 없다.

문 : 자기 가족의 구원을 위해서만 주력하는 것은 가족 이기주의가 아닌가?

답 : 온 가족이 신앙으로 하나가 되면 이웃이 부러워하는 가정이 되고, 그것 자체가 복음을 전파하는 길이 된다. 그리하여 가정이 안정되면 교회를 위해서나 이웃을 위해서 봉사할 동력이 생긴다. 성령께서 그냥 두지 않으신다.

문 : 참, 앞에서도 성령이란 말이 나왔었는데, 성령이 무엇인지 설명해달라.

답 : 구약성경에는 한번도 나타나지 않는 '성령'이라는 단어가 신약성경에서는 마가(3:16) 이하 계시록에 이르기까지 무려 172번이나 나타난다. 그것을 통틀어서 말하자면, 하나님·예수님과 동등한 즉, 삼위일체(三位一體) 중의 한 분이시다. 예수께서 제자들에게 약속하신 분(요한 14:26) 즉, 보혜사(保惠師)시다. 예수께서 말씀하시기를 "보혜사(현대어 성경에는 '돕는 자이신 성령') 곧 성령 그가 너희에게 모든 것을 가르치시고, 내가 너희에게 말한 모든 것을 생각나게 하시리라" 하신 그분이시다. 다시 정리해서 말하자면, 하나님은 인간을 포함한 우주 만물을 창조하신 창조주로서 다스리시는 분이시고, 예수님은 하나님의 분신으로 인간 사회에 인간으로 오셔서 현장을 경험하심으로써, 인간의 미약함을 실감하신 끝에 인간이 마땅히 받아야 할 처벌을 자진해서 받으시기까지 하나님이 인간을 얼마나 사랑하시는지를 몸소 실천하시

면서 가르쳐 주신 구세주시다. 그리고 성령님은 예수께서 소개해 주신 바와 같이 예수께서 가르쳐주신 하나님의 뜻을 믿는 자들에게 깨우쳐 주시고, 인간의 믿음을 지켜주시는 우리의 보호자시다.

문 : 이웃을 위해 어떻게 봉사하는 것이 바람직한가?

답 : 이웃이 행복해 보이든지, 불우하게 보이든지 구별하지 말고, 내가 미소를 띠고 먼저 인사하는 예의부터 차린다. 그러고 개인적으로 도울 일이 있으면 물질로든, 몸으로든 능력껏 성의를 표시한다. 자기 힘에 부치거든 교회가 대응하도록 노력하라. 어떤 경우에도 도움을 받는 쪽이 '이건 나를 교회로 끌어들이려는 수작' 이라는 인상을 갖게 하지 말고, 순수한 이웃사랑으로 받아들이게 할 일이다.

문 : 기독교의 최종 목적은 무엇인가?

답 : 기독교의 목적은 최초나, 최종이나 단 한 가지다. 그것은 인간을 죄에서 구원하시려는 하나님의 뜻을 전해 주신 예수님의 말씀을 믿고, 그분이 가르치시고 본을 보여주신 사랑을 실천함으로써 인간들의 마음에 파고드는 '미움' 이라는 죄악을 물리치는 것이다. 그리고 마음에 아무 거리낌이 없이 하나님을 향해서 감사하며 찬양하는 것이다. 그러면 하나님의 창조이념이 우주의 질서를 이루고 있듯이, 인간 세계에서 악의 세력이 물러나고, 하나님의 섭리가 온전히 지배하는 세상이 실현될 것이다. 그것이 바로 지상천국(地上天國)이고, 기독교의 최종 목적이

자, 하나님을 기쁘시게 하는 일이 된다. 하나님이 인간에게 기대하시는 것은 모든 인간이 하나님께 감사하며 찬양하는 것이다. 하나님은 우주·만물을 창조하실 때 마지막으로 인간을 만드시고는 "참 좋구나!"라고 스스로 감탄하셨다고 성경에 기록되어 있다. 그러나 인간은 하나님의 창조이념을 잊어버리고 타락했기 때문에 하나님이 인간을 창조하실 때 자유를 주신 것을 후회하시고, 노아 시대와 아브라함 시대에 재앙으로 징계하셨다. 그러나 예수님이 인간의 죄악에 대한 하나님의 징계를 십자가로 대신 지셨기에 하나님은 인간들이 예수님이 가르치신 하나님의 뜻을 깨닫고, 용서하시기를 좋아하시는 하나님 품으로 발길을 돌릴 때를 기다리시는 것이다. 그러므로 우리 믿는 자들을 예수께서 다시 오셔서 개개인의 행위에 대해 심판하시고 상벌을 내리시기를 기원할 것인가? 결코 아니다. 하나님과 예수님과 성령님, 저 삼위일체 주님은 인간을 특별히 사랑하시기에 우리가 자기 죄를 깨닫고 주님의 품에 안기기만 하면 모든 죄를 용서해 주실 것이다. 나 한 사람만이 아니라 모든 인간이 다 구원을 받기 위해 힘써 기도하고, 주께서 기뻐하실 일을 위해 노력할 일이다. 이것이 우리의 사명이다.

문 : 조금 전에 '지상천국'이라는 말이 있었는데, 성경에도 그 말이 있는가?

답 : 성경에는 없는 말이지만, 사람이 죽은 후에 천국에 들어가기를 바라는 것보다 지상에서 살아가는 동안에 위로는 하나님을 사랑하고 사람을 사랑하면서, 그것을 행복으로 알고 살면 그것이 바로 지상천국이라는 뜻이다.

문 : 그러면 '사람이 죽어서 천당이나 지옥으로 간다'는 말은 무엇인가?

답 : 천당이나, 천국이나 같은 것인데, 성경에서 찾아보면 마태복음에만 예수께서 30여 번이나 '천국'에 대해 언급하셨고, '지옥'이라는 단어는 10여 번 언급하셨다.

문 : 기독교는 부활신앙이 특징이라고 했는데, 사람이 죽었다가 다시 본래대로 되살아난다는 것인가?

답 : 아니다. 육체가 되살아나는 것이 아니라, 영혼이 되살아난다는 뜻이다.

문 : 그러면 이 세상에서 사랑을 이루지 못한 사람들이 흔히들 "저 세상에서 다시 만나자"고 하는데, 다시 만나서 서로 알아보고 반가워하게 되는가?

답 : 아니다. 예수께서 말씀하시기를 "그곳은 장가가고 시집가는(즉, 지상생활의 재현이나 연장이 되는) 곳이 아니다"라고 하셨다.

문 : 그렇다면 부활해서 천국에 들어간들 별 의미가 없지 않은가?

답 : 천만에, 부활해서 천국에 들어간 영혼들은 지상에서의 모든 고통을 벗어버리고, 하나님을 찬양하면서 영생을 누리는 것이다.

문 : 성경의 처음에 있는 창세기를 읽다 보면 도저히 이해할 수 없는 의문점이 있다. 하나님은 우주 만물을 창조하는 능력자로 묘사되어 있는데, 그렇다면 사탄(마귀)은 어디서 났는가? 하나님도 모르게 생겨났는가? 그렇더라도 하나님이 그 능력으로 능히 없앨 수 있었을 터인데, 사탄이 뱀으로 변신해서 최초의 인간들을 범죄하게 만드는 것을 왜 예방하지 않았을까?

답 : 그것은 이렇게 비유할 수 있겠다. A라는 부모는 자식이 위험한 일을 당하지 않게 하려고 일절 밖에 나가지 못하게 하는데, B라는 부모는 정반대로 자식이 위험한 경우를 당하더라도 극복할 수 있도록 훈련시키려고 친구들과 사귀게도 하고, 학교에도 보낸다. 그러면 결과적으로는 어느 쪽 자식이 사람 구실을 하게 되겠는가? 그야 물론 B의 자식이라고 말하겠지. 그렇다. 하나님은 인간을 그분의 장난감으로 만드신 것이 아니라, 인간 스스로 자유의지를 발휘할 수 있게 지혜를 주셔서 진화하고 발전하는 것을 기뻐하시는 자애로운 아버지시다. 인간이 이 지혜로 사탄의 유혹도 물리치고 오로지 하나님을 아버지로 모시며, 그분의 뜻을 받들어 참되게 사는 모습을 사랑하시는 것이다.

문 : 이건 좀 딴 이야기지만 우리나라에서 개신교 신자는 줄어드는 반면에 천주교인은 늘어난다는데, 그 이유가 무엇이라고 보는가?

답 : 그것은 아마 개신교가 조상에 대한 유교적 제사를 금하고 금주를 강조하는 데 반해서, 천주교는 제사도 허용하고 금주도 언급하지 않으니까, 유교의 전통을 지켜온 사람들이 천주교 쪽으로 기우는 현상일 것

이다.

사람들은 어떤 규제나 제한을 싫어하고 자유를 좋아한다. 그러나 예수님은 "넓은 길로 가지 말고 좁은 길로 가라"고 하셨다. 남들이 몰려간다고 따라가지 말고, 힘이 들더라도 진리의 길로 가라는 뜻이다. 그 진리란 다름이 아니라, 창조주이신 하나님께만 경배하는 것이다.

문 : 다른 것은 몰라도 조상에 대한 제사는 '조상 숭배'라고 종교적으로 해석할 일이 아니라, 조상의 은덕을 기리는 '효'로 해석해야 마땅하지 않은가?

답 : 효 정신은 높이 평가할 일이지만, 진정한 효는 그분이 생존해 계실 때에 해야 하는 것이지 사후에 산해진미로 제사상을 채우거나 명당을 찾는 행위는 언제까지나 조상의 덕을 보자는 몰염치 행위일 뿐이다. 제사음식을 차려놓고 거기에 무릎 꿇고 절하는 행위가 '우상 숭배'이므로, 조상의 길일이나 생신에 자손들이 모여서 (영정을 모시든지) 고인의 은덕을 기리는 시간을 가지되, '추모'가 목적이어야 한다. 물론 기독교 신자라면 추도예배를 드리고 나서 음식을 함께 먹는다.

문 : 만난 김에 한 가지 더 묻겠는데, 자력 종교니, 타력 종교니 하는 것은 무엇인가?

답 : 자력 종교라 하는 것은 문자 그대로 자기의 힘으로 구원을 받는다고 믿는 종교로 그 대표적인 것이 티베트의 라마교다. TV에서 소개되기도 했지만, 자기 집에서 성지(聖地)까지 가는 동안 소위 오체투지(五

體投地)를 하느라고 손에 두꺼운 장갑을 끼고, 몇 걸음 나아가면 온몸을 땅바닥에 대고 절하고는 일어나서 다시 그 행동을 거듭한다. 그것이 그들의 숭배대상인 부처에 대한 경배이므로 이 행위를 충실히 수행하는 그 공덕(功德)으로써 죽은 후에 극락을 얻는다는 신앙이다. 우리나라 불교에서는 백일기도, 천일기도 또는 탁발승에 대한 포시(布施), 사찰에 대한 기부행위, 초파일의 연등, 이웃에 대한 자비 등이 공덕으로 인정되는 것 같다. 극단적인 예로는 일제 말경에 우리나라에 전래된 일본의 니찌렌교(日蓮敎)가 있었다. 지금은 어찌 되었는지 확인할 수 없지만, 그 신도들은 일정한 장소에 모여서는 일렬행진(一列行進)으로 방안을 빙빙 돌면서 한 손에는 작은 북을 들고 다른 손 손가락으로 그 북을 톡톡 치며(마치 춤을 추듯이) 입으로는 박자를 맞추어 "나무묘오호오렝게꼬(南無妙法蓮華敎)"를 연창(連唱)한다. 다만 이 뿐이다. 이것만 열심히 하면 극락에 간다는 아주 단순하고 편리한 교리(敎理)다. 이 교리로 포교해서 유명한 사람이 니찌렌(日蓮)이다. 이슬람의 교리도 같은 맥락이다. 그들은 하루에 다섯 번인 기도시간이 되면 집회장소 또는 있는 자리에서 신발을 벗고 메카를 향해서 절을 한다. 그것이 전부다. 게다가 특혜 한 가지가 있으니, 그것이 바로 순교하면 곧바로 천국행이라는 것이다. 지금도 이라크 등지에서 자행되고 있는 '자폭테러'가 이 특혜 때문이다. 이와는 반대로 타력 종교인 기독교의 교리는 이렇다. 하나님이 인간의 약함을 아시고 이미 예수님을 통해서 인간의 죄를 사면해 주셨으니, 우리는 예수님의 말씀을 믿고, 하나님이 주신 은혜에 감사하며, 그분이 인간을 사랑하신 것처럼 이웃을 사랑하면, 예정하시고 약속하신 대로 우리의 영혼을 영생하게 하신다고 믿는 것이다.

그러니 내 힘으로, 내 공덕으로가 아니라, 순전히 하나님의 은혜로 살고, 게다가 영생의 복까지 누리는 것이다. 이것이 자력 종교와 타력 종교의 차이다.

문 : 마지막으로 한 가지만 묻겠다. 인간이 추구해야 할 진정한 행복이 무엇이라고 말하겠는가?

답 : 죽은 후에 천국에 가거나, 지옥에 가는 문제에 신경 쓰지 말고(그것을 전적으로 하나님의 주권이니 그분의 처분에 승복할 수밖에 없고), 단 한 번뿐인 생전에 하나님이 내게 주신 모든 것에 감사하면서, 주변 사람들을 적극적으로 사랑하는 생활이야말로 인간이 추구할 진정한 행복이라고 생각한다.

3부. 이런저런 사람들(上)

첫 단추

사람이 옷을 입을 때 너무 서두르는 바람에 첫 단추를 잘못 끼우면, 당황한 나머지 초조한 가운데서 다시 시작해야 되니까 첫 단추를 잘 끼워야 된다는 말이 많이 쓰이고 있다. 옳은 말이다.

그런데 제 손으로 단추를 끼우지 못하는 사람일 경우에는 불가불 남이 끼워주기를 바라는 수밖에 없다. 여기 그렇게 무능한 사람이 있는데, 그가 누구의 손에 의해서 첫 단추를 끼웠는지 그 얘기나 들어보자.

그는 경치도 좋고 부잣집도 꽤 있는 마을에서 태어났지만, 가난한 집안에 식구가 많았다. 그는 아홉 살이 돼서도 주는 밥이나 먹고 놀다가 잠자는 것밖에는 아무 것도 할 줄 모르고 아무 생각도 없는 아이였다.

그러던 중에 그 부모의 용단이 있어서 50리 떨어진 도시로 나오게 됐다. 그의 가족들은 바닷가의 방 하나짜리 다 쓰러져가는 초가에서 한 겨울을 나고는 수도국이 있는 고지대에, 그것도 방이 둘에 부엌이 따로 있는 반듯한 집으로 이사했다. 이사한지 며칠이나 됐을까? 그는 심심한 나머지 동네 구경이나 할 셈으로 집을 나섰다. 가파른 길을 내려와서 십자로에 다다랐는데, 아무런 생각도 없이 오른쪽으로 발길을 돌렸다(물리적으로는 자연히 좌회전인데 – 지구의 자전, 공전 그리고 태풍, 토네이도를 비롯해서 길가의 하수구나 심지어 싱크대의 배수구까지 물의 소용돌이는 다 좌회전한다. 따라서 육상과 빙상의 트랙도 좌회전하도록 되어 있다). 그리고는 한 50m나 걸었을까? 길 오른쪽에 난생 처음 보는 빨간 집이 있는데, 마당에서는 제 또래인 아이들이 뛰어다니며 장난을 치고 있다.

그는 철조망 너머로 한참동안 넋 놓고 바라보고 있었다. 그런데 어디선가 요란한 소리가 나기에 그쪽으로 눈을 돌리니 문 밖으로 노란 쇳덩어리가 나와서 위아래로 흔들리는데, 땡강땡강 소리에 귀가 따갑다. 그러자 마당에서 놀던 아이들이 우르르 달려들어 집안으로 들어간다.

아무나 들어가도 되는지 안 되는지도 모른 채 그는 아이들 뒤를 따라서 들어갔다.

그리고 그날 그는 거기서 예수라는 사람의 이야기를 들었고, '예수 사랑하심은~' 이라는 노래도 배웠다.

당일에는 몰랐지만, 후일에 그는 그날 예수께서 자기에게 믿음의 첫 단추를 끼워주셨다는 것을 깨달았다.

그는 또 배움의 첫 단추도 남의 손에 의해서 끼워졌다. 여섯 살 위인 형이 편입학한 학교의 담임선생님이 그의 집에 가정방문을 오셨다가 그를 보시고는 형제가 같이 다니면 동생의 월사금을 반만 받는다는 바람에 어머니가 혹하셔서 2학기부터 10리 길을 걸어서 통학하게 됐다. 그때는 암기 위주인 주입식 교육을 하는 시대였기에 그는 헌 교과서를 구해서 미리 외워버리는 재미에 빠졌던 덕에 성적은 늘 좋았다. 그는 2학년 1학기 때 배운 창가(노래)를 지금도 기억하고 가끔 혼자 부른다.

백두산 뻗어내려 반도 삼천리
무궁화 이 강산에 역사 반만년
대대로 이어내린 겨레 이천만
복 되도다 그 이름 대한이라네.

그러다가 6학년 2학기 때에 영화구경 때문에 선생님의 노여움을 사는 바람에 소원하던 사범학교에는 원서도 내보지 못하고 배움의 길이 끊어지고 말았다.

사실 그는 영화를 무척 좋아했고 그래서 젊었을 때에도 기회만 있으면 즐겼는데, 그에게는 그럴만한 애틋한 사연이 있었다. 그 학교에서는 저학년 학생들에게도 가끔 극장에 단체관람을 시켰는데, 그럴 때마다 그는 교문에서 100m쯤까지는 반장으로서 대열에 앞서 가다가 갈림길에 다다르면 대열에서 벗어났다. 왜냐하면 관람료 2전을 어머니에게 청구할 염치가 없었으니까. 그는 시시덕거리며 극장으로 가는 아이들을 멀거니 쳐다보다가 아이들이 안 보이게 되면 길가 철망 너머에서 노니는 칠면조, 암탉, 병아리들을 구경하기 시작한다. 무엇보다 칠면조의 부리를 덮은 가죽이 늘어났는가 하면 줄어들었다가 어느새 다시 늘어났다 하면서 불그레했다가는 다시 푸르스름해지는 것을 구경하느라고 시간 가는 줄도 모르다가 지루해지면 입을 오므려 방금 들은 병아리 소리를 내면서 집으로 향했었다. 그는 지금도 가끔 그때를 떠올리며 입을 오므려 소리를 내보지만 이전 같지 않다.

그는 생각한다. "만약 주께서 그때 나를 거기서 교회로 인도하시지 않았고, 그분이 가정방문을 오시지 않았더라면 나는 어떤 길을 걸어왔을까? 그랬더라면 아마도, 아니! 틀림없이 공산주의자가 됐을 것이고, 그랬으면 해방 후 그 땅을 공산당이 휘저었을 때 나도 열성 당원으로서 무자비한 행패를 부렸을 것이다. 교회에서 성극을 같이 했던 K는 나와 동시에 철도국에 들어간 직후 공산당의 공작인 줄도 모르고 야유회에 갔다가 4년 징역을 살고 나와서 진짜 공산당원이 됐다(사실은 나도 그 회람(回覽)을 받아 읽었지만, 그날이 주일이었기에 서명을 안했던 것이다). 이토록 알뜰히 돌봐주신 주님을 내가 어찌 배반하겠는가? 무능한 탓에 사회나 교회에 별로 큰 봉사도 못한 것이 부끄럽고 주님께는 죄송할 뿐이다."

이것이 하나님께서 부르실 날을 기다리는 그의 간증이다.

오봉 선생의 희생

어떤 사람은 일제시대에 보통학교(지금의 초등학교) 2학년, 아니면 3학년 국어 교과서에서 배웠다고 기억하고 있다는데, 그 내용은 대강

이렇다.

오봉 선생은 중국 본토에서 대만으로 건너와서 미개한 토인들이 사는 산악지대에 들어가 선교활동을 하고 있었는데, 어느 날 주민들이 축제를 벌인다기에 구경을 하고 있자니 낯선 사람을 잡아다가 죽여 놓고는 일제히 괴성을 지르며 춤판을 벌이다가 시체의 살을 안주 삼아서 술을 마시는 처참한 현장을 목격하게 됐다.

오봉 선생은 추장을 만나서 사람이 사람을 잡아먹는 것은 절대 안 되는 나쁜 일이니 그만두라고 말했지만, 추장은 조상들이 옛날부터 해온 축제인데 그것을 못하게 하면 추장 자리에서 쫓겨나게 된다면서 오봉 선생의 말을 듣지 않았다.

그래도 오봉 선생은 실망하지 않고 계속 추장을 설득했는데, 오봉 선생을 좋아하는 추장의 입에서 "이번 한번만"이라는 말이 나왔다. 오봉 선생은 그 말에 기대를 걸었지만, 추장은 약속을 지키지 않았다. 몇 번을 속은 오봉 선생이 축제를 며칠 앞두고 추장에게 물었다. "이번에도 약속을 지키지 않겠소?" 그랬더니 추장은 또 "정말 이번만 눈감아 주십시오" 하는 것이 아닌가? 그러자 오봉 선생은 이렇게 말했다. "그렇다면 할 수 없지요. 이번에는 내가 제물이 될 사람을 줄 테니 다른 사람은 잡아 죽이지 마시오."

축제일 아침에 추장을 만난 오봉 선생이 이렇게 말했다. "오늘 저녁 해가 지고 어두워지기 시작할 때 마을 앞 숲 속의 오솔길로 한 사람이 지나갈 것이니 힘이 센 젊은이 몇 명을 미리 보내서 그 사람을 잡아 오게 하시오. 그 사람은 빨간 모자를 쓰고 빨간 옷을 입었으니 꼭 그 사람 뒤로 가서 몽둥이로 머리통을 때려죽여야 하오."

오봉 선생의 말을 조금도 의심하지 않은 추장은 그분이 하라는 대로 그 사람을 잡아다가 축제의 마당에 내던졌다. 그러자 모여 있던 주민들이 일제히 환성을 질렀다. 그리고는 활활 타는 모닥불을 에워싸고 빙빙 돌면서 괴성을 지르며 춤을 추었다.

이제 술을 마실 차례가 되자 한 젊은이가 시체에 다가와서 모자를 벗기는 순간 깜짝 놀라 그 자리에 주저앉자, 추장이 눈을 크게 뜨며 "왜 그래?" 하는 소리에 괴성도, 춤도 멈추었다.

추장이 달려들어 모닥불 빛에 드러난 얼굴을 보니 눈을 감고 입을 꼭 다문 그 얼굴은 분명히 오봉 선생이었다. 추장이 한참을 통곡하고 나서 눈물을 흘리며 말했다. "이분은 우리가 축제를 열 때마다 사람을 잡아 먹는 것을 막기 위해서…." 그가 말끝을 맺지 못하고 다시 통곡하자 춤판은 울음바다로 변했고, 그 후 다시는 '인신공양(人身供養)'의 악습이 계속되지 않았다 한다.

송도원의 추억

한반도의 지형을 보면, 동해가 육지로 가장 깊숙이 들어온 곳이 영흥만(永興灣)인데, 그 끝에 북에서 남으로 길게 뻗은 호도반도(虎島半島)와 남쪽 명사십리(明沙十里)에서 북쪽으로 살짝 뻗은 갈마반도(葛麻半島) 사이에 작은 무인도 몇 개가 있는 그 사이사이를 뚫고 들어온 해수가 널찍한 원산만(元山灣)을 이루고 있다. 원산만의 남쪽 끝은 어항이고, 그 북쪽에 상항이, 그 다음이 송도원(松濤園), 거기서 깊숙한 북쪽이 군항이다. 그러니까 다른 세 곳은 어선, 여객선, 화물선, 군함 등이 드나들지만, 송도원해수욕장에서는 어떤 배도 보이지 않는다.

만 내는 바람이 세게 불 때에나 잔물결이 일어서 호수가 아니라는 것을 느낄 정도로 늘 조용하고 해변의 경사도 완만해서, 수심이 갑자기 깊어지고 파도가 언제 변할지 모르는 명사십리와는 대조적이다. 게다가 백사장이 넓고 길며, 안으로는 늙지도, 젊지도 않은 소나무들이 널찍한 숲을 이루고 있어서 여름방학 철에는 경성 등지에서 온 대학생들이 송림 속에 쳐놓은 텐트가 수십 개나 되고, 그들이 즐기도록 마련된 테니스코트, 미니골프장 등 유락시설도 갖춰져 있었다. 그리고 해수욕장에는 선창과 점프대도 설치돼 있어서 해마다 ‘전국수영대회’가 열리곤 했다.

바닷물이 차갑지 않아서 어린이들도 겁내지 않고 뛰어들어 장난치며 노는데, 학꽁치, 복어, 꽃게 따위가 바닥에 보이면 당연히 손을 뻗게 된다. 그러면 꽃게는 발랑 나자빠지면서 방어자세가 됐다가도 손을 빼기만 하면 쏜살같이 달아난다. 물이 무릎 높이만한 곳에서 꽃게와 놀다가 조금 더 들어가면 학꽁치가 꼬리를 치며 놀자고 유혹한다. 하지만 맨손으로는 잡을 수가 없으니 재미는 없다. 정작 재미있는 건 복어새끼다. 복어새끼들은 떼로 몰려다니는데 동작이 굼뜨니까 그 중 한 마리를 잡는 건 거저먹기다. 잡지 않고 물속에서 건드리기만 해도 금방 배불때기가 돼서 하얀 배를 위로 하고 둥둥 떠다니니 구경거리가 아닐 수 없다.

그리고 남쪽으로는 사람이 덜 가는 탓인지 백합, 맛조개 같은 여러 가지 조개가 얕은 데나, 깊은 데나 깔려 있는데, 전문적으로 캐는 사람도 없으니까 아무나 마음대로 즐길 수가 있었다.

'송도원의 추억'이라는 제목을 달아놓고 배경 설명이 너무 장황했지만, 이제는 거기서 일어났던 어떤 아이의 이야기를 소개해야겠다.

첫 번째 이야기는 그가 보통학교 3학년이 아니면 4학년 때로 기억하고 있는데, 여름방학 중인 어느 날 같은 반 친구 네댓 명과 함께 송도원 해수욕장에서 물놀이를 하고는 몸을 씻기 위해서 강물을 찾아갔다. 그 강은 송도원 백사장 북쪽 끝에 있는데, 그 강이 원산과 덕원의 경계였다. 강구의 강폭은 40m쯤 됐다. 그들이 벗은 옷을 들고 강가에 도착했을 때 한 아이가 성큼성큼 강을 건너가더니 건너편 모래톱에서 오라는 손짓을 한다. 다른 아이들은 가만히 있는데, 문제인 그 아이가 혼자 겅중겅중 뛰면서 강을 건너간다 했더니 그만 온몸이 물속으로 빨려 들어갔다. 물론 바닥에 푹 팬 곳이 있었기 때문인데, 그는 처음 당하는 일이라 어쩔 줄을 몰라 팔다리를 휘저었지만 아무 것도 걸리지 않았다. 그래도 몸부림친 보람이 있었는지 두 손과 머리가 물 위로 솟으면서 그의 눈에 자기를 쳐다보는 아이들이 보였지만, 그것은 순간이었고 몸은 다시 물속으로 잠겼다. 이때 아이들이 웃어대는 소리가 들렸다(나중에 물어보니, 가끔 엉뚱한 짓으로 아이들을 웃겼던 탓에 또 장난을 치는 줄 알고 웃었다는 것이었지만). 그는 '나는 죽어 가는데 저놈들은 뭐가 좋아서 웃어대나?' 하고 야속했다.

'아이구! 나는 이제 이렇게 죽는구나' 하는 순간 아이들의 웃음소리가 뚝 끊어졌는가 했는데, 그의 한 팔이 무엇에 잡혔다. 그건 사람의 손이었다. '아! 누가 나를 구하러 왔구나' 하는 순간 그의 머리에 떠오른 생각은 언젠가 주일학교에서 들은 말이었다. 그것은 물에 빠진 사람이

구하러온 사람을 꽉 붙잡으면 둘 다 죽기가 쉽다는 것이었다. 그는 다른 손으로 상대자의 허리를 덥석 잡고 잡힌 손을 뺐다.

그 다음이 어떻게 됐는지 그는 모르지만 눈을 뜨고 보니 시커먼 옷을 입은 서양 신부가 한 무릎을 꿇고 자기를 내려다보고 있었다. 물에 뛰어들어 자기를 구해준 아이는 반에서도 작은 편인 임충전이었는데, 고맙다는 말이나 했는지는 기억하지 못하지만 철없이 굴던 자기를 죽음 직전에 구해주신 주님의 은혜는 가슴깊이 새기고 살아왔다.

두 번째 이야기는 그가 6학년 때 역시 여름방학을 맞아 경성에서 신학생 두 명이 그가 다니는 교회에 와서 주일학교에 봉사하는데, 턱수염 자국이 꺼멓다고 자기를 '곰 선생님'이라고 불러달라는 김철호 선생님이 동화를 어찌나 재미있게 하시는지 인기가 대단했다(그는 그분의 영향을 받아 교회 학교를 통해서 아이들에게 많은 동화를 들려주면서 살아왔다). 어느 주일 오후에 6학년 아이들 대여섯이 김선생님을 모시고 송도원해수욕장에서 재미있게 놀다가 저녁때가 되자 탈의장에 들어가 옷을 입는데, 그 아이가 발밑에서 동전 하나를 본 것이 번져서 탈의장 안의 모래바닥을 헤집어 30 몇 전을 찾아냈다. 그들은 그 돈을 해안파출소에 신고했는데, 순사가 하는 말이 "이 돈은 주인을 찾아줄 수가 없으니 너희가 가져라" 하는 것이었다. 그래서 그들은 의기양양 참외를 잔뜩 사다가 모래판에 둘러앉았다. 김선생님이 감사기도를 드린 다음, 그들은 정말 맛있게 먹었다. 참으로 유쾌한 하루였다.

이런저런 일을 겪으면서 그가 애창하는 찬송가 중 하나인 410장의 1절은 이렇다.

아, 하나님의 은혜로 이 쓸데없는 자

왜 구속하여 주는지 난 알 수 없도다

내가 믿고 또 의지함은

내 모든 형편 잘 아는 주님

늘 돌보아주실 것을

나는 확실히 아네.

아멘!

"너는 배신자다"

'명사십리'로 유명한 원산에 있는 감리교 계통인 보통학교(지금의 초등학교) 부교장이면서 해마다 6학년을 담임하는 열성적인 교육자가 있었는데, 그의 강직한 인상 때문인지 학생들 사이에서는 'H'라고만 불리고 있었다.

그분이 어느 해 여름방학을 앞두고 학생들의 가정방문에 나섰다가 L이라는 학생의 남동생이 눈에 띄어서 입학하게 하고는 지켜보았던 모양이다. 다행하게 그 아이는 줄곧 반장 노릇도 잘하니 스스로 보람도 느꼈을 법하다.

그런데 4학년에 들어와서는 그 아이네 가세가 더 어려워졌는지 한 달에 1원인 월사금(지금의 공납금)을 세 번 내고는 그만이다. 그래도 H나, 담임인 일본인 선생이나 일절 채근하지 않았다. 그 아이는 몇 번 어머니를 졸랐지만, 어머니는 입을 꼭 다물고 말았다. 그는 어느 날 울면서 등굣길에 올랐지만, 다시는 조르지 않았다.

4학년이 끝날 무렵에 H는 그 아이를 교무실로 불러놓고 말씀하셨다. "너희 집은 가난해서 월사금 내기가 힘들겠다. 그러니 네가 학교에서 시키는 일을 하면 월사금을 면제할 생각이다. 너는 몸이 약해서 힘은 들겠지만 6학년 아이 둘하고 번갈아 하면 될 거다." 일이 이렇게 굴러가서 그 아이는 어머니의 짐을 조금은 덜어드리게 된 셈이지만, 월사금 때문에 어린 아들이 노동을 해야 한다고 오히려 마음 아파하실까봐 말도 꺼내지 않았다.

어쨌든 5학년이 시작되면서 그 아이는 학교에서 시키는 노동을 시작했는데, 그 하나는 직원들과 학생들이 이용하는 변소(화장실) 청소였다. 셋이서 번갈아 하니까 한 주간에 두 번씩 차례가 돌아온다. 물론 학생들과 선생님들이 모두 떠난 후까지 기다렸다가 혼자서 해야 한다. 큰 학교가 아니라서 변소도 크지는 않았지만 대변 칸이 7개 있고, 소변 칸은 그 건너편에 길게 만들어져 있는데, 바닥은 모두 콘크리트니까 물을 끼얹으면서 솔질을 해야 한다.

그런데 그는 부모를 닮아서 얼마나 고지식한지 청소를 하는데도 꼼꼼하게 하다보니 힘도 들고 시간도 많이 걸려서 해가 질 무렵에야 집에 돌아오곤 했다. 그가 다 늙은 지금도 기억하고 있는 것은 겨울방학이 끝나고(그때는 한 학년이 4월에서 이듬해 3월까지였다), 3학기에 들어서면 대변소마다 바닥보다 높게 솟아올라 얼어붙어 있는 그 봉우리를 쇠꼬챙이로 쑤시며 허물어야 되는데, 한번은 혹시나 해서 물을 끼얹고 쑤시다가 그만 얼굴에 그 벼락을 맞았다.

또 한 가지 노동은 H의 사택이 교사 뒤뜰 끝에 있는데, 욕실은 사택 한 구석에 붙어있지만 수도시설이 안돼 있어서 50m쯤 떨어져있는 학교 수도에서 물을 길어다가 직경이 2m 가깝고, 깊이는 1m가 넘는 철제 욕조에 가득하게 채우는 일이었다. 불행 중 다행이랄까, 목욕은 한 주에 한번뿐이어서 그는 3주에 한번만 물을 길어 나르면 됐지만, 그 큰 욕조에 물을 채우고도 마지막 한 지게 분은 물초롱 둘에 넘칠 만큼 담아 놓아야 했다. 그런데 그 물지게라는 것이 남쪽에서 쓰던 그런 물지게가 아니라 그냥 아무렇게나 생긴 작대기 양 끝에 굵은 철사를 묶어서 늘어뜨리고 철사 끝에 갈고리를 매달아 놓은 것인데, 그것으로 물초롱을 걸고 작대기를 메는 것이었다. 그런데 문제는 그가 그 무게를 감당할 수 있느냐 하는 것이었다. 그는 H가 인정한 것처럼 허약했다. 키는 훌쩍 큰데 보기 싫을 정도로 야위어서 그런지 체조시간에 넷씩 달리게 하거나, 다섯씩 달리거나, 언제나 꼴찌였다. 어쩌다 셋째쯤 되는가 싶으면 영락없이 고꾸라져서 역시 맨 나중으로 쳐진다. 그런 그가 처음에는 물초롱(석유초롱)에 절반도 못되는 물을 담고 일어서기는 쉽지만 발을 내디딜 때마다 물초롱이 흔들리는 대로 몸이 쏠린다. 게다가 작대기를 등에 메면 목뼈가 아프고 어깨에 걸치면 어깨가 떨어져 나가는 것 같았지만, 그는 주저앉지 않고 책임량을 채우곤 했다. 그러는 중에 차츰 익숙해지고 몸도 자라 5학년이 끝날 무렵에는 물초롱에 가득한 것도 거뜬히 져 날랐다.

6학년이 시작됐을 때 H는 한 동네에서 다니는 학생 넷을 불러 세웠는데, 문제인 그 아이도 거기 있었다. H가 말씀하시기를 "너희가 보는 대로 학교에서 1층에 솔 공장을 차렸는데, 너희가 토요일마다 손수레에

솔과 빗자루를 싣고 다니면서 팔아봐라" 하시고는 이익금의 분배에 대해서도 설명해 주셨다. 그리고 돈 계산은 집안 살림이 조금은 나은 부반장에게 맡기셨다.

사단은 결국 여기서 시작됐다. 다른 셋은 계산이 어떻게 되는지도 모른 채 부반장이 배가 고프다며 중국집 앞에 수레를 세우면 따라 들어가서 20전짜리 우동이나 5전짜리 호떡을 먹었는데, 그 아이는 나중 일을 생각하고 웬만하면 호떡 한 개로 참았다. 그런데 일이 잘 못되느라고 먹는데 그치지 않고 영화구경으로 번졌다. 언제 어떻게 시작됐는지 얼마나 자주 갔는지는 모르지만, 어느 날 학급회 시간에 그 아이 뒤에 앉은 꺽다리가 "우리 학생 중에 극장에 갔다는 말이 있습니다" 하고 H에게 공개 고발을 한 것이다. 사실 학교에서는 어느 선생님도 극장 출입을 금한 적이 없었는데, 이 고발을 들은 H는 화를 내고 1m짜리 대자를 들고 저 앞에서부터 "너냐?", "너냐?" 하시기 시작해서 마지막 줄인 그 아이 앞에 앉은 부반장에게도 "너냐?" 하셨다(사실은 그 아이와 단 둘이서 간일도 있었는데). 부반장은 "안 갔습니다" 하는 것이었다. H는 이미 대여섯을 세워놓아서 분이 삭았는지, 그 아이는 설마 하셨는지 부드러운 목소리로 물으셨다. 그런데 그 아이는 벌떡 일어서면서 "두 번 갔습니다" 한다.

H의 노여움은 대단했다. 다음 한 주간은 그들을 교무실에서 종일 벌을 세우더니, 마지막 날에는 그 아이만 불러 세우고 말씀하셨다. "다른 놈들은 그러려니 하지만 너는 나한테 이럴 수가 없어. 내가 너를 얼마나 믿었는데, 응! 너는 배신자야. 나는 너를 도저히 용서할 수 없다. 월요일에 어머니를 모시고 오너라. 너는 퇴학이다" 하시는 것이었다. 그

런 H도 그 아이 어머니의 애원을 들으시고는 퇴학 대신 반장 자격만 빼앗았다.

그 아이는 겨울방학 동안 전에 없이 열심히 공부했다. 사범학교 시험을 치를 작정이었다. 그러나 H의 배신감은 삭지 않았다. "너는 배신자야. 배신자가 무슨 염치로 선생이 되겠다는 말이냐?" 이래서 그 아이는 평탄한 길로 가지 못하고 가시밭길로 들어서게 됐던 것이다.

드디어 졸업식이 시작됐는데, 그 아이는 졸업장 등 반대표로 세 번, 개인상을 받으러 네 번을 드나들었다. 그리고 부모님이 나란히 나가셔서 감사장과 선물을 받으셨는데, 그것은 아들을 6년 동안 결석 없이 학교에 보내주셔서 감사하다는 표시였다. 사실 학교로서는 그럴만한 일이었다. 왜냐하면 개교 10년만에 처음인 6개년 개근이었으니까(그러나 최고 상인 도지사 상은 부반장이 받았다).

졸업식을 며칠 앞두고 부반장이 그에게 하는 말이 "우리가 그동안 쓴 돈 때문에 학교에 내야 할 돈이 많이 모자라는데, 너는 9원 12전을 내야겠다"는 것이다. 남을 의심할 줄 모르는 그 아이는 고심 끝에 결국은 어머니를 속여서 그 돈을 타냈는데(그런 건덕지가 없었으면 이실직고 했을 것을), 공교롭게도 졸업 기념이라며 김태규가 낙제생인 자기를 도와줘서 고맙다며 건네준 수판, 만년필, 고급노트를 필요해서 샀다고 거짓말을 했던 것이다. 그러니 그는 H선생님에 대한 배신자가 아니라, 어머니에 대한 배신자였던 것이다. 그것이 그에게는 일평생 따라다니는 죄책감이 될 수밖에 없었다.

앞에 이 아이가 6년 개근상을 받았다고 했는데, 어떻게 그럴 수가 있었는가 하면 예를 들어 이런 것이었다.

한번은 그가 2학년 때 장마철인데, 그의 가족은 시내에 하나 뿐인 강(赤田川) 하구의 콘크리트 옹벽 위에 세워진 간단한 목조건물에서 살았다.

어느 날 밤새 양철 지붕을 때리는 빗소리에 언제 제방에 물이 넘칠지 몰라 잠을 설친 가족이 짐을 싸놓고 조반을 서둘러 먹자마자, 그는 가족들의 만류를 듣지 않고 책보를 둘러메고 집을 나섰다.

비는 멎어 있었지만 하늘은 시커먼 것이 언제 또 큰비가 쏟아질지 모르는데도, 그는 아랑곳하지 않고 반시간쯤 걸어서 학교까지 갔다.

교문을 들어서는데 아무도 없다. 넓은 운동장을 지나서 계단에 올라서니 먼저 온 한 아이가 서성대고 있다. 이때 교무실 창문이 열리더니 한 선생님이 얼굴을 내밀고는 손을 내저으면서 "빨리 돌아가라! 큰비 오기 전에 어서!" 하신다. 그가 "그럼 결석 아니에요?" 하자 선생님이 대답하셨다. "그래그래, 결석 아니다." 그는 이런 아이였다.

또 한번은 3학년 때인데, 이사가 잦은 그의 집과 학교와의 거리는 걸어서 한 시간도 더 걸리게 멀었다. 한여름인데 밤새 비가 쏟아졌지만, 아침께는 멎었다. 그는 역시 시커먼 책보를 메고 집을 떠났는데, 학교까지는 1km쯤 남은 신작로(新作路)가 물웅덩이로 변해 있다. 돌아서 갈 길도 없는데, 마침 아무도 보는 사람이 없는 것 같으니까, 그는 바지를 벗어서 꿍쳐 머리에 얹고는 물웅덩이로 들어섰다. 몇 발짝 걸어서 들어갔더니 점점 깊어져서 물이 허리에 찬다. 그는 저고리마저 벗어서 머리에 올려놓고 두 손으로 누르고는 물이 목까지 차오르는 데를 지났다. 물웅덩이를 통과한 그는 옷을 다시 입고 휘파람을 불며 학교를 향해 의기양양하게 걸어갔다. 이만하면 6년 개근도 어려운 문제가 아니잖은가?

다카노 선생님

다카노 선생님은 일본인으로서 70년도 넘는 옛날에 우리나라의 개신교계 초등학교(당시에는 보통학교)에서 학생들의 존경을 받으며 가르치시던 후덕하신 분이셨다. 이분은 일본 도쿄 출신으로 비행사인 장남과 대학의 럭비선수인 차남을 자랑하던 상류사회 인사였지만, 장남이 어린 아들 하나를 두고는 사고로 죽었다. 그런데 차남마저 경기 중 사고로 불구자가 되는 불운을 겪게 되자, 부부가 어린 손자를 데리고 훌쩍 떠나 우리나라로 오셨다는 것이다. 이런 사연은 선생님이 담임하신 4학년의 급장인 그가 사모님에게서 들은 이야기였다.

이 학생이 사모님의 이야기를 들을 수 있었던 것은 선생님이 그를 자택으로 자주 데리고 가셨고, 사모님은 자신의 힘에 부치는 일을 이 학생에게 시키는 사이에 임의로운 관계가 되었기 때문이었다.

사모님이 시키시는 일이란 부엌에만 있는 수도꼭지에서 물을 받아 욕실에 있는 커다란 철제 욕조에 거의 가득하도록 채우는 일이었다. 그가 일을 마치고 작별인사를 하면 선생님은 5전짜리 동전 하나를 그에게 건네셨다. 그는 아무 말도 없이 덥석 받아가지고 돌아와서는 어머니에게 드린다.

그러던 어느 여름날 선생님은 그에게 10전짜리 동전 5개를 건네면서 시장에 가서 땔감을 사오라고 하셨다. 그런데 그는 가까운 시장으로 가지 않고 아버지가 일하시는 제재소까지 땀을 흘리며 걸어갔다. 그의 아버지는 제재소에서 파는 죽데기를 한 짐 묶고 새끼줄로 짐바를 걸어서 아들에게 지워주셨다. 나무 값은 25전이었다. 그는 두 줄기 새끼줄이 양어깨를 찍어 누르는 아픔을 견디다 못해 두세 번을 쉬느라 해가 질 무렵에서야 짐을 내려놓았다. 선생님이 "왜 이렇게 늦었어?" 하시자, 그는 "제재소 죽데기가 싸기 때문에…"라고 대답했다. 선생님은 아무 말씀도 안하시고 그가 내민 남은 돈도 받지 않으셨다. 그래서 그 돈은 그의 어머니에게 갔다.

다카노 선생님이 이 학생에게 이런 배려를 하시는 것은 이 학생이 4학년 들어 3개월 동안은 월사금(月謝金)을 냈는데, 그 후로는 내지 못하니까 가난한 집 자식이라는 것을 알게 되셨기 때문이었을 것이다. 그래서 독촉도 안하셨다. 어쩌면 선생님이 대납을 하셨는지도 모른다.

다카노 선생님은 60이 넘은 나이에다 큰 불행을 겪으신 탓인지, 아니면 본래 인품이 그러신지 언제나 한결같이 조용하셨다. 수업중에 누가 딴 짓을 하면 교단에서 분필 토막을 그리 던져서 주의를 환기시키거나 학생들 사이로 걸어 다니시다가 누가 선생님이 가까이 오신 것도 모르고 장난을 치거나 하면 쥐고 있던 분필로 그의 머리를 콕 찍으시면서 "꾜로"라고 한 마디 던지실 뿐이었다. 당시에는 그 말이 무슨 뜻인지 몰랐는데, 나중에 알고 보니 '꾜로꾜로스루나(きょろきょろするな = 두리번거리지 마라)를 줄인 것이었다.

선생님은 수업을 마친 다음에 자주 테니스 코트에 나타나셔서 정구를 즐기셨는데, 그때마다 하얀 운동화에 노르스름한 흰 바지와 하얀 셔

츠를 입고 계셨다. 그런 활발한 면에 비하면 수업시간은 무척 조용해서 어찌 보면 무성의했던 것 같다. 왜냐하면 자습을 시키는 경우가 많았으니까. 그때에도 교실에는 책걸상이 4줄로 비치돼 있었는데, 줄반장이 앞뒤로 드나들면서 아이들이 배운 대목을 잘 외우면 성적표에 표시를 해주게 하셨다.

2년 후에 이 학생이 부교장 선생님의 미움을 사서 사범학교 지원이 차단된 사실을 뒤늦게 아신 선생님은 총독부의 관보를 들춰보시고 "오늘이 원서 마감이구나. 왜 이제야 말하느냐?"며 매우 안타까워하시고, 졸업하자마자 그를 일본인이 경영하는 농원에 소개해 주셨다.

그 후 선생님은 학교에서 나와 '원산시립도서관' 관장으로 근무하셨는데, 본국인 일본이 패전하고 우리나라가 광복하게 되자 일본인들이 별의별 봉변을 다 당하고 일부는 한복을 얻어 입고 쫓기는 와중에서도 선생님의 가족은 무사히 일본으로 가셨다는 소문이었다. 아마도 선생님의 제자 중에서 선생님을 적극적으로 변호한 어느 실력자가 있었기 때문이었을 것이다.

이제 노경에 이른 그 학생은 지금도 저 정감어린 다카노 선생님의 모습을 그리워한다. 그리고 다카노 선생님은 분명 그리스도인이었을 것이라고 생각한다. 왜냐하면 그분은 지식이인이셨고, 굳이 미션학교에서 일하신 것이며, 생활 전체에서 풍기는 저 인격이 일반 일본인과는 판이하셨기 때문이다.

직전(織田) 목사님의 비유

어릴 때부터 교회에 다니면서 신앙심이 자란 어떤 사람이 이런 간증을 한다.

"나는 일제시대에 교회에 봉사하면서 기회만 있으면 신앙적인 강연이나 부흥집회에 참석해서 은혜를 받았지요. 그 중에서도 잊혀지지 않는 일은 일본의 기독교인으로서 《사선을 넘어서》를 비롯한 많은 신앙 서적을 써낸 가가와 도요히꼬(賀川豊彦) 씨가 어느 학교 교실에서 한번은 성좌(星座)에 대해, 또 한번은 아프리카의 어느 오지의 개미떼에 대한 강연을 들었는데, 그는 한번도 '하나님'이라는 단어를 입 밖에 내지 않았지만 천문학이나 동물학을 통해서 창조주 하나님의 섭리를 설파했지요.

그런데 그와는 전혀 다르게 하나님의 뜻을 소개해준 또 한 일본인이 있었어요. 그분 이름을 '직전 목사님'으로만 기억했었는데, 수년 전에 그분의 자서전인 《지게꾼》을 읽고서야 그분이 자기 성(姓)을 일본어인 오다(織田)라 하지 않고 한국어 발음으로 불렀었다는 사실을 알았어요.

그건 어쨌거나 내가 말하고자 하는 것은 그분이 우리말을 어찌나 잘하는지 설교를 듣는 동안 저분이 일본인인가 하고 의심했었지요. 나는 다행하게도 세 번이나 그분의 설교를 들을 수 있었는데, 한 번은 어떤 산골 아주머니가 옷을 입은 채 냇물에 들어서서 바가지로 물을 퍼가지고 자기 머리에 붓고는 너무나 시원해서 몸을 부르르 떠는 시늉을 어찌나 실감나게 하시던지 지금도 생각이 나면 웃음이 나네요. 하지만 그 설교의 취지가 무엇이었는지는 영 생각이 안 나는군요. 그러나 다른 두 번의 설교는 그 내용을 대표하는 비유가 뚜렷하게 기억에 남아 있어요. 그 한 번은 이런 거였어요. 어느 산골 마을 농사꾼 한 사람이 읍내에 장을 보러 갔다나요. 장마당을 둘러보는데, 대낮인데도 환하게 비치는 불덩어리가 가게 안에 매달려 있더래요. 그래서 등잔불밖에 모르는 이 사람은 두말 않고 '저거 하나 주시오' 하고는 전구 하나를 사가지고 부리나케 집으로 돌아왔지 뭡니까? 그럼 이 사람은 그 전구를 어떻게 했을까요? 우선 처마 끝 이쪽에서 저쪽까지 빨랫줄을 매놓고는 노끈으로 전구를 그 빨랫줄에다가 매달아놓은 다음, 등잔불이나 촛불은 갖다 대지도 못하게 환한 불을 보여주겠다고 마을 사람들을 불러 모았지 뭡니까. 그런데 암만 기다려도 불은 켜지지 않는 거였어요. 혹시 어두워지면 불이 들어올까 해서 캄캄해질 때까지 기다렸지만 헛수고였답니다. 이 사람은 전깃불이 어떻게 켜지는지를 몰랐던 겁니다. 전깃불은 발전소에서 전구까지 전깃줄이 이어져야만 밝은 빛을 내는 것 아닙니까? 그런 이치와 마찬가지로 우리 인간들의 마음이 맑아지는 데는 하나님과 사람 사이에 성령님이 역사하셔야 되는 겁니다. 사람이 아무리 애를 써도 성령님이 움직이지 않으시면 소용이 없어요."

또 한 번은 이런 말씀을 하셨어요.

"어느 산골 총각이 산에 들어가서 낫으로 나뭇가지를 쳐서 모아놓았다가 장날이 되자 한 지게 가득히 짊어지고는 낑낑대며 나무 장터까지 갔다나요. 지게를 작대기로 버텨놓고는 손님을 기다리는데 저녁때가 다 돼서야 한 노인이 기웃거리더래요. 총각은 이때를 놓치면 이 무거운 짐을 지고 다시 돌아가야 할 판이라 목청을 높여서 '내 나무 사세요' 했다나요. 그러자 그 노인이 하는 말이 '자네 지금 내 나무라고 했나?'

'그래요. 내 나무를 내 나무라고 했는데 뭐가 잘못됐어요?' '그래? 그럼 이 나무를 자네가 심고 가꾸기라도 했다는 말인가?' '내가 심고 가꿔야 내 나문가요? 내가 산에 가서 땀 흘리며 해왔으니까 내 나무라는 거죠.' '이런 염치없는 사람을 봤나. 하늘이 씨를 뿌리고 땅이 키운 걸 제 마음대로 찍어다가 제 나무라고 팔아먹겠다니 자네는 도둑질을 한 거야. 이 사람아!' 이런 실랑이 끝에 이 총각은 예수님을 믿게 됐다는 얘기입니다."

아마도 직전 목사님의 비유법은 예수님에게서 배웠을 것이다. 성경에서 예수님의 말씀을 찾아보면 '포도원 일꾼의 비유', '탕자의 비유' 등 이루 헤아릴 수 없을 만큼 많다. 직전 목사님은 그런 예수님의 비유법이 사람의 마음에 얼마나 오래 남는지를 성경을 읽는 중에 깨달았던 모양이다. 이 사람이 이토록 오래 기억하고 있는 것처럼 그분의 비유를 흥미롭게 들었던 많은 사람이 감동을 받았을 것이 틀림없다. 참으로 귀한 주님의 종이요, 말씀을 져서 나른 '지게꾼'이었다고 해야겠다.

한준명(韓俊明) 목사

'한준명 목사' 하면 떠오르는 것은 그분의 경력, 담임한 교회, 소속된 교단, 또는 그분의 설교에 대한 것이 아니라 6·25 당시에 그분이 극적으로 죽음을 면한 사실이다.

한목사는 함흥에서 인민군에 붙잡혀 있었는데, UN군의 북진에 쫓긴 인민군이 죄인(?)들을 어느 방공호에 몰아넣고 총탄을 퍼부어 몰살하는 과정에서 살아남았다는 것이다. 어떻게 피했을까?

그분은 앞사람이 총탄을 맞고 쓰러질 때 일부러 같이 쓰러져서 총알을 피했고, 인민군이 물러간 후에도 그 차디찬 시체와 피비린내 속에서 마냥 죽은 체를 하고 누워있었다는 것이다.

그 후(직후였는지 하루쯤 지난 다음인지) 미군이 현지에 와서 상황을 살피며 주고받는 대화를(마침 깨어있었고 영어를 알아들었기에) 듣고는 "나 여기 살아있소!"라고 영어로 외쳤기에 구출이 되었고, 헬리콥터로 부산까지 무사히 피난을 했다는 것이다.

그리고 피난 중인 연세대학에서 일하신다는 소식도 들었다.

그가 한목사를 아는 것은 단 한번 그분의 집회에 참석할 기회가 있었을 뿐이지만, 한목사가 어느 교단에도 속하지 않는 독자적인 목회자라는 것밖에 모르며, 그날 들은 설교에 대해서도 특별히 인상에 남은 것이 없지만, 유독 그분의 생환 소식에 감격한 까닭은 하나님께서는 사랑하시는 사람을 끝까지 돌보신다는 증거를 확인했기 때문이다.

어느 노 신부 이야기

어떤 사람이 젊었을 때 어느 잡지에서 읽은 것이 잊혀지지 않는다기에 여기에 소개한다.

이태리 어느 한적한 마을에 있는 성당에 한 늙은 신부가 있었는데,

퍽 소극적인 성격이어서 별로 활동하는 일이 없었다. 그러니까 신도들도 주일 미사에 참석하는 것이 고작이고, 적극적으로 봉사하는 사람도 드물어 교회는 신부와 함께 점점 늙어갔다.

그런 가운데서 교구 안에 있는 이 마을, 저 마을에 문제 가정이 생기고, 범죄사건도 가끔 일어나서 주민들이 불안해하고, 인심도 점점 사나워졌다.

세월은 흘러서 어느 날 노 신부가 죽었다는 것을 신도들이 알게 되고 장례식을 치르기 위해서 후임 신부가 왔다. 그가 와서 시신을 다루는데, 고인의 한쪽 다리에 주근깨 같은 것이 수도 없이 있는 것을 발견하고는 이상하다고 생각했지만, 그런대로 장례식을 치렀다. 그런데 신도들은 별로 슬퍼하지도 않더라는 것이다. 그만큼 그는 인기도 없고 존경도 받지 못한 채 생을 마감한 셈이었다.

그런데 장례식을 마친 후임 신부가 고인의 유품들을 정리하다가 일기장을 발견하고 쳐드는 순간 뚝 떨어진 것이 있어서 자세히 보니, 그것은 녹이 슬어 쓸모도 없을 굵은 바늘이었다. 후임 신부는 그 바늘을 버리려고 하다가 멈췄다. 문득 장례식 전에 본 그 주근깨 같은 것이 생각났기 때문이었다. 그것은 분명히 한쪽 다리에 집중돼 있었고, 어떤 것은 주변이 불그레하기도 했다. 그러면 혹시 이 바늘과 관계가 있는 건 아닐까? 그는 급히 일기장을 들추고 읽기 시작했다. 일기를 읽는 후임 신부의 얼굴이 붉어지더니 눈물이 흐른다. 그는 더 읽지 못하고 얼굴을 감싼 채 흐느낀다. 왜냐하면 일기장에는 사흘이 멀다 하고 교구 안에서 일어난 불상사에 대해 자기가 아무런 도움도 주지 못한 죄책감에서 오늘도 자기 몸에 아픔을 준다는 고백이 적혀있었기 때문이었다.

후임 신부는 그 다음 주일 미사에서 강론을 하던 중 고인의 일기장과 바늘을 들어 보이면서 그분이 여러분 때문에 얼마나 고민하고 기도하면서 자기 몸을 바늘로 찌르는 아픔을 통해서 여러분을 얼마나 사랑하셨는지를 알아야 한다고 강조하고, 그분의 사랑은 예수께서 우리 인간들의 죄를 대속하시려고 십자가의 고통을 자초하신 그 사랑을 따른 큰 사랑이었다고 덧붙였다. 신도들은 새삼스럽게 노 신부의 온화하고 자상했던 모습을 떠올리며, 눈물바다를 이루었다. 더군다나 강론이 끝날 무렵에 한 청년이 앞으로 뛰어나가자 모두들 깜짝 놀랐다. 그도 그럴 것이 그는 큰 말썽꾸러기였기 때문이다. 그런데 그의 말은 뜻밖이었다. 자기는 그분의 마음을 너무나 많이 아프게 한 죄인이지만, 오늘 이후로는 새사람이 돼서 여러분을 기쁘게 해드리고 그분의 은혜에 보답하겠다고 고백했다는 것이다.

그 이후로는 교구 안에서의 범죄사건도 현저하게 줄었고 주민생활에 활기가 넘치게 됐을 뿐 아니라, 교회에 대한 봉사활동도 활발해졌다. 이 일의 전말을 보고받은 교황청이 고인에 대해 '성인' 서품을 내림에 따라 그곳이 '성지'가 됐다는 것이다.

가시밭길에서

곤고한 나날(1)

그가 학교를 졸업하고 곧바로 취직한 곳은 일본인이 운영하는 농원인데, 그것도 4학년 때에 담임이셨던 다카노 선생님이 주선해 주신 것이었다. 이 농원의 근무시간은 해가 동산에 얼굴을 내밀 때부터 그 해가 서산에 걸터앉아야 끝나는 것이었다. 일꾼은 어른 둘과 그보다 두 살 더 먹었다는 소년 하나, 그렇게 모두 넷인데 농원이 넓어서 하는 일도 많았지만, 그 중에서 가장 힘든 일은 여기저기 흩어져 있는 세 온실 안에 가득가득, 그것도 세 단계로 빼곡하게 차있는 화분 하나하나에 물을 주는 일이었다.

그런데 물뿌리개로 물을 주는 일은 어른들이 맡고, 우물에서 물을 길어 나르는 일은 두 손년의 몫이어서 그는 학교에서 쌓은 경험으로 넉넉히 해낼 것이라고 생각했지만, 막상 착수하고 보니 난감했다. 그도 그럴 것이 학교에서는 석유초롱이라 물의 무게뿐이었지만, 이곳의 물통은 나무 조각을 묶어서 만든 것이라 트지 않도록 항상 물을 가득하게 채워놓기 때문에 물통 자체의 무게가 석유초롱에 물을 가득히 채운 것만큼이나 무겁다. 거기에다 물을 채우니 그로서는 도저히 지고 일어설 수가 없어서 처음에는 절반도 안 되는 물을 담고 나르다가 차츰 발전해서 한 달쯤 지나서는 가득히 물을 채울 수 있었지만, 때로는 온실 문턱에 물통이 걸려서 물을 쏟아버려 사람도 놀라게 한 일이 있었다.

그런 일을 날마다 오전, 오후에 하고(비가 오는 날에는 한번만) 남는 시간에는 사과나무, 배나무, 꽃밭 등 할 일이 태산이었다. 가끔 화분을 리어카에 가득히 싣고 두 소년이 시내에 있는 꽃가게까지 운반하기도 하는데, 주문이 들어오면 꽃 배달은 그에게 시키는 것이었다. 사실 그는 학교를 졸업할 무렵에야 자전거 타는 법을 배워서 서투른 시기였지만, 시키는 대로 할 수밖에 없었던 것이다. 어느 날은 비가 추적추적 내리는데 어느 절에 꽃 한 송이를 배달하게 되었다. 그런대로 무사히 돌아오는 길인데 농원에 거의 다 왔을 때 빗물이 몰려서 길을 깎은 데에 자전거 바퀴가 걸리는 바람에 넘어진다는 것이(오른쪽은 도랑이었으니까), 왼쪽 길가에 쳐놓은 철조망에 자전거를 처박았다. 그 바람에 팔에 한 뼘이 넘게 상처가 났는데, 비까지 맞았으니 얼마나 쓰렸던지. 쓰린 거야 그때뿐이었지만, 흉터는 오래 지워지지 않고 그날의 고통을 잊지 못하게 했다.

이런 가운데에서도 그의 배우고자 하는 열망은 현실에 만족할 수 없어서 일이 끝나자마자 도시락 통을 들고 집으로 달린다. 10분쯤 걸리는 거리를 단숨에 달려 집에 도착하면 물에다 밥을 말아 퍼 넣고는 책보를 들고 야학으로 달려간다. 그 거리도 10여 분은 달려야 했다.

야학은 일본인들의 소학교에서 '직업보습학교' 라는 이름으로 시작한 것인데, 국어, 역사, 지리, 영어, 부기 등을 가르쳤다. 하지만 그는 제1교시와 제3교시 공부밖에 못하곤 했다. 왜냐하면 제1교시가 끝나고 잠깐 쉬는 시간에 그는 잠에 빠져버렸으니까. 그렇게 한 학기를 공부한 것이 그의 최종학력이 되고 말았다. 여름방학이 끝날 무렵 그는 지친 나머지 8월말로 농장 일을 그만 두고 한동안 쉬었지만, 이내 신문배달을 시작했다. 그런데 동창생의 형이 일만 시키고 돈은 가로채는 바람에 몇 달만에 그만 두고 자기 발로 다른 신문사를 찾아가서 일을 맡아 몇 달 동안 열심히 신문을 돌렸다. 개 때문에 겁을 먹거나 개울을 건너다가 징검다리에서 발이 미끄러져 얼음이 깨지면서 발이 빠지기도 여러 번이었다.

이듬해에는 어머니가 함지장사를 청산하고 시장 안에 있는 한 가게

(가게 구실은 하지만, 사실은 방 두 개에 부엌이 전부였다)를 얻어 온 식구가 이사를 하게 되었다. 그는 그 무렵부터 주일학교 반사로 봉사하기 시작했다.

그는 어머니의 떡 장사를 도와드린답시고 불을 때거나 장작이나 불 쏘시개를 쪼개고, 매일 떡을 치는 일을 맡아서 하는 중, 하루는 어머니의 심부름으로 고운 소금을 사러갔었는데, 소금가마니(가마니라고 하지만 아주 작아서 가벼웠다)를 어깨에 메고 돌아오는 길에서 그것도 집까지는 5분도 안 걸릴 거리에서 땅에 떨어져 있는 1원짜리 지폐 한 장이 눈에 띄었다. 그는 얼른 그걸 집어 들었다. 그리고는 발을 떼지 않고 잠깐 생각한다. '이건 남의 것이니 경찰서에 신고해야 하는데 집에 가서 짐을 내려놓고 갈까? 지금 바로 돌아서서 경찰서에 신고하고 마음 편하게 집으로 갈까?' 그는 결국 집보다도 조금 더 먼 경찰서에 그 돈을 맡기고서야 휘파람을 불며 집으로 돌아왔다(만 1년이 지나자 순사 둘이 어머니의 가게 앞에 나타나서 아들의 이름을 대면서 어디 있느냐고 물었을 때 어머니는 놀랐을 것이고, 돈을 받아서 자기 주머니에 넣으면서는 착한 아들 덕이라고 기분이 좋으셨을 터이지만, 어머니는 아무 말씀도 없었다. 그런 어머니였다. 그 역시 덤덤했다. 당시는 온 국민이 고단하게 사는 시대여서 사람들의 신경이 무디어서 그랬는지 감정 표현들이 투박했었다.

어쨌거나, 그는 짬짬이 강의록을 읽으며 열심히 공부를 계속했다. 그것은 그 역시 형처럼 철도국에 취직하기 위해서였다. 그렇게 한 겨울이 지나고 어느덧 다시 여름이 되었는데, 근처에 사는 큰 누님이 장티푸스로 앓아누웠다. 그는 어머니의 말씀에 따라 한 2km쯤 걸어서 차선생님을 찾아 모시고 왔는데 진찰을 마친 선생님이 그에게 말하기를 "장질부사가 확실하다. 남이 알면 안 되는데, 방에 불을 때서 땀을 내라"는 것이었다. 당시에는 일본식 처방으로 열병에는 얼음찜질을 하는 대중요법이 법이었는데, 차선생님은 그것이 잘못된 법이라는 것을 알고 반대로 처방했던 것이다.

하여간 누님은 며칠 후에 일어났지만, 그 자신이 앓게 되었다. 요행 차선생님의 지시대로 한 덕에 그도 거뜬히 일어나기는 했지만, 여러 날 음식을 못 먹어 잔뜩 허기진 배에 허겁지겁 떡을 먹은 것이 체하는 바람에, 그는 어머니가 불러들인 침장이 때문에 하루걸러 두 대씩 명치에, 그것도 한 뼘이나 되는 침을 꽂아놓고는 손톱으로 벅벅 긁는 소리를 들어야 했다. 그걸 자그마치 50대나 맞았으니(그래도 위장이 참아준 것이 신기하기는 하지만, 역시 골병이 들어서) 그 후 여러 해 동안 소화불량으로 그를 괴롭혔다.

이것은 후일담이지만 그가 월남 후에 한때 곤경에 처해 있는데다가 역시 단신으로 월남한 당숙이 찾아와서 고생을 같이 하는 중에 공교롭게도 그는 감기로 앓아누워 기침을 해대는데, 폐를 앓던 사람이라 그 기침소리가 수상하게 들렸는지 집주인 할머니가 무슨 핑계를 대면서 마침 바로 옆에 짓다가 그만둔 빈집이 있으니 그리로 가라는 것이었다. 그는 집세를 내던 처지도 아니니 군말 없이 그리 옮겼다. 아무리 따뜻한 남쪽나라라지만 겨울인데다가 문짝은 달려 있어도 문종이도 바르지 않았으니 밤바람이 무방비로 달려드는데, 냉골바닥에 가마니를 뜯어서 깔고 숙부는 구제품 담요를 덮고, 그는 북에서 입고 온 외투를 덮고 새우잠을 자는 것이었다. 게다가 먹는 것이라고는 피난민에게 배급하는 꽁보리를 타다가 군대용 반합에 끓인 것을 둘이 마주앉아 왕소금을 뿌려가며 떠먹는 것이 전부였다. 하기는 처량한 신세 같았지만, 그렇게 석 달을 지낸 덕에 그의 소화불량은 해소가 됐으니 전화위복이 아니겠는가?

이야기가 곁길로 빠졌으니 되돌아가야겠다. 그는 앓아누웠을 때 말고는 주일학교(교회학교) 반사로 봉사했는데, 아우와 여동생이 주일학교 학생이 된 것도 이 무렵이었을 것이다. 그리고 그의 집에서 멀지 않은 곳에 살면서 간판점에서 일하는 동창생 P도 교회에 나와 동아리에도 참가했으며, 결혼식이 있을 때에는 밤늦도록 둘이서 꽃문을 세우고 재주껏 결혼식 분위기를 만들곤 했다. 그리고 날짜는 기억하지 못하지만, 그는 19살에 L목사님에게서 세례를 받았다.

그런데 그에게 세례를 베푸신 목사님에게는 딸만 셋이 있었는데, 맏딸은 고등학교에 보내고 두 딸은 진학을 못하고 있었다. 신자가 백 명도 못되는 교회였으니 별 도리가 없었을 것이었다. 그런데다가 둘째딸에게 문제가 생겨서 교회 청년들이 목사님을 비난하는 소리가 점점 높아지고 있었다. 그 목사님에게서 세례를 받은 그로서는 그런 분위기에 휩쓸려서 떠들 처지는 아니었지만, 내심 못마땅하게 생각하고 있었다.

그러던 어느 날 아침 일찍 맑은 공기를 마신답시고 수도국(水道局)이 있는 높은 언덕(교회에 가까웠다)에 올라갔더니 하얀 염소 한 마리가 풀을 뜯어먹고 있는 공동묘지 한 구석 어느 무덤 앞에 어떤 사람이 무릎을 꿇고 머리를 무덤에 처박고 있었다. 호기심이 발동한 그는 가까이 다가가서 자세히 보니 바로 우리 목사님이 아닌가! 거기서 그는 가슴에 통증을 느꼈다. 아버지로서의 아픔, 목사로서의 아픔이 젊은 그에게도 전해졌던 것이다.

목사님은 이내 감리사가 되어 큰 교회로 갔지만 딸의 문제가 불거졌는지 바로 사퇴하고는 금강산 근처로 시집간 막내딸을 의지하며 농사를 짓고 있다는 소문이 들렸다.

그는 친구 두세 사람과 함께 찾아가서 뵈었는데, 그토록 고매하고 당당하시던 목사님이 초라한 한 농부로 변신하신 모습을 뵙고는 잘못 왔구나 하는 후회가 되었다.

L목사님 다음에 오신 목사님은 60대 노인으로 허연 수염에 온화한 풍모인 서기훈 목사님인데, 유년부장이 된 그를 많이 사랑해 주셨다. 게다가 고상하고 정갈하신 사모님이 주일마다 그에게(목사님과 겸상으로) 점심을 먹여주셨고, 저녁예배 후에는 목사님이 그를 주택으로 불러들여서 충청도식 맞웆을 즐기셨다(그 수년 후에 목사님은 신고산교회를 거쳐 철원교회로 옮기셨는데, 6·25 때에 순교하셨고, 목사님의 외아들인 서기택 목사는 인천 영화여고 교장으로 봉사하다가 지금은 일본에서 봉사하고 있는데, 그가 유년부장으로 봉사할 당시에 그에게서 배웠다 해서 스승처럼 대접해 준다.)

어느 때부터였던가? 그의 어머니가 주일 저녁예배에 자진해서 나가기 시작했다(그는 어머니가 하도 고단하게 일하시니까 전도할 엄두도 내지 못했는데).

그렇게 서너 달이나 지났을 때였다.

저녁예배가 시작되고 찬송가 한 장을 불렀는데, 목사님이 "한양재씨 기도하세요" 하시는 바람에 그는 깜짝 놀라 어머니를 주시했지만, 당사자는 조용히 일어서시더니 조금도 망설임 없이 차분하고 정성어린

기도를 드리는 것이었다.

긴장했던 그는 새삼스레 어머니께 대한 존경심이 우러나며 행복했다.

곤고한 나날(2)

1937년, 그러니까 그가 학교를 졸업한지 2년이 채 못 되는 2월 초에 원산철도사무소에서 용인(傭人) 채용시험이 있어서 응시했고, 무난히 합격했다. 용인이란 철도국 종사자 중 최하위직이며 면직물 제복이 공급되었다.

그가 그런 제복차림으로 근무를 시작한 곳은 원산역사 가까이 있는 한 가건물이었다. 그 건물 안에 도시락을 쌓아놓고 각자가 맡은 일터로 흩어지는데, 그 일터라는 것이 역 구내 여기저기에 흩어져있는 전철기(轉轍機)였다. 전철기란 역을 드나드는 열차를 유도하는 분기점에 설치된 기구인데, 눈이 얼어붙은 것을 치우고 거기에 기름을 발라주는 것이 일이었다.

그가 그 일을 시작한지 며칠이 지난 어느 날, 신입국원을 환영하는 집회를 송도원에서 개최하겠으니 꼭 참석해달라는 회람(回覽)이 돌았다.

그런데 하필이면 그날이 주일이었기 때문에 주일학교에 봉사하고 있던 그는 가지 못하고 말았다. 그런지 며칠 후에 기관구를 중심으로 많은 철도국원이 검거되는 사건이 터졌다. 이유는 그날의 집회를 주최한 사람들이 공산주의자였다는 것이다.

그의 마음에 걸리는 것은 검거된 사람들 중에 그의 동창생이며 교회에서 성극도 같이 했던 고영찬이 끼었다는 사실이었다. 고영찬은 노동자의 아들이었지만, 귀공자 같은 용모에다가 건강하고 공부도 잘했다.

그러나 불행하게도 기관구(機關區 – 기관차를 정비하는 곳)에 들어갔고, 거기에는 공산주의자들이 많았던 것이다.

고영찬은 4년 형을 사는 동안에 철저한 공산주의자가 되었고, 해방되기 전에는 실직자로 지내면서 동창생인 P에게 책을 갖다 주며 접촉했다. 하지만 가장 친했던 그에게는 접근조차 하지 않다가 해방 후에는 원산시당 선전부장을 거쳐 원산지역이 강원도로 편입되자 강원도당 선전부장으로 활동했으나, 편향된 인사문제로 출당을 당한 후에는 그에게 개인적으로 호의를 표시하곤 했다. 그들은 사상이나 신앙에 대해서는 일절 언급하지 않았다. 그래서 그는 안다. 그리고 확실하게 믿는다. '하나님이 살아계시고, 나를 사랑하사 위험을 피하게 하시며 유혹에 빠지지 않게 하셨다는 것'을.

가건물에서의 근무가 한 달쯤 지났을 때 그가 정식으로 배치된 곳은 원산 역사 한 구석에 있는 전신실(電信室)이었다. 그는 24시간 교대근무로 낮에는 청소, 잔심부름, 전보배달 따위로 잠시도 쉴 틈이 없었고, 밤에는 역무실에 드나들면서 조역(助役 – 역장 바로 아래 직위)이나 역무원의 심부름과 열차가 들어올 시간이 되면 잠들어있는 역무원을 깨워주는 책임까지 져야 했는데, 한 번 깨웠는데도 일어나지 않았다가 허둥댄 사람이 "왜 안 깨웠느냐?"고 야단을 치면 말도 못하고 당하는 경우도 가끔 있었다.

이런 환경에서 그는 전신기사가 되겠다는 생각으로 틈나는 대로 '몰스부호'를 외웠고, 경성까지 가서(무임승차권이 있었으니까) 시험에 응했지만 합격하지 못했다. 게다가 전신실 근무 3개월만에 역전광장에 자리 잡고 있는 원산철도사무소 영업, 운전과로 전근하게 되었다.

근무는 동료 셋이서 하루는 낮에만 일하고, 다음 날은 밤에 혼자 남아서 이튿날 아침에야 퇴근하는 식이었다. 일은 역시 십여 명 직원들의 잔심부름과 오전, 오후에 엽차를 끓여 대접하기, 그리고 직원들 출근 전의 청소 등으로 크게 힘든 일은 아니었지만, 밤에는 전신실 기사들이 운전과 별실에서 관내 84개 역의 그날 실적을 기록한 숫자를 집계하는 일이 참 만만치 않아서 밤 2시나 3시가 돼서야 눈을 붙일 수 있었다. 하지만 침대가 있는 것도 아니니 그냥 책상에 엎드려 잠이 들었다가 깨곤 하는 것이었다.

이런 근무를 꼭 3년 동안 계속했는데, 언제부턴가 코가 자꾸 막히고 머리가 아프더니 난로에 석탄을 넣느라고 머리를 숙일 때는 마치 머리를 무엇으로 비트는 것 같아서 진땀이 나며, 정신이 멍해지는 것이었다.

그러던 어느 날 어느 잡지에 난 광고가 눈에 띄었는데, 한 소년이 허연 코를 지르르 흘리고 있는 사진 밑에 '축농증은 바보가 된다' 는 글이 그를 긴장시켰다. '내가 이렇게 되는 거야? 바보가 되기 전에 지식을 쌓아야 돼' 하는 결심을 하고는 수위실에서 본 도서목록(그것은 용산철도도서관의 장서목록인데 큰 사전만큼 두꺼웠다)을 빌려다가 제 책상에 세워놓고는 부지런히 주문해서(한 달에 한번, 한번에 세권밖에 주문하지 못하니까 동료들의 이름을 빌려서도) 읽었다.

당시에는 용인으로 3년 이상 근무해야만 고원(雇員) 시험을 치를 자격을 주는데, 그는 필기시험에 합격하고도 구술시험에서는 떨어졌다. 그 이유를 간단히 말하면 직원들이 가끔 단체로 가는 신사참배(神社參拜)에 그는 거의 동참하지 않았기 때문이었다.

이 시점에 외지에 나가 있는 형님에게서 편지가 왔는데, 철도국 공제조합의 돈을 꾸어가지고 축농증 수술을 받으라면서 신의주에서 개업한 강해룡의원이 유명하다는 것이었다. 나중에 안 일이지만 강해룡 씨는 평양기독병원에서 오랫동안 경력을 쌓은 분이며, 독실한 기독교인이었다.

그는 형님의 지시대로 공제조합에서 이백원을 대출해가지고 1월 하순 어느 날에 어머니를 모시고 경원선 열차를 탔지만, 승객이 어찌나 많은지 경성역까지 그리고 평양역까지 그 긴긴 시간을 콩나물처럼 꼼짝도 못하고 줄곧 서서 갔고, 평양역을 떠날 때에야 비로소 자리에 앉을 수 있었다.

입원실은 온돌방이고 환자와 보호자가 뒤섞여 십여 명이 요나 이불도 없이 입은 채로 잠을 잤는데, 사나흘이 지나서야 그것도 새벽 4시에 수술실로 불려나갔다. 수술실에는 의사와 간호원 두 사람 뿐이었는데, 그의 입안에 무엇인지 넣고는 '이걸 좀 봐' 하기에 옆을 흘겨보니, 화면에 해골이 보이는데 코 양쪽에 시커먼 것을 의사가 가리키며, '이게 고름이야. 이렇게 되기까지 어떻게 참았어?' 하더니 의사와 간호원이 고개를 숙이고 소리 없이 기도를 드리는 것이었다. 그도 눈을 감고 있었다.

주사를 맞은 탓이겠지만 의사와 간호원의 말이나 잇몸을 절개하고 뼈에 구멍을 뚫는 소리는 들려도 아프지는 않았다.

수술은 그렇게 잘된 줄 알았는데, 그날 밤중에 그는 목구멍에 무엇이 걸려서 소리도 지르지 못하고 몸부림을 쳤고, 몇 시나 되었는지 모르지만 한밤중에 수술실에 다시 들어갔다. 알고 보니, 수술로 잘라낸 무슨 살덩이가 떨어져 나가지 않고 매달려 있다가 뒤늦게 떨어져서 목구멍을 막았다는 것이다.

첫 수술 1주일 후에 두 번째 수술도 무사히 마치고는 2주만에 퇴원을 했지만 의사의 지시에 따라 한동안 여관에서 지낸 후에야 집으로 돌아왔는데, 그때에는 별로 고생했다는 기억이 없다. 이래서 그 지긋지긋한 두통은 깨끗하게 사라졌지만(그뿐 아니라 이후로는 지금까지 단 한번도 두통을 느끼지 않았다), 후각이 완전히 마비되어서 악취는 물론 어떤 향기도 느끼지 못하게 되었다.

코 수술을 마치고 직장에 복귀하자마자 그는 원산역 구내 한 구석에 있는 화물역 출장소로 전근하게 되었다. 출장소라고는 하지만 판자로 지어진 단칸 건물이었는데, 거기서 두 사람씩 24시간 교대근무를 하는 것이었다.

계급은 용인도 아니고 고원도 아닌데, 그래서 제복은 모직물로 바뀌었지만 제복의 목 부분 양쪽에 붙이는 배지는 없었다.

그야 어쨌든 거기서 하는 일이 문제였다. 제일 자주 하는 일은 원산역에 잠시 머물렀다가 지나가는 화물열차가 도착하기를 기다렸다가 열차 맨 끝에 연결된 차장차에 올라가서 차장이 내미는 송장(送狀)과 현품을 대조하고 이상이 있으면 그 소하물(小荷物)의 도착역과 발송역으로 전보를 치게 하는 것이니, 별로 자주 있는 일도 아니고 크게 신경 쓰이는 일도 아니었다.

정작 고달픈 일은 따로 있었다. 그것은 밤에 두 번씩 순찰하는 일인데, 두 사람 중 한 사람이 한 번씩 번갈아서, 1km가 넘는 거리에 있는 창고(이름만 창고이지 지붕과 기둥만 있는데다가 물건이라고는 어느

옛날 것인지도 모르는 시멘트 포대 몇 십 개가 한구석에 쌓여있을 뿐
인)까지 가서 이상 여부를 확인하고, 한 기둥에 매달아놓은 열쇠를 메
고 간 순찰기계에 나 있는 구멍에 꽂고 비튼 다음 돌아오면 되는 것이
지만, 그게 말처럼 쉬운 일이 아니었다. 그도 그럴 것이 그 가고 오는
거리야 별것 아니지만, 그 사이에는 선로가 세기도 지겨울 만큼 깔려있
는데다가 화물열차가 떼어놓은 화차(서너 량, 혹은 십 수 량이 연결된)
가 가로 놓여 있으니 이리저리 돌거나, 아니면 화차 밑을 기어서 지나
가야 한다. 날씨만 좋으면 어려울 게 없지만 비가 오는 날이면 비를 맞
아야 하고, 눈이 내리면 눈 속을 헤치며 다녀야 한다. 그게 뭐 대수냐
할지는 모르지만 눈이 여러 날 계속될 때는 먼저 내린 눈이 얼어붙은
데를 맨손으로 더듬으며 화차 밑으로 기어 다니는 사람의 고통을 남들
이 어찌 상상인들 하겠는가?

사실 이런 순찰은 아무 소용도, 필요도 없는 규칙을 만들어서 날고생
만 시키는 것이었다. 그래서 그랬겠지만 그의 동료인 일본 청년은 어느
날 밤에 그가 보는 것도 아랑곳하지 않고 순찰기계를 조작해서 순찰의
무를 다한 것처럼 만들어놓는 것이었다. 그러나 그는 그런 부정행위에
동조하지도 않았고, 부러워하지도 않았다.

그런데 그가 폐결핵에 걸린 것은 이런 고역보다도 건물 안의 비위생
적인 환경이 원인이었을 것이다. 날씨가 추워지면 으레 난로에 불을 땐
다. 순찰을 마치고 돌아오면 한참동안 언 몸을 녹이고 교대시간이 되면
잠자리에 든다. 이 잠자리라는 것이 건물 한 구석에 삼각형 다락이 있
고, 거기 이불이 있는데 얼마나 오래되었는지 솜이 이리저리 밀려서 몇
덩어리로 뭉쳐 있으니, 그걸 끌어다가 배에 올려놓고 붙잡은 채 잠을

자야 한다. 냄새를 맡지 못하는 그는 그 이불로 얼굴까지 덮고 긴 겨울을 지냈으니 가뜩이나 허약한 몸이 병에 안 걸리고 배겼겠는가?

그는 만 1년 동안 거기서 근무하고 다시 고원시험(이번에는 구술시험만)을 치르고, 마침내 고원으로 승격이 되자 제복에 빨간 배지를 달고 해변에 있는 원산 화물역에서 처음에는 발송업무로 몇 달 근무하게 되었지만, 하필이면 도착계의 사고(事故) 업무를 담당하게 되었다. 즉, 화물역에 도착한 화차 문을 열고 인부들이 부리는 화물의 이상(異常) 여부를 확인해서 이상이 있는 경우에는 발송역, 중계역, 도착역에 전보를 치게 하는 것이 임무였다. 화물을 부릴 때 일어나는 먼지를 피할 길이 없으니 어쩌면 거기에서 병을 얻었는지도 모를 일이다.

그야 어쨌든 어느 날 세수를 하다가 기침이 나서 가래를 뱉었는데 가래가 아니고 콩알만한 핏덩어리가 튀어 나온 것이다. 그래서 도립병원에 갔더니 의사가 X레이 사진을 주시하고는 '폐침윤이군' 하면서 2개월 쉬라는 진단서를 떼어주었다. 그런데 한 달을 쉬고 나니 한결 기운이 나는 것이 느껴지는데다가 고생하시는 부모님께 죄송한 생각 때문에 직장에 다시 나갔다가 얼마 지나지 않아 다시 몸이 오후만 되면 노곤해지고 만사가 귀찮아지는 것을 참지 못해 병원에 갔는데, 그 의사가 화를 내면서 '내가 한 말을 왜 따르지 않았어? 죽고 싶지 않으면 쉬어' 하고는 6개월 휴직하라는 진단서를 던졌다.

그렇게 석 달쯤 쉬고 있는 동안에 일본군이 미국 하와이의 진주만 공항을 기습, 폭격함으로써 전쟁이 시작되자 직장에서 통지가 왔다. 전쟁 때문에 일이 많아졌으니 출근을 하지 못하겠으면 사표를 내라는 것이었다.

그는 그동안에 '제3종 교원시험 강의록' 으로 준비하고 있었기에 지금이 기회라고 판단하고는 사표를 내고, 본격적으로 투병생활을 시작했다.

비극시대(1)

그가 철도국을 그만뒀을 때 어머니는 이미 떡 장사를 그만두시고 일본식 단독주택에 월세로 입주했었다. 그리고 먼 데 나가 있던 형님이 차장으로 승진해서 원산으로 돌아왔을 뿐 아니라, 결혼도 해서 윗방을 쓰고 다른 식구들이 아랫방을 쓰고 있었다.

그런데 형님 내외 사이가 좋지 않았는지 형수님은 친정에 가서 한동안 돌아오지 않곤 했다. 형님은 그렇지 않아도 원래 술·담배에 노래와 춤으로 낙을 삼던 터인데, 어떤 사고로 철도국을 사직하고부터는 자주 만취상태로 돌아와서 아래, 윗방으로 통하는 안마루에 무릎을 꿇고는 혀 꼬부라진 소리로 '아버지 어머니, 불효자식이 돌아왔습니다. 두 분 주무시는 방을 그냥 지나갈 수가 없습니다. 잠깐만 방에 들어가게 허락해 주십시오' 한다. 그러면 부모님은 '고단할 텐데 그냥 들어가 자거라' 하시지만, 형님은 막무가내로 방에 들어와 무릎을 꿇고는 술을 먹을 수밖에 없었던 사연을 설명하다가 아우가 자고 있는 것을 보고는 '야! 용복아, 너는 형이 술 먹고 주정한다고 못들은 척 자고 있는 거냐?' 한다. 아우가 마지못해 눈을 비비며 일어나 앉으면 형님은 '아버지 어머니, 저는 틀렸습니다. 용복이만 믿으십시오' 하고서야 윗방으로 들어가 쓰러진다.

앞에서 그가 본격적인 투병생활을 시작했다고 썼지만, 그의 투병생활이란 것은 별게 아니었다. 당시에는 폐병에 대한 약이 있었던 것도 아니어서 기껏해야 전지(轉地)요양이고 잘 먹고 쉬는 것이 고작이었는데, 그는 가난한 살림에 감히 그런 호강은 꿈도 꾸지 못하고 새벽에 냉수마찰과 가까운 산에 올라가 시원한 공기나 마시는 것이 전부였다. 그해 겨울에는 새벽에 일어나 찬바람을 뚫고 3km쯤 걸어서 원산과 덕원의 경계인 강(이름은 모른다)까지 가서는 강가에 얼어붙어 있는 축구공만한 돌을 강 위에 던져 얼음을 깨고는 그 얼음 구멍에 수건을 적셔서 벌거벗은 상반신을 부지런히 문지른다.

그런데 날씨가 추우니까 수건이 금방 얼어서 굳어진다. 뜻을 이루지 못한 그가 생각해낸 것은 수건 대신에 (전에 팔러 다니던) 가마 솔이었다. 그는 가마 솔 양쪽에 노끈을 달아가지고 뒷몸을 닦았고, 앞몸은 솔을 그냥 쥐고 문질렀다.

그런데 앞을 닦을 때는 솔 끝이 따갑고 뒤를 닦는 동안은 앞몸이 얼어온다. 그래서 서두르다보니 몸은 후끈거리지만, 피부에는 솔 자국에 피가 맺힌다. 그 몸이 식기 전에 돌아온다고 부지런히 걷지만 반도 오기 전에 몸이 떨리는 것이었다.

그렇게 겨울을 지내는 동안에 봄은 어김없이 찾아왔다. 폐병환자의 최대 강적은 봄이다. 봄이라는 계절의 따스한 공기 때문이다. 새벽시간에는 바람도 시원해서 기분이 상쾌하고 의욕도 생기지만, 한낮이 되면서는 공기가 후덥지근해지면서 몸이 나른하고, 졸리고, 그래서 만사가 귀찮아진다.

그러던 어느 날 그의 동창생인 김준모가 죽었다는 소식을 들었는데, 그놈은 성격이 활달하고 집안 살림도 그리 어렵지 않았는데 어쩌다가 폐가 나쁘다는 진단을 받고는 자포자기한 끝에 1년도 못가서 죽었다는 것이었다.

게다가 뒷집에 이사해 온 박중달(전에 살던 동네에서는 골목길을 사이에 둔 부잣집 아들이었다)이 죽었다고 울음소리가 동네를 흔들었다. 박중달은 그보다 한두 살이 적은 미소년이었는데, 폐가 나쁘다는 것을 알고부터는 아예 두문불출했었다. 그런데 1년쯤 지나서 조용히 죽었던 것이다.

그는 한여름 어느 날 방에 혼자 누워서 잡지를 뒤적이다가 무심코 일어나 앉아 홑바지 왼쪽 가랑이를 끌어올리고는 제 종아리를 한참 들여다보다가 왜 그랬는지 모르지만 손바닥으로 종아리를 힘껏 때렸다. 순간 종아리에 난 손자국이 창백하다. 그는 생각했다. '모세혈관에서 피가 달아났나?' 그리고는 죽음을 생각했다. '내가 준모나 중달이처럼 죽으면 이 혈관의 피도 죽어서 몸과 함께 썩어버리겠지! 내가 죽어? 하나님이 나를 세상에 내셨는데, 고작 22년을 살고 마는 인생? 그것도 고생고생 하다가 사람구실도 해보지 못하고 죽는 인생이라면 너무나 허무하지 않은가? 아니다! 하나님은 나를 사랑하신다. 열 살 때에 교회에서 예수님을 만나게 하셔서 믿게 하셨다. 그렇게 하신 데에는 무슨 목적이 있었을 터이니, 그 목적에 나를 쓰실 것이다. 그러자면 나를 죽게 내버려 두실리가 없다. 그러니까 나는 죽지 않는다. 반드시 살아남아서 하나님이 쓰시도록 자신을 다듬어야 한다.'

이렇게 마음을 다잡은 그는 더욱 부지런히, 열심히, 꾸준히 투병과 지식습득에 매진했다(이래서 이 '부지런히, 열심히, 꾸준히'는 그의 생활신조가 되었다).

사실은 지식습득이라는 것도 책이나 잡지를 사서 읽는 것이 아니라 일본에서 발간한 잡지(당시에는 〈깅구〉(킹의 일본식 표기), 〈주부(主婦)의 벗〉 등)의 재고품이 우리나라 도시의 고물상에서 파지(破紙)로 팔리고 있었는데, 그의 어머니가 지붕과 기둥만 있는 시장 안에서 고춧가루 장사를 하고 있었기에 고춧가루를 담아서 팔 봉투를 만들어드리기 위해서 그가 그런 잡지를 사다가는 우선 두고 읽을만한 데를 찾아서 접어놓고 해체해서는, 접힌 데는 떼어내고 나서 봉투를 만들어드리는 것이었다. 그것은 어머니가 방 둘과 부엌이 딸린 점포를 마련하고 떡 장사를 시작하시기 전의 일이었다(그렇게 모아서 묶은 것이 그의 지식창고가 되었을 뿐 아니라, 그의 아우에게도 유익한 읽을거리가 되었었다는 사실도 후일에 그가 들었다).

하마터면 빠뜨릴 뻔한 이야기를 여기 끼워 넣는다. 그것은 형님 덕에 살림이 좀 펴졌기 때문이었겠지만, 그는 3살 아래인 여동생의 도움을 받으며 고향에서도 10리나 더 가는 석왕사 가까이로 요양을 떠나게 되었다.

원산역에서 석왕사역까지는 기차로, 거기서 절 앞 동네까지는 버스로 갔지만, 종점에 내려서 숙소까지는 걸어가야 했다. 그런데 보통사람이면 5분도 걸릴까 말까한 거리를 그는 거의 반시간 동안 걷다가 숨이 차면 주저앉고 일어나 걷다가 힘에 부치면 또 주저앉아 쉬고 하면서 찾아갔다.

요양이라고는 하지만 무슨 영양식을 먹거나 보약 같은 것은 꿈도 꾸지 못하고, 다만 살아야 한다는 도전정신과 하나님이 필요하시면 살려주실 것이라는 믿음으로 아침 일찍, 그것도 식전에 혼자 걸어서 절 경내로 들어가는 다리를 건너면 저만큼 위에 있는 두 약수터에서 흘러온 차디찬 물이 다리 못미처에 괴어서 두 개의 깊은 소(沼)를 이룬 것이 보인다.

그는 다리를 건너서 숲을 헤치고 내려가 아래쪽 소에 알몸으로 들어앉는다. 그리고는 눈을 딱 감고 얼마 동안인지는 모르지만 참을 수 없을 때까지 이를 악물고 버틴다. 그는 10월 한 달을 하루도 거르지 않고 견딘 덕에 한결 활기를 되찾고 집으로 돌아왔던 것이다.

아마도 그 무렵이었을 것이다. 그는 실직상태였기에 교회에서 봉사하기에는 더 좋았는데, 어느 주일날 맹인이며 안마사인 S 장로의 제의를 받고 교회 건너편에 생긴 여관으로 동행했다. 그가 만난 사람은 S의 은사(S가 제1회 졸업생이라는 경성 제생원(濟生院)의 선생으로 한글에 맞춘 점자(点字)를 발명했다 함)였는데, 그가 그분에게 인사하고 '저는 말 못하는 아이들이나 앞 못 보는 아이들에 대해 아무 것도 모릅니다' 하자, 그분은 '같이 살다보면 알게 되지' 라고 한마디 던지고는 아무 말도 더 하지 않았다.

(그가 S를 돕기 시작한 것은 그보다 앞서 S가 원산맹아학원 건립기금을 마련하려고 자신의 고객들을 찾아다닐 때 동행한 것이 시초였다.)

이렇게 시작한 그는 S를 도와서 학원을 열었고 맹아 셋은 S가 가르치니 어려움이 없었겠지만, 농아 여덟을 맡은 그는 한글과 아라비아 숫자를 가르치면서 농아들의 수화를 눈여겨보며 농아들과의 의사소통에 힘쓰고 있었다.

한편 학원에서는 기술자가 와서 농아들에게 대바구니 만드는 기술을 가르쳤기 때문에 그런 시간에 그는 늦게까지 혼자 남아서 공부하는 순이가 꼭꼭 눌러 찍는 점자판을 보면서 점자를 익혔다(이때 익혀둔 점자 때문에 후일 그는 그 덕을 크게 보게 된다).

그가 관찰한 바로는 맹아학원의 설립취지가 맹아들과 농아들이 서로 도와가면서 배우라는 것이겠지만, 실제로 농아들은 맹아들이 앞을 못 보니까 저희들끼리 손짓으로 놀리는 반면, 맹아들은 농아들이 듣지도 못하고 말도 못하는 '두 가지 병신'이라고 삐쭉거린다. 어느 쪽이나 상대방은 알지도 못하는 비난을 하면서 자기 위안에 빠지는 것일까?

또 그가 확인한 사실 하나는, 맹아들은 운동이 부족한 탓이겠지만 대체로 근육이 발달하지 못한 반면에 신경이 매우 예민하지만, 농아는 그와는 반대로 근육은 발달했어도 신경이 둔하다.

한 예를 들면 '선생님!' 하고 부르는 경우에 맹아는 작은 목소리로 부르지만, 농아는 선생이 자기를 보고 있지 않을 때는 대개 선생의 어깨를 탁 친다. 그것이 선생으로서는 기겁을 할 만큼 아프다(농아로서는 단지 '나 좀 보세요' 하고 건드렸을 뿐이겠지만).

이런 환경에서 그가 일하기 넉 달쯤 지난 어느 날 농아들이 그를 에워싸고 불만을 호소하는 일이 벌어졌다. 한 아이는 원장이 제 뺨을 때렸다면서 울먹울먹한다. 사연인즉 자기는 한 맹아를 살짝 건드렸을 뿐인데, 그 아이가 원장에게 고자질한 것을 원장이 곧이듣고는 자기를 때렸다는 것이다.

그는 격분한 나머지 원장에게 항의하고는 사퇴하고 말았다. '농아는 내 책임인데 아무리 원장이라도 담임도 모르게 때릴 수가 있습니까?' 하는 것이 그의 '사퇴의 변'이었다.

비극시대(2)

일본이 전쟁을 일으켜(그것도 기습적으로) 처음에는 승승장구하는 듯했지만 전선이 광범위해짐에 따라 수세에 몰리게 되자, 우리나라 젊은이들을 징병, 징용으로 끌어갈 뿐 아니라, 정신대라는 명분으로 꽃다운 처녀들까지 동원하는 비상시국에 있었던 일이다. 한 청년이 철도국에 5년 동안 근무하다가 폐결핵 때문에 물러나서는 허송세월을 하고 있었는데, 하루는 그의 형이(이 역시 무직상태였다) 밖에서 돌아와 하는 말이 '현원징용' 이라는 이름으로 문평(원산에서 30리 거리에 있는 소읍) 바닷가에 세워지는 제철소에서 일할 사람을 모집한다더라며 '너나 나나 일본으로 끌려가지 않는 방법은 이것밖에 없다' 는 것이었다.

그는 즉시 친구인 P에게 알려서 셋이 같이 지원한 결과 집에서 기차로 통근하기 시작했는데, 형제는 철도국 근무의 경력 때문에 운수과에 배속되었고, P는 간판점에서 일한 경력으로 건축과에서 일하게 되었다. 하지만 아직은 토목공사가 한창이었기 때문에 건축과 사람들은 일 거리가 없어서 너나 할 것 없이 사무실에 멀거니 앉아있기보다는 여기저기 현장을 둘러본답시고 밖으로 나돌거나 어느 창고에 숨어서 낮잠이나 자는 것으로 시간을 때우는 형편이라 P는 지루한 나날을 하품으로 보내는 반면에, 그는 고로(高爐)까지 연결된 철로로 운반되는 원료(철광석, 석회석, 코쿠스)의 하차(下車)를 담당하느라고 한참씩 비지땀을 흘려야 했다.

그도 그럴 것이 이 철로는 애당초 고로 앞에서 원료를 쏟아놓기 위해서 설치한 것이니 지면보다 적어도 1m는 높게 해야 한다. 왜냐하면 석탄이나 모래처럼 포장하지 않은 화물을 운반하는 화차는 싣기 좋도록 뚜껑이 없고 부리기 좋도록 양 옆을 들어서 적재물이 저절로 쏟아지도록 만든 화차가 따로 있으며, 그런 화차만 드나드는 선로는 당연히 지면보다 높게 설치한다.

이런 사정을 잘 알고 있는 그로서는 선로가 평지에 설치된 것부터가 불만인데다가 짐을 부리기 위해 이리저리 뛰어다녀야 할 뿐 아니라 쏟아진 것들이 선로 위에 수북이 쌓여있으니 그걸 삽으로 밀어내야 한다. 아무도 돕는 사람이 없으니 혼자 해야 되는데, 기관사는 빽빽 기적을 울려댄다.

간신히 화차가 빠져나가면 그는 그제서야 숨을 제대로 쉬며 이마의 땀을 닦는다. 그러던 어느 날 또 이런 일을 당하고는 하도 화가 나는 바람에 자제력을 잃고 들었던 삽을 팽개쳤다. 그런데 공교롭게도 그 꼴을 사무실에 앉아있던 상사가 보았던 모양이다. 그는 그런 줄도 모르고 사무실에 들어섰는데, 상사가 다짜고짜 그의 뺨을 때린다.

상사는 일본에서 대학을 나온 사람이지만, 나이는 그와 동갑이었다. 부하의 뺨을 때리고 나서 어떤 감정이 북받쳤는지 책상에 머리를 박고 어깨를 들썩인다. 그는 형의 권유에 따라 상사에게 사과했다. 이것이 그 시대 청년들의 삶의 한 단면이었던 것이다. 그는 이 일을 통해서 어떤 경우에도 짜증을 내서는 안 된다고 단단히 결심한 덕에 자기감정을 조절하면서 살 수가 있었다 한다.

그것은 어쨌든지 정작 그에게 일평생 고통을 안겨주게 된 사건은 그후 한 달도 못되어 일어났다. 따귀사건 직후에 그는 인사과로 옮겨졌는데, 어느 날 밤에 직원 셋이 조용한 사무실에 다시 나와서 일을 하게 되었다. 그 일이라는 것이 사실은 남이 모르게 현원징용자 2천여 명의 명부를 작성하는 것인데, 낮은 천장에는 백 촉짜리 전등이 반사용 갓까지 쓰고 매달려서 강렬한 광선과 열기를 뿜고 있다.

그들은 그 밑에서 미농괘지 4장 사이에 카본 석 장을 끼우고 게다가 (종이가 찢어지지 않게) 셀로판지를 덮은 상태에서 철필로 꼭꼭 눌러가며 명부를 작성한다. 그러니 저절로 눈이 부실 수밖에 없다.

일을 마치고 시계를 보니 4시였다. 그는 바로 기숙사로 돌아가 자리에 쓰러졌다가 6시에 일어났는데, 눈이 모래알이라도 들어간 것처럼 따끔거린다. 거울을 들여다보니 흰자위에 깨알 같은 것이 깔려있다. 그 눈을 껌벅거리며 출근하니 다른 두 사람의 눈은 멀쩡하다. 다른 사람은 괜찮은데, 왜 그만 그랬을까? 아마 그의 눈이 너무 예민했던 탓이었을 것이다(그의 시력은 양 눈이 2.0이었다). 이때의 타격으로 그는 직사광선을 견디지 못해 겨울에도 선글라스를 걸치고야 외출을 하는 신세가 되었다.

그는 기숙사에서 P와 둘이서 한 방을 쓰고 있었는데, 어느 날 상사인 도(都) 씨(간부사원용 사택에 입주해 있었다)가 그를 만찬에 초대하고는 이런저런 이야기를 하다가 "자네는 아무리 보아도 고아원을 할 사람 같아. 내가 사업을 해서 뒤를 대고, 자네는 원장이 돼서 고아들을 잘 길러주면 좋겠어" 하는 것이었다.

교육자가 되겠다고 이미 자격증도 받아놓고 있는 그로서는 뜻밖의 제의였지만 학교 선생이나, 고아원 원장이나 어린이를 바른 길로 인도하는 책임과 보람은 같은 것이라는 생각을 하게 되었다.

그가 17살부터 시작한 주일학교에서의 봉사는 기숙사 생활에 들어가면서 못하게 되었던 것이다.

비극시대(3)

제철소에서 연중무휴로 일은 하지만, 출퇴근을 하는 사람이나, 기숙사에서 숙식을 해결하는 사람이나 한번도 돈을 받은 기억이 없으니, 이는 취직이 아니라 징용이 분명했다.

그러던 어느 날 '제철소 준공 1주년 기념축제'가 열린다는 광고가 나붙었고 마침내 예고된 날짜가 되자 가설무대에서 행사가 진행되었는데, 그가 기억하는 것은 자기 형이 두 번이나 무대에 올라 첫 번에는 일본 가요 '그림자를 그리며'에 맞춘 독무를, 그리고 두 번째에는 아프리카 토인으로 분장한 20여 명을 거느린 추장으로 등장해서 군무를 연출하는 장면들이다.

그는 정말 형을 다시 보게 되었다. 술 잘 먹고 놀기 좋아하는 한량쯤으로 생각했던 형이라는 인식이 일소되고, 저런 재능을 꽃피우지 못하는 희생자로 보여서 측은하고 속이 상했다.

그 여름이 다 지날 무렵인데, 그는 공교롭게도 학질에 걸렸다. 지금은 사라진 것 같지만 그 시절에는 참 많이도 사람들을 괴롭혔었다. 학질은 '하루걸이'라고 했는데, 걸렸다 하면 영락없이 덜덜 떨리면서 신열이 난다. 이불을 덮어쓰고 몇 시간을 떨고 나면 이튿날은 열도 없고 떨리지도 않지만, 기운이 빠져서 꼼짝도 하기 싫어진다.

이렇게 한번 겪는 것을 '한 축'이라고 하는데, 그는 네 축을 당하게 되었으니 기진맥진한 상태였을 밖에. 그런 상황에서도 그는 퇴근한 형이 정상이 아닌 것을 느꼈다. 형은 약간 술에 취해 있었지만, 다른 때와는 다르게 탈진한 듯했다.

형은 묻지도 않았는데 혼잣말처럼 오늘의 경위를 소상하게 설명한다. "네가 출근하지 말라고 했지만 나는 오늘 꼭 해야 할 일이 있어서 그걸 처리하고는 조퇴하고 역까지 나왔어. 그런데 거기서 철도국 친구 하나를 만났지 뭐냐? 그놈이 오래간만이라고 딱 한잔만 하자고 술집으로 잡아끄는 바람에, 사실 술은 얼마 안마셨어. 미안하다"고 하고는 입은 채로 쓰러져버렸다.

형제가 나란히 누워서 밤새 끙끙 앓았는데, 그는 아침에 정신이 들었지만 형은 인사불성이었다. 그는 서둘러 가까운 병원에 달려가서 의사를 모시고 왔는데, 진찰을 마친 의사가 묻는 말이 "이 사람 머리가 좋지?" 한다. 그가 수긍하자 "그럼 뇌막염이야. 누가 묻거든 오카자키가 결핵성뇌막염이라고 진단했다고 말해" 한다. 그가 입원시키겠다고 하자, 입원실이 없다고 잘라버린다.

그날 누가 손을 썼는지 작은 누이가 입원중인 구세병원으로 간다고 어머니가 그의 형을 부축해서 밖으로 나갔다. 그런데 그는 겨우 몸을 일으켰지만 거들지도 못하고 창틀에 기대어 밖을 내다보니 인력거 한 대가 있는데, 인력거꾼이 형을 태우다가 형의 다리가 구부러지지 않는 걸 억지로 눌러서 태운다.

인력거가 골목을 빠져나가는 뒷모습을 바라보다가 힘이 빠진 그는 더는 서있지 못하고, 방에 들어와 자리에 쓰러진다.

정신은 맑았다. '형님이 나를 무척 사랑했는데, 내가 H 선생님의 노여움을 샀다니까 형님이 선생님께 용서해달라는 편지를 올렸다지. 내가 축농증으로 고생하는 걸 알고는 수술할 방법도 알려주었어. 내가 집에서 무료하게 지내는 것이 안타까워서 술값을 아꼈는지는 모르지만, 그 비싼 포터블 축음기를 사다놓고는 자주 틀어주었지. 내가 그 덕에

‘아베 마리아, 트로멜라이, G선상의 아리아같은 명곡의 바이올린 연주와 김자경, 김천애, 현제명 그리고 이름은 잊었지만 베이스 아무개의 혼성 4중창인 찬송가 몇 곡도 많이 들었지.’ 그는 이렇게 중얼거렸다.

그의 형은 그날 구세병원에 입원은 했지만, 이튿날 결국 운명하고 말았다. 그런데 엎친 데 덮친다고 그 병원에는 얼마 전부터 그의 손위 누이가 ‘장간종양(지금의 장암?)’ 진단을 받고 입원중이었는데, 형이 사망한지 1주일 후에 누이마저 사망했다. 이 일은 누구보다도 그의 어머니에게 큰 타격이 되었다. 그도 그럴 것이 7남매 중에서 제일 잘생기고 똑똑한데다가 재주도 뛰어난 남매를 연이어 잃은 것도 원통한데, 출가외인인 딸이 아들 못 낳고 딸을 낳았다고 한 겨울에 산실에 불도 때주지 않아서 몸조리도 못한 탓에 병을 얻었다. 그런데 무지막지한 시집 식구들에게 쫓겨나는 바람에 아들이 낮에 제철소에서 일한 몸으로 밤마다 병원까지 10리가 다 되는 데를 걸어가서 밤새 보살피느라고, 과로에 수혈까지 한 끝에 병이 나서 죽었다고 생각하니 얼마나 속이 아팠을까!

그러나 이런 생각은 나중에 한 것이고 형의 시체를 처리하는 일이 급했다. 그는 형의 시체를 자신이 학교에 다닐 때 가끔 친구들과 어울려 놀곤 했던 학교 근처의 언덕배기 공동묘지 맨 아래쪽 남향받이에 묻으면서 형의 유품 두 가지를 관 속에 넣었다.

그 중 하나는 형이 그토록 좋아했던 현대무용에 관한 스크랩북이고, 또 하나는 32매짜리 공책에 여백도 없이 빼곡하게 연필로 써놓은 소설이었다. 그는 매장 전날 밤 늦게까지 그 소설을 단숨에 읽었는데, 그 줄거리를 팍 줄여서 말하면 다음과 같다.

C라는 소년이 어느 여름날 명사십리 푸른 바다에서 수영을 즐기고 있었는데, 그 시점에 한 미국 선교사의 외동딸이 어쩌다가 익사 직전인 것을 구해주었다. 선교사가 C를 미국에 데리고 가서 C의 소원대로 무용공부를 시킨 결과 세계를 무대로 순회공연에 나섰다. 한편, 선교사의 딸은 유명한 피아니스트로서 역시 유럽 각국을 순회하던 중 수년 동안 만나지 못했던 두 사람이 파리의 어느 극장에서 관중들의 열렬한 박수갈채를 받으며 뜨겁게 포옹함으로써 피날레를 장식한다는 다분히 낭만주의적인 소설이었다.

이것은 그가 후일에 그의 아우에게서 들어 안 일이지만, 사실은 그 소설의 첫 장면은 형의 체험 그대로이고, 그 다음은 모두 형의 희망사항이라는 것이다. 형은 미국행을 간절히 원했지만 신앙을 갖기 이전이었던 어머니는 맏아들을 이역만리로 보낼 수가 없었던 것이다. 그토록 아꼈던 맏아들을 잃었으니 그때 미국으로 보내지 않은 자신을 얼마나 자책하셨을지 짐작하고도 남는 일이 아닐 수가 없다.

가뜩이나 몸이 약하셔서 여름이면 위경련으로 으레 한 차례씩 고통을 당하시면서도 병원 한 번 못가시고, 약도 쓰지 못하신 분이 갑자기 눈까지 어두워지고 자리에서 일어나지 못하시는 날이 잦아졌다.

한편 그의 아버지는 여전히 건강하셔서 '원산제재소'가 가동하기 시작해서 16년 동안 연중무휴로(낮에만) 일하는 사이에 하루도 결근한 적이 없이 근속하셨지만, 일본의 패전에 따라 제재소가 문을 닫는 날 실직자가 되셨다.

붉은 먹구름 밑에서

날은 밝았는데 (1)

그를 포함한 우리 겨레가 일제의 폭압 속에서 신음하는 참상을 하나님이 불쌍히 여기시고 살 길을 열어 주셨으니, 그것이 바로 1945년 8월 15일 정오에 방송된 일본 천황의 항복과 대한민국의 광복이었다.

그런데 이렇게 감격스럽고 기쁨이 넘쳐서 날뛸만한 날에 웬일인지 원산 시내는 조용하기만 했다.

이런 분위기 속에서 그는 P를 찾아가서 함께 거리로 나섰다가 시 외곽에 있는 사설공원을 구경하던 중 어떤 젊은 부부가 집을 잃은 어린 아이 몇을 보살피는 광경을 보고는 그들과 말을 주고받았다.

그리고 그 현장에서 우리도 이런 일을 해야 된다고 두 사람이 결의(結義)를 한다. 그러나 그것은 마음뿐이지 필요조건은 아무것도 준비되어 있지 않았다.

이튿날부터 눈에 띄는 것은 공산주의자들의 활동뿐 두 사람을 위한 무대는 그림자도 보이지 않았다. 무대가 없는 배우의 마음처럼 공허감을 감당하지 못하고 있던 그에게 하나님은 이미 길을 열어두셨다. 그는 누가 주선했는지도 모른 채 자기 고향인 안변군 석왕사면 금리에 살면서 전에 면장이었던 김노인을 남산역 대합실에서 만나게 되었는데, 그분은 그의 형의 이름을 대면서 "자네가 그 동생인가?" 하더니 남산학교 선생 몇이 떠났고 일본인 교장도 도망했으니, 자네가 교장 사택으로 솔가해서 일해 달라는 것이었다. 그날이 9월 7일이었다. 이렇게 돼서 그는 9살에 떠났던 고향에 17년만에 가족과 함께 되돌아왔다.

9월을 신학기로 시작한 남산인민학교는 한 학년이 한 반뿐인 그래서 전교가 6학급인 시골학교로 50대인 교장(B) 밑에 전에 일하던 교감 그리고 그가 신임 교무주임으로 일하게 되었는데, 교원자격을 가진 사람은 교장과 그뿐이었다.

신학기가 시작되자마자 가을 운동회 준비가 시작되었고, 드디어 당일이 되자 그는 사무실에 있는 고성능 앰프와 마이크를 이용해서 운동회 분위기를 고조시켰다. 그리고 운동회를 치르고 나서는 학예회를 열었는데, 그는 프로그램을 짜는 것은 물론 '농부의 4계절'을 무용화해서 관중들을 환호하게 했다.

이때 풍금을 잘 치는 A 선생의 적극적인 협조를 받았다. 그뿐 아니라 곧 이은 겨울방학 동안에는 학예회 때 인기가 있었던 프로그램을 가지고 학교를 중심으로 사방에 흩어져 있는 6개 마을을 순회공연 하는데, 마을 청년들이 가설무대를 미리 만드는 등 협조를 잘해주어서 참 즐거웠다.

그런데 순회공연 때에 관중 맨 앞자리에 자주 나타나는 두 처녀가 있었다. 한 사람은 얼굴이 유난히 희고 복스럽게 생겨서 그에게 호감을 주었고, 다른 한 사람은 얼굴은 여위었어도 지적인 인상인데, 전자는 B 교장의 집안 처녀이고, 후자는 남산학교 선생이었다가 광복과 동시에 그만두고 학교에서 가까운 윗마을에서 돈놀이를 하는 늙은 아버지와 부녀 단 둘이서 사는 처녀라는 것이었다(1년쯤 지난 후의 일이지만 그가 호감을 가졌던 처녀는 부잣집 아들인 A 선생과 결혼했지만, 남편이 남몰래 이남 방송을 들은 죄(?)로 희생되는 바람에 청상과부가 되었다는 소문이 들렸다. 이 무렵에 B 교장의 아들도 붙들려갔는데, 그 이유는 B 소년이 공회당 옆을 지나가다가 유리창으로 안을 들여다보더니 두 손가락으로 총 쏘는 시늉을 했다는 것이다. 죄목은 벽에 걸려있는 '스탈린 대원수와 김일성 장군'의 사진을 겨냥했다는 것이다. 이 일로 B 교장은 쫓겨났고, 아들을 면회하러 신의주까지 갔지만 헛걸음이었다고 한다).

한편 B 처녀는 남산을 떠나 원산으로 이사했는데, 그의 학부형회 회장을 통해서 자기 집에 그를 초대했지만 그는 그녀를 가까이서 보고는 몸이 약해 보인다며 다시는 만나지 않았다. 그런데 그의 본심은 그녀의 부친이 돈놀이를 한다니까 '고리대금'이라는 부정적 개념에서 싫었던 것이다(그러나 후일에는 자신이 옹졸했음을 깨닫는다).

겨울방학 동안에 남산학교 선생들은 학부형들의 초대로 푸짐한 만찬을 즐기는 일이 이어졌는데, 어느 집에 가서나 듣는 인사가 "교장선생님이 만날 때마다 선생님들 칭찬을 어찌나 하는지 참 수고가 많지요?"라는 말이었다. 그는 교장선생님이 참 지혜롭다는 생각을 한다.

한번은 어느 큰 기와집에 갔는데, 저녁 준비가 덜 되었으니 우선 요기나 하라면서 내온 것이 하얀 인절미에 노란 꿀이었다. 그는 처음 먹어보는 그 맛에 '세상에 이렇게 맛있는 것도 있구나' 했다. 그리고는 '내가 네 살이나 다섯 살 때에는 이 집처럼 큰 기와집에 우리 할아버지가 사셨는데, 뒤뜰에 어린 감나무가 많았지' 하고 회상했다.

겨울방학이 지나고 봄이 되자 그의 아버지는 원래의 솜씨로 학교 소유인 넓은 밭에 농사를 시작했고, 학교 후원회 총무가 다달이 식량을 갖다 주었기에 월급은 없었어도 생활에는 불편이 없게 되었다.

한편 그는 그 무렵부터 교무실에 있는 이희승의 《국어사전》과 《한글

맞춤법통일안》, 《표준어사전》에 주야로 매달렸다. 그래서 선생들 사이에서 '한글박사' 라는 말도 들었다.

그가 맡은 반은 5학년이었는데, 시골 남자아이들이라 굵직굵직했다. 그가 하루는 수업중 무슨 볼일이 있어서 교무실로 가면서 조용히 자습하라고 아이들에게 이르고 다녀왔는데, 그 사이를 참지 못한 아이들은 난장판을 벌이고 있었다. 그는 아이들이 조용해지기를 기다렸다가 교단에 올라가 대자를 들고 일부러 목소리를 낮추어서 말했다. "내가 너희들을 믿고 다녀왔는데, 너희들은 내 말을 어기고 조용하게 공부하지 않았어. 이건 내가 너희를 잘 가르치지 못한 탓이니까 내가 벌을 받아야 해. 그렇다고 너희들 보고 나를 벌해달라고 할 수는 없으니 내가 나를 벌한다" 하고는 그 대자로 자신의 다리를 몇 번 후려쳤다.

그러자 깜짝 놀란 아이들 중에서 앞자리에 있던 아이 몇이 튀어나와 대자를 빼앗았다. 그것으로 상황은 끝났는데, 이후로는 아이들의 태도가 달라졌다.

사실 그가 이런 태도로 아이들을 변화시킨 것은 그의 창작이 아니라 언젠가 어느 잡지에서 읽은 이야기 덕이었다. 그 이야기란 것은 일본의 기독교계 대학인 도오시샤(同志社) 대학의 아리시마(有島) 학장이 학생들의 집단항의에 대해서 운동장 지휘대에 사쿠라 지팡이를 들고 올라가서는 자기의 책임이라면서 그 지팡이로 자기 다리를 때림으로써 학생들을 감동시켜 문제를 조용히 해결했다는 것이었다.

날은 밝았는데 (2)

빠뜨린 이야기가 있는데 이쯤에서 끼워 넣어야겠다.

사실은 김면장님의 요청으로 그가 남산학교에 부임했지만, 식구들이 이사하기 전 한 동안은 기차로 출퇴근했었다.

어느 날 원산역에서 기차를 타고 갈마, 배화역을 지나 안변역으로 가는 동안인데, 그가 탄 객차로 한 열 살쯤으로 보이는 사내아이가 들어오더니 두 손을 모아 승객들 앞에 내밀면서 구걸하는 모습이 보였다.

그가 그 아이를 주목했더니 낡아빠진 까만 옷에 깨알 같은 이가 여기저기 붙어있다. 이가 얼마나 많으면 바깥에까지 나와 돌아다닐까 하는 생각이 들어서 그는 벌떡 일어나 그 아이 곁으로 가서는 아이의 어깨에 손을 얹고 물었다. '어디서 오느냐?', '아버지, 어머니는?', '어디로 가느냐?'

그는 아이에게서 들은 사정을 승객들에게 들릴 만큼 목소리를 높여서 전하면서 도와달라고 했다. 그것은 기차가 안변역을 떠나 다음역인 남산역에서 그가 내릴 때까지 객차 두 칸밖에 안 되는 동안이었지만, 그 아이는 큰 도움을 받았다. 하나님은 그가 고아에게 관심과 애정을 갖도록 이런 기회를 주셨던 것이다.

다시 시련 속으로

그가 교사로 일하기 시작한 후 1년 동안은 마치 날개에 힘이 붙어 창공을 날아오르는 새처럼 행복했지만, 시대상황은 그를 그냥 두지 않았다.

그가 다음해 가을에는 6학년을 담임하고 교무주임으로서 선생들의 연구수업을 계획해서 교감을 필두로 차례차례 수업참관에 이은 비평회를 가졌는데, 그의 냉정한 비판 때문에 여선생 셋은 즉석에서 울었으며, 역사를 가르친 5학년 담임인 김진성 선생이 당일에는 아무 말도 없다가 이튿날 직원 조회 시간에 벌떡 일어서더니, "이선생님의 비평을 들으니 교단에 올라설 자신이 없어졌습니다. 오늘 사퇴하겠습니다" 하는 바람에 두 사람 사이에 설전이 벌어졌다가 교감의 중재로 정리가 되었다.

그런 일이 있은지 얼마 지나지 않아 겨울방학을 앞두고 군청에서 시학(장학사)이 왔다. 시학은 그의 책상 다리에 매달린 '연구수업 개요'를 살펴보고는 "모든 교육행정은 이렇게 기록으로 남겨야 합니다" 했고, 선생들이 내놓은 '학생생활기록부'를 들춰보던 중 그가 쓴 것을 지적하면서 "생활기록부는 이렇게 구체적이어야지요. 이선생님은 김제국이라는 학생이 '나무를 잘 타고 까치집을 턴다'고 썼어요"라고 말했다.

시학은 이내 숙직실에 들어가 앉아서 선생들과 개인면담을 시작했는데, 그것은 물론 '심사'였던 것이다. 그런데 김선생이 들어간지 10분쯤 지나서 나오더니 그에게 들어오란다고 일렀다.

한복 두루마기를 입은 그가 시학 앞에 가부좌를 틀고 마주앉아 거의 40분쯤 토론을 전개한다. 쟁점은 종교문제였다. 시학은 그에게 기독교 신앙을 가진 선생이 어떻게 유물사관(唯物史觀)에 입각한 역사를 가르치느냐는 것이었고, 그는 어려서부터 믿어온 신앙인으로서 신앙과 정반대되는 유물론을 받아들여 하루아침에 전향할 만큼 순발력이 없으니 고민할 시간이 필요하다는 취지로 답변한다.

사실 그 시학은 군내에서 이렇다 할 부잣집 아들로 일본 유학을 한 사람인데다가 B 교장이 물러난 자리에 새로 온 A 교장의 매부였다.

그런데 이 면담의 결과라기보다는 그날 저녁에 그의 집에서 열린 만찬회에서 일이 터졌다고 보아야 하겠다. 사건의 전말은 이렇다. 만찬 상에는 교장이 빠진 전 직원(선생 6명과 사무직원으로 일하기 시작한 그의 아우까지)과 시학이 둘러앉았는데, 교감이 술잔을 들면서 시학의 수고에 감사하는 뜻으로 잔을 들자고 제의하자, 모두가 술잔을 드는 순 간에 그는 제 앞에 놓인 술잔을 상 아래로 내려놓았고, 그의 건너편에 앉았던 그의 아우도 형을 따랐다. 그러니 시학이 묵과할리가 없다.

시학의 항의에 대해 그는 술을 못 마시니까 잔을 치웠을 뿐 다른 뜻 은 없다고 변명했지만, 시학은 자기가 이런 대접을 받는 것은 모욕이라 면서 자리에서 일어나 나가버렸다. 그러니 만찬회는 안한 것만도 못한 결과를 빚었다(이 일로 그는 '금주'를 재고하게 되었고, 술에 대한 생 각에도 변화가 일어난다).

겨울방학이 지나고 봄 학기가 시작된 어느 날 단 둘이 있을 때, A 교 장이 그에게 말했다. "이선생은 아무래도 인민학교보다는 중학교에 맞 을 것 같으니 내가 시학에게 말해서 안변중학교로 가게 해보겠소." 이 래서 그는 교장의 위로에 일말의 희망을 걸었다.

여명인가?

사람이 바쁘게 살거나, 한가하게 살거나에 상관없이 세월이라는 시 간은 제 갈길로 흘러가게 마련이다. 그가 선생으로서 하루하루를 바쁘 게 살다보니 자신이 폐결핵환자라는 것을 인식할 틈도 없었고, 사실 힘 들거나 피곤도 느끼지 못했던 것이다. 그렇게 두 번째 겨울방학이 지나 고 두 번째 여름방학을 맞이했을 때, 면 내 교사들이 남산학교에 모이 는 연구발표회가 열렸고, 그의 동료 한 사람이 산술(수학) 교수법을 발표하는데 더운 날씨에다 햇빛이 쏟아지는 교실에 가득 찬 선생들의 훈김 때문에 꾸벅꾸벅 조는 사람이 많았다.

조금 쉬고 나서 교단에 올라선 그는 대뜸 "저는 꼬불통 장숩니다. 준비한 꼬불통을 다 펴 놓을테니 골라 가십시오. 그러나 마음에 드는 것이 하나도 없거든 꼬불통을 내 얼굴에 던지고 얼어서십시오"라고 해서 폭소가 터졌다.

여기서 '꼬불통'을 모르는 이들을 위해 설명할 필요가 있겠다. 옛날에는 담배를 피우는데 있어서 두 가지 도구가 있었는데, 긴 것(장죽)은 양반용이고 짧은 것(곰방대)은 서민용이었다. 꼬불통이란 곰방대 끝에 ㄴ자로 된 유기 또는 사기 부분인데, 사기로 된 것은 쉽게 깨지기 때문에 자주 갈아 끼워야 한다. 따라서 장날 장터에는 꼬불통 장수가 판을 벌이게 마련이었다.

이 일로 인해 그는 한동안 '꼬불통 선생'이라는 별명을 얻었다. 그가 발표한 것은 '글짓기'였다.

그 다음에는 석왕사학교에서 역시 면 내 교사들의 연구발표회가 열렸는데, 그의 비판정신이 또 입을 열게 했다. 그 중 하나는 전시된 십여 장의 그림에 파란 물감을 안개처럼 뿌린 것이 그의 비판 재료가 되었다. 학생들의 생생한 그림에다 선생이 물감을 뿌렸든지, 학생들에게 뿌리게 했든지 이렇게 산 그림을 죽여 놓았느냐는 것이었다.

또 한 가지는 교실에서는 비평회를 열고 있는 이 시간에 하필이면 운동장에서 무슨 경기를 벌여 떠들썩하게 함으로써 실내 분위기를 망치는 것은 학교 당국의 무신경이 아니냐는 것이었다.

그는 자신의 이런 행동이 어떤 화를 자초하는 것인지도 생각하지 못하고 다만 교사로서의 양심에만 충실했던 것이다.

이 무렵에 그는 두 다리의 무릎이 뻐근한 날이 며칠씩 계속되는 것을 느끼게 된다. 그러던 어느 날 후원회 총무(그가 담임한 한 학생의 형이기도 했다)가 그에게 이런 제안을 했다. "이선생님, 내가 겉으로는 튼튼해보여도 사실은 그렇지 못해요. 그래서 이번 방학 동안에 양덕온천에 가서 요양을 좀 하고 싶은데, 선생님도 같이 갑시다. 비용은 걱정 마십시오."

이렇게 되어서 그는 양덕온천 어느 여관에 머물면서 매일 온천에 들어앉아 주로 쏟아지는 온천수를 무릎에 맞았다.

그렇게 보름 동안 호강하는 중에 하루는 총무가 진지한 표정으로 그에게 하는 말이 "이선생님은 아무리 보아도 고아원을 할 사람이라는 생각이 들어요" 하는 것이었다.

이로 인해서 그는 제철소 시절에 도씨가 한 말이나 해방되던 날에 개인공원에서 고아들을 돌보는 젊은 부부를 부러워했던 기억이며, 객차 안에서 우연히 만난 한 고아를 도와준 일까지 생각이 이어지면서 이는 하나님의 계시인가를 골똘히 생각하게 된다.

시련은 이어지고

그와 C 총무를 태운 기차가 안변역에 정차하자 우르르 들이닥친 승객들은 같은 또래로 보이는 청년들이었는데, 좌석이 없으니까 선 채로 떠들다가 그 중 한 사람이 그를 알아보고 하는 말이 "오늘 군청에서 인사이동이 발표됐는데, 이선생님도 들어 있던데요"라는 것이었다. 그는 A 교장이 한 말이 생각나서 희망을 가졌지만, 그것은 일순간이었다.

"용지원으로 가실걸요"(용지원은 철도로는 남산역 다음이지만, 학교는 역에서 한참 떨어진 오지에 있었다).

이렇게 되어서 그는 새 학년부터 용지원인민학교 6학년 담임으로 근무하게 되어 집(교장 사택을 내주고 농토 한 구석에 있는 전 농장주인 일본인이 살던 집으로 이사했다)에서 기차로 통근하기 시작했는데, 그와 동갑인 K 교장이 "몸도 건강하지 못한 듯한데 기차 통근을 어떻게 하겠느냐"며 사택에서 같이 지내자는 그의 친절에 따르게 되었다.

그런데 문제가 생겼다. 가뜩이나 위장이 약한 그가 매일같이 설사를 하니, 아마 물이 나빴던 모양이다. 그런 그에게 구원의 손길이 나타났다. 그의 당숙(해방 전에 용지원 역장을 지냈고 후일 경주에서 그와 동고동락한 분)의 사돈이며, 그가 담임한 한 학생의 아버지가 학교로 찾아와서 자기 집에 기거하라는 것이었다. 그는 그 친절도 받아들였다.

그때가 마침 가을 수학여행 철이었기에 그는 매일 방과 후에는 학부형들을 설득하기 위해 가을걷이에 바쁜 학부형들을 밭으로, 논으로 찾아다녔다. 어쩌면 일생에 한번 뿐일지도 모르는 기회니까 졸업 기념으로 금강산 구경을 시켜주자는 것이었다.

사실 그는 금강산 구경을 네 번이나 했기에 중국 어느 시인이 '세상에 태어나서 금강산을 한번 보는 것이 소원이라' 고 했다는 이 명산을 어쩌면 영영 구경하지 못할지도 모르는 벽촌 어린이들에게 꼭 체험하게 하고 싶었던 것이다.

그가 금강산에 대해 애틋한 사랑을 간직하게 된 것은 특히 네 번째 갔을 때의 체험 때문이다. 그때는 같은 조선 사람인 동료와 단 둘이서 전날 밤 막차로 고성(친척이 있다기에)까지 가서는 잠깐 눈을 붙였다가 새벽 4시발 첫차로 외금강역으로 되돌아와 여명 속을 걸어서 신계사, 구룡연을 거쳐 비로봉(금강산의 최고봉)에 이르니 정오가 되었다. 점심은 어떻게 해결했었는지 기억은 못하지만, 비로봉에서 바라보이는 울퉁불퉁한 운해(雲海)를 뚫고 삐죽삐죽 솟아오른 시커먼 산봉우리들과 뒤를 돌아다보았을 때 가까운 봉우리에 빼곡한 소나무 사이에 끼어있는 하얀 자작나무가 이채로웠다. 그날이 10월 1일이었다.

거기서 만물상 쪽으로 내려온다고 뒷길로 접어들어 '마의태자의 묘'를 거쳐서 계속 내려오는데, 만물상으로 빠지는 분기점을 찾지 못해 마냥 내려갔더니 엉뚱하게도 내금강 쪽인 봉전(逢田)이라는 표지판이 보였다. 공교롭게도 두 사람과 같은 처지가 된 사람들이 여럿 있었는데, 아마도 그래서 마음 놓고 내려왔던 모양이었다.

날은 이미 어두워졌다. 모두들 당황해서 주먹보다 굵은 강돌이 좍 깔린 신작로를 거슬러 뛰기 시작했다. 간신히 고개를 넘으니, 이번에는 손바닥만한 험한 돌들이 깔려있어서 발바닥을 콕콕 찌른다(그는 먼 거리를 생각해서 일부러 운동화를 신고 갔었다).

일행이 만물상의 중심인 육화정(六花亭)에 도착했을 때는 7시가 훨씬 넘어 있어서 사방은 캄캄했다. 사람들이 웅성거리는 가운데, 그는 정자 기둥에 걸려 있는 비상전화를 발견해 버스를 불렀다.

마침내 헤드라이트를 번쩍이며 버스가 올라오자 환호성이 터졌다. 그렇게 해서 외금강 역에 뛰어든 일행이 막차에 오를 수 있었는데, 그가 자리에 앉자마자 느낀 것은 온종일 그렇게도 시원했던 코가 다시 막히기 시작한 것이었다(그는 축농증 때문에 늘 코가 막힌 상태로 지냈다).

그의 뇌리에 새겨진 금강산은 봄날의 햇살이 울창한 소나무의 새순에 반사되어 발산하는 찬란한 광채(그래서 금강산金剛山 – 금강석 즉, 다이아몬드)요, 가을에는 만물상의 새빨간 단풍터널(그래서 풍악산楓岳山)인데, 그래서 어렵사리 학생 30여 명을 데리고 왔는데, 차라리 오지 말았을 걸 하고 후회가 된 이유는 구룡연을 비롯한 명소마다 눈에 확 띄도록 새빨간 페인트로 '위대한 령도자 김일성 장군 만세' 라고 칠을 해놓았기 때문이었다.

급변하는 상황 속에서

그가 학생들을 인솔하고 금강산 수학여행을 다녀온지 얼마 되지 않았을 때인 주말에 집에 돌아왔다. 그런데 형이 떠난 후에 정식 교사로 일하고 있던 아우가 그에게 귀띔하기를 한 동료가 시학을 만나러 갔다가 용지원학교 교장(그에게 친절했던 교장은 물러나고 24살짜리 열성 당원)이 시학에게 이야기를 하는 중에 그에 대해 무슨 말을 하더라면서 필경 좋은 일은 아닐 터이니 대비하는 것이 좋을 것이라고 하더라는 것이었다.

게다가 평소 허약하시던 어머니가 몸져누워계셔서 아버지가 평생 들여다본 적도 없는 부엌일을 하시는 형편이라 아무래도 며느리를 들여야 되겠다는 생각으로 한 처녀를 만나보셨는데, 어머니 보시기에는 괜찮더라는 말씀이다. 그는 즉석에서 "어머니가 좋다 하시면 저는 괜찮아요" 했지만, 어머니는 "그래도 네 아내는 네 마음에 들어야지" 하시며 만나보라고 하셨다.

그가 만난 처녀는 부잣집 둘째 딸로 아무런 불편도 모르고 자라서 천진난만한 열아홉 살짜리였다. 그는 교장에게 사표를 내고 집에 돌아와

웃거리로 이사를 하고는 29살이 된 1월에 결혼식을 올렸다.

그러나 직업이 없어졌으니 생계 걱정을 안 할 수 없는 처지가 되었는데, 길은 또 예비되어 있었다. 전에 남산학교에서 모셨던 B 교장이 어떻게 알았는지 만나자는 연락이 있어 찾아갔더니 그 동네에 수리조합이 생겼는데, 그 사무를 보아달라는 것이었다.

그는 그날부터 식량을 받는 조건으로 일하기 시작했는데, 불과 며칠도 지나지 않은 어느 눈 오는 날 저녁때 집으로 돌아오는 길에서 바람에 쫓긴 함박눈이 우산을 때리는 눈길을 부지런히 걸으며 앞을 보려고 우산을 들었다 내렸다 하는데, 갑자기 무엇이 앞을 가로막는 것 같아 걸음을 멈추며 우산을 들고 보니 키가 훤칠한 중년남자가 히죽 웃고 있다. 낯익은 얼굴이었다.

그는 이 사람이 원산맹아학원에서 농아들과 기술자가 대바구니를 만드는 일에 관여하던 S 원장의 친구 한씨라는 것을 알아보고 반가웠다. 이 사람이 그와 나란히 걸으면서 여기까지 찾아온 사연을 설명한다.

해방이 되고 공산당 정부가 들어서자마자 불량배들은 내무서원(경찰)이 되고, 술집은 모조리 문을 닫고, 접대부들은 공장으로, 레프라(한센병 환자)나 걸인들은 일절 외출 못하게 집단수용하고는 물릴 만큼 고기를 먹이는데, 맹아학원도 학교로 승격시켜서 S 교장은 부교장으로 남고 정상인인 교장, 교감, 서무, 재무가 들어왔다. 그리고 자신은 직업동맹위원장으로 일하게 되었다면서 교육을 담당할 사람을 찾다보니 이 선생 생각이 나서 수소문 끝에 여기까지 왔다는 것이었다.

그렇지 않아도 수리조합 공사는 해동이나 되어야 시작될 터이니, 그때까지는 할 일도 없던 터에 나를 일부러 찾아왔다니 반가운 일이었다.

이렇게 그에게는 새 길이 열렸기에 큰누님이 사는 내원산리(석유회사가 있는 원산시의 최남단)로 이사하고는 10리가 넘는 길을 걸어서 전에 일본인의 절이었던 큰 절의 부속건물을 교사로 쓰는 원산맹아학교로 출퇴근하게 된다.

그리고 이력서를 써내라기에 '종교'를 '기독교'라고 썼더니, 한씨가 기겁을 하며 백지를 오려 그 위에 붙이는 것이었다.

이즈음 어느 날 그는 S에게서 순이의 소식을 들었다. 벌써 그러니까 해방 전 어느 날 순이가 학원에서 공부를 시작한 다음에 갑자기 눈이 쏟아졌는데도 학원에서는 아무도 모르고 있다가 저녁때 아이들이 집으로 돌아가려고 밖에 나와서야 눈보라가 치는 것을 알았다는 것이다.

집이 가까운 아이들은 그런대로 무사히 돌아갔지만 송도원에 집이 있는 순이는 그 눈보라 속을 뚫고 부지런히 걸어서 사람 왕래가 드문 청관고개를 넘어가는 동안에 그만 길을 잃고 헤맨 끝에, 길에 쓰러져 동사하고 말았다는 것이었다.

그는 속이 쓰렸다. 순이의 모습이 떠올랐다. 순이는 언제나 하얀 치마, 저고리 차림이었다. 그리고 순이의 얼굴과 손은 그 옷보다도 해밝았었다. 희로애락을 알 수 없었던 그 표정이 눈에 선하다. 앞을 못 본다는 것이 이토록 불행한 것인가? 그는 새삼스럽게 맹인의 처지에 대해 처량해지는 자신을 느낀다.

날짜는 기억하지 못하지만 이 무렵에 공산정권은 치하의 모든 가정에 류숙부(留宿簿)라는 것(여관에 비치하는 숙박부 같은)을 눈에 잘 띄는 위치에 매달아놓게 했다. 표지를 들추면 그 집 식구의 관계, 성명, 생년월일 등이 적혀 있어서 가족 이외로 신고 되지 않은 유숙자가 없는지 검사할 수 있게 했다. 실제로 그의 집에도 어느 날 밤에 내무서원(경찰)과 이장이 불시에 들어와서 잠자리에 누워있는 사람과 류숙부를 대조한 일이 있었다.

그보다 앞서서 공산정권은 농촌의 부농(富農)을 비롯한 부자들을 추방했다. 추방대상을 지목하는 것은 그 부자의 혜택을 받던 사람 중에서 불만분자가 앞장을 서는 것이었다.

부자들은 아무런 예고도 없이 며칠 안에 동네를 떠나라는 통고를 받는다. 그렇게 부자들에게서 몰수한 전답을 빈농이나 소작농이었던 농민들에게 분배하는데, 열성분자에게는 옥토를 주는 것이 어쩌면 당연한 처사였을 것이다. 그것을 그들은 '토지개혁' 이라고 선전했다.

그 후 한두 해가 지났을 때 일어난 일인데, 예년보다 추위가 일렀기 때문에 농작물이 채 여물지도 않은 것을 수확하게 되었다. 그렇거나 말거나 현물세(現物稅 – 밭작물은 23%, 논작물은 25%)는 바쳐야 하니까 농민들은 고르고 골라서 면사무소까지 운반하지만, 면 직원들의 눈에 차지 않으면 받아주지 않으니까 농민들은 두 번, 세 번 되풀이를 하다가 많은 농민들이 수확물 전체를 싣고 가서 처분대로 하라는 사태가 벌어졌다.

눈먼 아이들과 (1)

그가 맹아학교에서 교사가 아닌 사감으로 일하기 시작하자 교장을 비롯한 직원들이 사흘이 멀다 하고 벌이는 술자리에 끼게 되었다. 그런데 그 술값이 어디서 나오는지는 두 달쯤이 지난 다음에야 알게 되었다.

그것은 한 달에 한번씩 작성하는 '급식비 지출결의서' 에 그가 청구인으로서 날인하는데, 학생대표로 '최영환' 이라는 이름이 있고, 이미

도장이 찍혀 있지 않은가?(기숙사에는 맹학생들만 수용되어 있었다)

그러니 최영환이 직접 찍었든, 재무주임이 사무실에 준비해 둔 것으로 찍었든 맹학생인 최영환이 지출내역이나 금액을 확인한 것은 아닐 터이니, 이건 분명한 사기행위다. 그는 이런 부정행위에 동의할 수 없다고 한씨에게 말하고 사퇴했다.

이래서 그는 또다시 무직자가 된다. 이 사정을 알게 된 친구 P가 혼자 꾸려온 염색공정에 그를 동참시키고 쌀값을 대주기 시작했지만, 그것도 불과 두어 달 뿐이었다. 왜냐하면 그가 어느 날 저녁에 집으로 돌아오는 길인데, 학교에서 퇴근하고 집으로 돌아가던 한씨와 만나게 되었기 때문이다.

한씨가 그의 손을 잡으며 반가워하고는 나란히 걸으면서 그동안 바뀐 사정을 알려주더니 이제는 자신이 교장이니까 안심하고 함께 일하자는 것이다. 달라진 사정이라는 것은 이렇다. 공산정권의 장애인교육정책에 따라서 맹학생과 농아학생을 분리해서 교육하게 된 것이다. 따라서 원산에는 맹학교, 평양에는 농아학교가 운영되게 되자 원산맹아학교의 교장과 그의 심복들은 평양으로 가고 평양맹아학교 선생(맹인 2명, 비맹인 2명)들이 원산으로 왔는데, 사감자리가 비어있다는 것이었다.

이렇게 돼서 그는 다시 직장을 얻었지만 주야로 맹아들을 돌봐야 되는 직책 때문에 아예 기숙사 안의 한 작은 방을 쓰게 되었다. 그런데 그 방에는 선객이 들어앉아 있었으니 성도 이름도 모르는 맹농아인데, 방 한 구석에 주저앉아 있으면서 거기서만 먹고자고 하는 신세였다(배설문제는 어떻게 처리했었는지 도무지 생각이 나지 않는단다).

그는 그 방에 있는 오시이레(押入 – 일본식 벽장)에서 잠을 잤지만,

축농증 덕분에 냄새를 모르는데다가 눈만 감으면 몇 초 안에 잠들어버리니 아무런 불편도 느끼지 않았다.

어느 날 아침 그는 식모들과 조반을 먹고 나서 아이들의 방을 둘러보다가 여자아이들의 방에 들어가면서 장난기가 발동하자 문을 살그머니 밀고 한 발을 들이미는데, 순간 아이들의 얼굴이 이쪽으로 향한다. 그가 잽싸게 동작을 멈추자 가까이 있던 한 아이가 엉덩이걸음으로 다가오더니 그의 바짓가랑이를 잡고 제 코를 갖다대고는 '아, 이선생님!' 하자, 아이들의 얼굴에 안도의 빛이 번지는 것이 보였다.

하루는 조용한 시간이 있어서 혼자 뒤뜰에 나가 담장에서 기숙사까지 10m쯤 되는 거리를 눈을 감고 걸어보았다. 아무런 장애물도 없는 것을 확인했는데도 발길이 쉽게 떼어지지 않았다.

그의 이러한 노력에도 불구하고 그가 맹아들의 심정을 이해하는 데는 별 진전이 없었지만, 그들과 지내는 과정에서 알게 된 것은 맹아나 농아는 대개 생후 수년 안에 앓은 홍역의 피해자라는 것이었다. 그 중에서도 홍역의 열에 가장 취약한 기관이 청각이고, 그 다음이 시각이라는 것, 또 말을 못하는 것은 발성기관 탓이 아니라 듣지 못함으로써 말을 배울 수 없었기 때문이라는 것이다.

그리고 맹아 중에도 유아기(乳兒期)에 실명한 경우와 그 후에 어떤 사고나 질병으로 갑자기 실명한 경우와는 행동에서 큰 차이가 있다는 것도 알았다. 그가 들은 사례 하나를 여기에 소개하면 다음과 같다.

당시에 13살이었던 한 사내아이는 성격이 활달해서 장난이 심했던 모양인데, 그 아이가 자랑하듯이 이야기한 사연은 어느 날 또래들과 공놀이를 하다가 공이 철조망 바깥에 떨어졌기에 엎드려서 팔을 뻗어 공을 잡으려고 애를 쓰다가 그만 한쪽 눈이 가시에 찔려 못 보게 되었고, 다음에는 대나무로 활을 만들어서 누가 더 높이 쏘아 올리나 내기를 했다. 그런데 자기가 쏜 화살을 올려다보다가 그 화살에 찔려서 두 눈이 다 멀었다는 것이었다.

이런 경우가 아니더라도 중도에 실명한 아이들은 일어서서 걷기 시작하면(실내든, 옥외든) 두 손을 옆으로 저으면서 조심조심 발을 밀며 걷는다.

그러나 유아기에 실명함으로써 장애물이 무엇인지도 모르는 아이들은 겁도 없이 성큼성큼 걷다가 장애물에 부딪히고도 여전히 조심하지 않는 것이었다.

그가 어느 날 집에 들렀더니 무슨 트집에 잡혀 남산학교에서 쫓겨나 돌아와 있던 아우가 심각한 표정으로 말을 꺼냈다. "형님, 형님이 이남으로 가세요. 여기는 내게 맡기고." 그러자 그는 "아니다. 가족은 내 책임이다. 너나 갈 연구를 해라." "아니오. 나는 공민증(우리의 주민등록증)에 노동자로 돼 있으니 별일 없을 테지요." "그래도 네가 가."

이런 경위로 그의 아우는 P의 도움을 받아 이남행을 결행, 첫 번에는 실패하고 되돌아왔지만, 두 번째는 두 딸을 데리고 친정에 가있던 큰형수의 도움으로 무사히 월남에 성공했다.

눈먼 아이들과 (2)

그가 맹학교에 들어간 다음해 봄이 되자 그는 교장에게 건의해서 아이들(30여 명)을 데리고 봄 소풍에 나섰다. 목적지는 누가 정했는지 모르지만 시계(市界)를 벗어나 덕원 초입에 있는 강씨릉(姜氏陵)이었다.

전설인지 사실(史實)인지는 모르지만, 조선왕조의 초대 왕 이성계가 총각시절에 그 일대를 돌아다니며 사냥을 하던 중 어느 여름날 뛰어다니다가 목이 마르자 한 우물을 찾아갔는데, 때마침 한 처녀가 물을 긷고 있기에 물을 청했더니 이 처녀가 바가지로 물을 떠서 바로 건네지 않고 우물가에 서 있는 버드나무에서 잎을 하나 따서 물 위에 띄운 다음에서야 공손히 건네더라는 것이다. 이성계는 어쩔 수 없이 그 나뭇잎을 후후 불면서 물을 마시고 나서 "목 타는 사람 속 터지게 무슨 짓이냐?"고 호통을 쳤는데, 처녀는 침착하게 대답하기를, "물에 체하면 약도 없다기에 일부러 그랬어요" 했다는 것이다.

이성계는 이 처녀의 지혜에 감동해서 후일을 약속했고 그 처녀는 그 약속만 믿고 홀로 살다가 죽었는데, 이성계가 뒤늦게 알고는 그녀의 무덤을 크게 만들어 능이라고 했다는 것이다.

그것이야 어쨌든지 그는 앞 못 보는 아이들을 한 줄로 세워 서로 손을 잡게 하고는 10리가 넘는 길을 걷게 했는데, 도중에 가로놓인 내를 건널 때에는 거의 20m에 걸쳐있는 징검다리를 무사히 건너게 하느라고 이리 뛰고 저리 뛰며 땀을 흘렸다.

그가 능 아래 널찍한 잔디밭에 벌렁 드러누워 맑은 하늘을 쳐다보았을 때 그 쾌감을 저 아이들은 웅크리고 앉아서 손으로 이마의 땀을 닦으면서도 누리지 못하는 것이 안타까웠다.

눈먼 아이들과 (3)

원산맹학교가 원산시에서 쫓겨난 이유를 짐작컨대 아마도 도시의 거리에서 맹인이 지팡이로 길을 더듬으면서 꾸물대는 것을 보게 된 어느

당 간부가 "꼴 보기 싫다"고 하는 바람에 생긴 일일 터이었다.

공산정권은 그 무렵에 외국인 신부들과 외국인 수녀들을 일시에, 그 것도 비밀리에 추방했다. 그래서 원산맹학교를 신고산으로 쫓아낼 수 있었던 것이다.

여기서 잠깐! 신고산이 어딘가 하면 지금도 함경도 민요로 불리고 있는 '신고산타령'의 바로 그 곳이다. 일찍이 경원선(경성 – 원산)이 개통되고, 이어서 함경선 철도가 함흥까지 연장되자 시골인구가 도시로 이동하기 편리하게 됨에 따라서 일어난 현상을 노래한 것이니 그 가사는 다음과 같다.

신고산이 우르릉 함흥차 떠나는 소리에
구고산 큰 애기 반봇짐만 싸누나.
어랑 어랑 어야, 어야디야
네가 내 사랑이로다.

그런데 이 가사의 끝부분을 바꿔 부르는 경우가 있다. 그 중 하나는 '몽땅 내 사랑이로구나'로. 또 다른 하나는 특히 흥이 고조되었을 때에, '어랑탕 바람에 다 팔아먹고 백수건달이 됐다네' 하면 한바탕 웃음판이 벌어진다.

그건 그렇고 그가 맹아 30여 명을 인솔하고 원산역에서 기차를 타고 갈마, 배화, 안변, 남산, 용지원으로 거슬러 올라가 신고산역에 도착한 것은 초겨울의 스산한 어느 날이었다.

기숙사가 될 수녀원까지는 약 1km 거리인데, 길은 널찍하고 거의 직선이어서 수녀원 건물(붉은 벽돌)이 훤히 보였다.

맹학교에서는 수녀원이었던 건물을 기숙사로 쓰고 수도원 건물을 학교로 쓰게 되었는데, 두 곳의 거리는 약 5분이면 되지만 맹아들은 그렇지 못했다.

신고산 일대는 이름 그대로 고지대였기에 겨울이 일렀다. 어느 날 아침에는 조용히 내리는 눈을 맞으며 아이들이 등교했는데, 저녁 때 하교할 때쯤에는 강풍이 몰아쳐서 학교와 기숙사 사이를 가로지른 길 위에 눈 언덕을 만들어 놓았다. 그래서 뜻밖의 장애물에 당황한 맹아들이 미끄러지고 자빠지며 쩔쩔매는 것을 퇴근하던 그가 발견하고는 일일이 손을 잡아 인도하느라고 땀을 흘렸다.

그날 맹아들은 기숙사를 에워싼 생울타리가 코앞에 있는데도 일단 일상과 달라진 상황에 마주치면 적응하지 못하고 헤매게 된다.

여기서 그가 '퇴근' 하는 길이라고 한 이유를 밝혀야겠다. 사실은 맹학교가 원산을 떠나게 되자 직원들이 많이 그만 두고 교장과 그만이 맹아들과 행동을 같이했기 때문에, 그 덕에 그리고 그가 점자를 안 덕에 아이들을 가르치는 일을 겸하게 되어서 낮에는 학교에서, 밤에는 기숙사에서 일하고 있었던 것이다.

더군다나 아이들은 나이와 이해력에 차이가 있는데도 그들에게 맞는 교재는 전혀 없었다. 그도 그럴 것이 그 정권 아래에 단 하나뿐인 맹학교인데, 어느 누구도 그들에게 무엇을 가르쳐야 되는지, 가르칠 가치가 있는지 관심을 가진 사람조차 없었던 것이다.

이런 상황에서 그는 이 일은 당사자인 자신이 해야 할 일이라 생각하고 맹아를 위한 교재(국어, 산술, 역사, 지리)를 만들어 연장자인 최영

환, 겸영순에게 읽어주어서 점자화(点字化)시켜 맹학생 각자에게 나눠
주고, 그것으로 공부하게 하였던 것이다(시작은 혼자였는데 일이 더디
니까 부득이 아이들을 동원했다).

눈먼 아이들과 (4)

겨울방학이 시작되자 아이들이 많이 집으로 돌아가고 10여 명밖에
남지 않았다. 그래서 남학생 방과 여학생 방(하나씩)의 난방도 그가 맡
았다.

건물은 애당초 복도(마루)에서 석탄을 때게 한 페치카가 설치되어 있
었다. 그러나 석탄이 없어서 연탄가루에 물을 붓고 이겨서 자기 전에
한 차례 넉넉히 채우면 새벽까지 갔다. 그는 아이들이 잠자리에 들 때
까지는 이 방 저 방을 둘러보며 아이들과 환담을 하다가 자기 방으로
물러나곤 했다.

그런 아이들 중 그의 뇌리에 깊이 각인되어 잊혀지지 않는 두 여학생
이 있으니 그 이름이 오정숙, 탁정순이다. 생김새나 입은 옷, 행동거지
로 보아 괜찮게 사는 집 아이들이다. 그런데도 방학 때 여기 머물러 있
는 것은 데리러오는 사람이 없었기 때문이었다.

탁정순은 13살쯤으로 온순하고 과묵했지만, 오정숙은 16살쯤으로
명랑해서 말도 거침없이 하는 편인데, 둘은 언제나 단짝이었다.

어느 날 그는 페치카에 등을 대고 양손 손바닥을 벽에 붙이고 서 있
는 두 아이 곁으로 다가가서는 그들과 같은 자세로 서 있으면서 오정숙
이 하는 이야기를 들었다. 그것을 간략하게 옮기면 이렇다.

정숙이네 집은 평양에서도 알아주는 부자여서 그랬는지 손님이 안

오는 날이 없었는데, 그럴 때마다 언니가 자기에게 조용히 있어야 한다
면서 벽장에 가두었다는 것이다. 그래서 손님이 갈 때까지는 숨을 죽이
고 쪼그리고 있다가 잠이 들기도 했는데, 그래서 이렇게 무릎을 펼 수
가 없게 된 것 같다고 말하고는 쓴웃음을 지었다.

가족마저도 창피하다고 숨기는 눈먼 아이! 잘생겼어도, 건강해도, 머
리가 좋아도 인정받지 못하는 존재. 불쌍하다! 앞을 못 보는 것 자체가
불행인데 사람들도, 정부도 '재수 없다'고 외면하는데다 가족마저도
체면 구기는 존재로 취급하니 그들의 설 자리는 어디인가? 정말 눈먼
아이들은 불쌍하구나! 내가 이들에게 무엇을 어떻게 할 것인가? 그는
가슴만 아팠지 어찌할 바를 몰랐다.

눈먼 아이들과 (5)

전쟁이 터지자 맹학교에도 변동이 생겼다. 적지 않은 학생들이 고향
으로 돌아가고, 반대로 외아들을 맹학교에 보내놓고 청진에서 외로이
지내던 한 어머니가 맹학교로 와서 아들과 숙식을 같이 하며 학교에 봉
사하는 경우도 생겼다. 직원들은 그녀를 조선생이라고 불렀다.

교장은 방학동안 원산에서 오지 않았고 현지에서 채용된 직원 중 식
당에서 일하는 중년부인 4명 외에 남자라고는 그가 유일한 직원이었다.

한편 그의 가족은 원산을 떠나서(맹학교에서는 10리 쯤 떨어진 한촌)
어머니의 친정으로 피난을 왔다.

상황이 이쯤 되자, 맹학교의 규모도 축소되어서 수도원을 포기하고
기숙사만 쓰게 되었다. 그는 수도원을 떠나게 된 것이 아쉬웠던지 한번
도 들어가 본 적이 없는 지하실에 내려갔다가 하드보드 한 장이 있는

것을 보고는 쓸모가 있을 듯해서 들고 나왔다.

그는 며칠 후에 세계지도를 하드보드 위에 풀칠해서 밀착시키고는 '맹아교육용 세계지도'를 만들기 시작했다. 그러니까 눈으로 보는 지도를 손끝으로 더듬는 지도로 바꾸는 작업이었다.

바다와 육지의 구분, 국경, 큰 산맥, 큰 강, 만리장성 따위를 무엇으로 어떻게 표시할까를 두고 연구한 끝에 굵기가 다른 철사(코일도 포함)를 토막 내서 꺾쇠로 만들어 지도 위에 꽂아서 고정시키는 방법을 썼다.

그리고 태평양에 산재하는 군도를 표시하는 데는 여러 날 주저하다가 결국은 점자지에(점자기로) 아무렇게나 찍은 것을 뒤집어 붙여서 오돌토돌한 것이 만져지게 했다. 그는 여름방학 한 달을 여기에 매달려 시간가는 것도 몰랐다.

여름방학이 끝나고서야 돌아온 교장이 이 지도를 보고 크게 기뻐하더니 그도 모르는 사이에 튼튼한 액자를 만들어 교장실에 매달아놓았고, 중앙에서 내려왔다는 관계자들에게 자랑하기도 했다.

그의 목적은 맹아들에게 지리를 가르치는데 쓰려는 것이었지만, 그럴 기회는 얻지 못하고 말았다. 그것은 사태가 급변하는 시대였기 때문이다.

크게 웃어요

한 노인이 이런 간증을 한다.

　"내가 일하던 '원산맹학교'는 원산 시내에서 쫓겨나서 추방된 독일계 수녀원 자리로 옮겨졌지. 거기가 신고산이었어. 그런데 그 건물들은 신고산읍에서 제일 높은 지대에서 제일 위에 있었거든. 그러니까 제일 낮은 평지를 가로지른 철로와 역사(驛舍)가 훤히 내려다보였지. 게다가 나는 소년시절에 철도국에서 일한 경험이 있었고 원산에 있는 가족 생각도 나서 그랬겠지만, 가끔 마당에 나와서는 신작로 끝에 보이는 역사와 철로를 내려다보곤 했지. 그러던 어느 날이었어. 내 눈에 들어온 것은 남쪽으로 올라가는 화물열차였는데 평소와는 다른 이상한 게 있었어. 새까만 상자 같은 유개화차야. 속에 무엇이 들어있는지 모르지만, 납작한 무개화차 하나에 하나씩 싣고 시트로 덮어놓은 것이 저건 틀림없이 탱크다! 하는 생각이 들더라고. 또 어떤 때는 기다란 포신(砲身)으로 보이는 것도 실려있는 거야. 더군다나 내려오는 화물열차마다 무개화차는 비어있으니 무기를 남쪽으로 운반한다는 증거가 아닌가? 그렇다! 이건 전쟁을 준비하는 게 틀림없구나. 그렇다면 결과는 김일성이 제 무덤을 파는 거다. 암, 그렇게 돼야지 했어. 그런데, 그런데 말이야. 그런 화물열차가 하루에 몇 번인지는 모르지만 한 달이 넘게 계속되니까 이건 간단한 일이 아니구나 하는 걱정이 생기더라고. 그렇지 않아도 나는 몸이 약한데다가 밤이면 빈대 등쌀에 방에는 들어가지 못하고 정자에 있는 벤치에 누워서 학생들을 불러 안마를 받다가 잠이 들곤 하는 처지였으니 걱정이 많을 수밖에 없었지. 그런 내가 무얼 하러 그날 밤에 사무실에 들어갔었는지는 생각이 안 나지만 라디오를 틀었어. 그랬더니 11시 뉴스가 시작되면서 아나운서의 칼날 같은 목소리가 들렸어. '오늘 밤 자정에 중대뉴스가 있을 것이니 라디오를 끄지 말고 기다리시오’라는 거야. 그래서 그냥 거기서 기다렸지. 자정이 되자 예고한 대로 중대뉴스가 들렸는데, 내가 걱정하던 전쟁이 터졌다는 거야. 50년이 지났어도 내 귀로 분명히 들은 건 잊을 수 없지. 뭐라고 했느냐 하면 ‘오늘 밤 11시경 남반부의 소위 국방군이 38선을 넘어서 1킬로미터 침범해온 것을 우리의 영용한 인민군이 이를 격퇴하고, 현재는 도주하는 국방군을 38선 이남 1킬로미터 내지 2킬로미터까지 추격하고 있습니다.’ 이런 말이었어. 이날이 1950년 6월 25일 0시 직후였단 말이야. 이게 말이 되는 소리야? 저들이 주장하듯이 정말 국방군이 38선을 침범했다면 경계선 밖으로 내쫓을 일이지 왜 2킬로미터까지 추격하느냐 이 말이야. 그러나 저러나 이 나라의 전사(戰史)나 일반의 인식은 6·25 전쟁이 6월 25일 새벽 4시가 지난 시점에 인민군이 남침함으로써 시작됐다는 거잖아. 그래서 하는 말인데 얘기가 딴 길로 가는 것 같지만, 내가 월남해서 40년이 됐을 때 이 얘기를 한 신문에 투고했더니 취재기자가 사진기자를 데리고 왔더라고. 그래서 그때 보고 들은 얘기를 자세히 해줬지. 그리고 덧붙인 말이 그 많은 피난민 중에 그때 그 라디오를 들은 사람이 나 하나뿐이겠느냐는 거지. 그야 어쨌든 그 신문에 6·25 40주년 특집 기사가 났는데, 첫날은 당시 첫 전투를 지휘했던 중대장, 다음 날은 미국 종군기자, 셋째 날은 당시 중앙정보부장이었던 김종필 씨, 넷째 날은 내 증언이 크게 났는데 그걸로 끝이었어. 내 증언에 맞장구치는 사람도, 반박하는 사람도 없더라고. 역사라는 것이 이렇게 흐지부지하고 말아도 되는 건가? 어쩐지 내가 하나마나한 얘기를 했나봐. 자, 이제 본론으로 돌아가지. 전쟁이 곧 김일성의 패망으로 끝나면 모든 것이 제자리로 돌아갈 줄 알았는데, 그건 내 착각이었어. 개전 사흘

만에 서울이 함락됐다는 거야. 이럴 수가? 읍내 관공서의 장들이 우리 식당에서 전승 축하연을 열었는데, 맹학교 직원이 모두 참석해서 나도 축배를 들었지. 그쪽에서는 30도짜리 화학주를 대폿잔으로 원샷을 해. 나는 술을 안마시던 사람인데, 그 후로는 끌려 다니면서 자신이 놀랄 만큼 마셨는데도 취하지 않더라고. 그나저나 전선은 점점 남쪽으로 뻗어갔어. 나는 어릴 때부터 별의별 고생을 다하면서도 하나님은 나를 버리지 않고 반드시 사람 구실을 하게 해주실 거라는 믿음으로 참고 버텨왔는데, 이제는 모든 것이 헛꿈이 되고 마는가? 하는 절망감이 나를 괴롭혔어. 그런 날이 한 주간쯤 계속되고는 다시 정신이 맑아지고 하기를 두세 번 거듭되는 걸 느끼자, 혹시 이건 내가 우울증에 걸린 건 아닐까 했지. 의학상식이 없는 나는 이러다가 정신 이상이라도 되는 날에는 나 하나를 바라보고 사시는 부모님과 처자식, 그리고 하나밖에 없는 여동생 인숙이는 어쩌나? 이런 극단적인 생각이 들더라고. 그때였어. 내 머리에 떠오른 생각은 자신이 소년시절에 주일학교에서 아이들에게 동화를 들려주었던 기억이야. 그래! 동화로 돌아가자. 나는 그날부터 식당에서 조반을 먹고 나서는 부엌에 들러서 널찍한 부뚜막에 올라앉아 식모 네 명을 관객 삼아서 동화를 구연했지. 식모들은 현지 사람들이라 순진한데다가 평소에 얌전하던 내가 갑자기 우스꽝스러운 표정을 짓고 이상한 소리를 내니까 그게 놀랍고 신기했겠지. 부엌 바닥에 털썩 주저앉아 서로 때리기까지 하면서 웃어댔어. 그러면 나는 그게 우스워서 큰 소리로 웃었지. 몇 번 그런 일이 있자 나는 깨달았어. 그래! 웃자, 아주 큰 소리로 웃자. 나는 그때까지 별로 웃을만한 일이 없이 살아왔고 좀 우스운 걸 봐도 입에서 픽 소리밖에 나지 않았지만, 그 후로는 크게 웃기로 결심하고 실천했더니 그게 버릇이 돼서 자신이 놀랄 만큼 요란하게 웃으면서 살아. 웃으며 살기로 작심하면 웃어버릴 수 있어지고, 웃어넘길 수도 있는 게 인생이더라고. 하하하, 아하하하하!"

주의 인도하심 따라

6·25전쟁의 비극적 전환점은 1·4후퇴였다. 우리가 1·4후퇴라고 하는 것은 서울의 후퇴를 말하는 것이고 사실 UN군과 국군이 후퇴를 시작한 것은 그보다 훨씬 앞선 시점이었는데, 그 한달 전쯤에는 신나는 북진이 절정에 달했었다.

이때 궁지에 몰린 김일성이 모택동에게 SOS를 치자 모택동으로서는 장개석군(張介石軍)이었던 장병들을 처리할 좋은 기회로 소위 인해전술(人海戰術)을 전개함으로써 UN군과 국군을 후퇴하지 않을 수 없게 했지만, 그것을 더 서두르게 한 것은 중공군보다 더 무서운 동장군(冬將軍)이었다. 동장군은 북한의 강추위를 예상하지 못한 UN군에게 극심한 동상(凍傷)을 입혀 행군을 못하게 했던 것이다.

그 무렵에 북한의 한 주민이 겪은 일을 여기에 소개한다.

제1화

그는 기독교인이었지만 유일하게 점자(點字)를 아는 정상인이었기 때문에 공산정권에 채용되어서 낮에는 교사로, 밤에는 사감으로 일하고 있었다. 그러던 중 1950년 10월 7일에 이르러 그가 일하는 '원산맹학교'가 있는 신고산 읍내의 모든 공공기관에 철수령이 내렸는데, 그때 소문은 진격해오는 흑인 부대가 닥치는 대로 살인과 강간을 저지른다는 것이었다.

철수령에 따라 맹학교 직원 6명도 가까운 대령광산으로 피신했다. 광산 식당에서 저녁밥을 먹을 때에는 수십 명이 북적거렸는데, 그가 밥을 채 먹지 못했을 때 귀를 찢는 듯한 소리가 스피커에서 쏟아져 나왔다.

"저녁을 끝낸 동무들은 지금 바로 광산 사무실에 모이시오. 우리는 동북으로 빨리 떠나야 하오."

병약한데다가 밥을 느리게 먹는 그가 자리에서 일어섰을 때는 식당이 텅 비어 있었는데, 동료인 S가 옆에 있었다. S는 노동당원이고 서무주임으로 들어온지도 얼마 되지 않아서 그와는 눈인사나 하는 사이였다. 그와 S가 식당을 나왔을 때 사방은 캄캄해져서 앞서 가는 무리의 발소리를 따라 걷는 수밖에 없었다. 그런데 저만치 한 건물의 불빛이 보일 때 S가 그의 곁으로 바짝 다가와 속삭이는 것이 아닌가? "이대로 따라갈래요?" 그는 그렇지 않아도 머릿속이 복잡한 참이었다. 동북으로 간다니 그건 만주라는 말인데, 건강치도 못한 몸으로는 도중 어느 산속에서 죽기 십상이고 따로 빠져나온다고 살 길이 열려있는 것도 아니었다.

그는 "글쎄요"라는 대답밖에 못했다. 그러자 S는 같이 탈출하자고 말했지만, 그로서는 S를 믿어도 될 것인지 망설여졌다. 그가 머뭇거리자 S는 혼자서라도 빠져나가겠다고 말하고는 그의 곁에서 발길을 돌렸다. 그 순간 그는 S의 팔을 붙잡고 함께 행동하기 시작했다.

두 사람은 한참동안 캄캄한 밤길을 더듬어 걷다가 광부촌을 발견하고는 제일 구석진 집에 들어가 신세를 지기로 했다. 젊은 엄마가 어린 아기를 안고 있었는데, 남편은 읍내에 나가서 아침에나 돌아올 거라는 것이었다. 두 사람은 마음을 놓고 윗목에 비스듬히 누웠다가 어느새 잠이 들었었는데, 갑자기 문소리가 나더니 남편이 돌아와서는 웬 사람들이냐고 아내에게 묻는다. 두 사람은 잠들어 있는 체하면서 긴장하고 있는데, 남편은 사무실에 가야 한다면서 장총을 덜그럭거리더니 나갔다. 두 사람은 잘 쉬었다고 인사하고 급히 그 집에서 나와서 갑자기 좁아진 산길을 더듬다가 요행 한 갱도(坑道)를 발견하고는 물이 뚝뚝 떨어지는 그 입구에서 하룻밤을 지새우고 날이 밝자마자 산등성이를 기어서 올라가 떠오르는 아침 해를 맞이하는 감격에 가슴이 벅차올랐다(나중에 알게 된 일이지만, 2년 전에 월남했던 그의 아우가 이날 새벽에 백골부대의 장교로서 북진하는 선봉에 서서 이 지역을 통과했던 것이다).

제12회

국군이 파죽지세로 북진을 계속하는 동안에 그는 친구인 P의 군유를 받고 H 선생님이 운영하다가 공산정권에 빼앗긴 '원산애육원'의 교무를 담당하고 맹학교를 위해서는 임시교장의 자격으로 읍사무소에 식량 배급을 타러가는 일밖에는 할 일이 없었다.

11월 초순이 되자 그는 기차를 타고 신고산역에 도착하자마자 읍사무소부터 찾아갔는데, 공교롭게도 대한청년단 단장이 테러를 당해서 죽는 바람에 읍 직원들이 장례식에 갔다는 것이었다. 장례식은 신고산 교회에서 거행되었기에 그는 장례식을 거들면서 기다렸지만, 담당직원이 장지로 가버리는 바람에 그날도 돌아가려던 생각을 버리고 맹학교로 향했다. 신작로는 텅 비어있었다. 그 넓은 길을 힘없이 걸어 내려오는 이는 그와는 안면이 있는 강목사님이었다. 이분은 오늘 장례식을 주재하시기 위해 석왕사에서 오셨는데, 기차는 이미 놓쳤으니 오늘밤은 부면장 댁에서 자야겠다는 것이었다(나중에 들으니 그분은 그날 밤에 들이닥친 인민군의 총에 부면장 대신 죽었다 한다. 그뿐 아니라 신고산 교회의 나이가 많은 전도사님은 대청마루 밑에 숨어있었는데, 어린 손자가 "우리 할아버지 여기 있어요"라고 인민군에게 말하는 바람에 순교자가 됐다 한다).

이런 참극을 예상하지 못한 그가 맹학교 대문 가까이 갔을 때 길 건너편 대청에 걸터앉아 있던 X 노인이 그에게 손짓을 했다. X는 최근까지 맹학교 직원이었으니 교장 이하 전 직원이 피신했는데, 혼자서 아이들을 도와주는 그를 돕고 싶어서 그랬는지 그에게 속삭였다.

"선생님, 지금 저 내평고개 너머에 인민군 세 사단이 모여 있는데 오늘 밤에는 읍내를 샅샅이 뒤진대요."

그래서 그는 이 건물, 저 건물 살핀 끝에 제일 허술한 창고 한 구석에 마련된 식모방의 천장 위에다 작은 칠판을 올려놓고 요, 이불을 준비하고는 거기서 잠을 잤다. 워낙 아무데서나 잘 자는 그는 그 밤중에 읍내에서 벌어진 참극을 조반을 먹을 때서야 알았다.

그렇게 세 밤을 자고 난 낮에는 짐을 실은 달구지와 멀끔한 장년이 인민군에게 끌려가는 것을 벽의 송판 구멍으로 내다보고 있었는데, 갑자기 젊은 인민군 세 명이 길에서 벗어나더니 빈 밭을 가로질러서 이 창고로 달려온다. 어느새 창고 문짝이 활짝 열리면서 창고 안이 환해졌다. 그는 몸을 바짝 낮추고 숨을 죽이고 있었다. 인민군 한 명이 문턱에 올라서더니 창고가 텅 비어 있어서 그랬는지 그냥 멍청히 서 있다. 식당 가까이에서 돼지가 비명을 지르자 서 있던 인민군이 그쪽으로 달려가 버렸다. 그제서야 그는 숨을 크게 내쉬고 주먹을 폈다. 손바닥이 얼얼해서 펴보니 손금이 땀에 젖어 있었다.

그날 밤 또 거기서 잠이 들어있던 그는 양철지붕을 뚫고 쏟아지는 기총소사의 총알을 피해 뛰어내려서 식모들의 이불 속으로 파고들었다가 금방 밖으로 나왔다. 기숙사 창문의 유리창 깨지는 소리를 들었기 때문이었다. 그는 공포에 질린 아이들을 방공호로 인도하고 거기서 날이 밝기를 기다렸다.

조반을 먹은 후에 못잔 잠을 채우려고 하는데, 조선생이 와서 말했다.

"선생님, 지난 밤 폭격으로 읍내에 불이 나서 모두 피난을 간다고 야단인데 우리도 떠나야겠어요. 아이들이나 우리 여자들이야 괜찮겠지만 선생님이 걱정인데요."

이 말에 그는 서슴지 않고 같이 가겠다고 대답하고 즉시 모두 모이게 하고는 함께 원산애육원으로 가자고 했다. 그리고 이런 부탁을 덧붙였다.

"이번 한번만 나를 위해서 거짓말을 해다오. 누가 묻든지 선생님도 맹인이라고 말이야."

그는 식모들을 앞세우고 자신은 지팡이를 짚고, 허리에 맨 기다란 새끼줄을 아이들 십여 명이 붙잡고 따라오게 하고서야 길을 떠났다. 마침 인민군은 조반시간이었는지 근처에는 보이지 않아서 한 5백m쯤 되는 뒷길을 걸어서 국도까지 무사히 갈 수 있었다. 그리고 피난 인파에 파

문혀서 50리를 걸어 그의 고향이자 수년 전에는 교편생활을 했던 남산
에서 하룻밤을 자고는, 다음 날 서녁녘에는 일행이 목적지에 도착했다.

제3회

　그가 신고산을 탈출한지 한달 후의 일이다. 중공군이 참전하자 숨어
있던 인민군이 다시 쳐들어온다는 소문이 파다한데, 시청에서 구호물
자를 준다기에 P와 그가 나섰다. 구호물자는 일본에서 왔다는 두툼하
고 널찍한 이불인데, 자그마치 1백40벌이나 됐다. 그것을 북쪽의 우람
한 황소가 끄는 수레에 10벌이 든 상자 4개씩 실어 나르는데, P가 우차
를 안내하고 그는 창고 앞에서 짐 싣는 것을 감독하고 있었다. 그렇게
세 번을 나르고 남은 2개를 마저 운반할 우차를 기다리고 있는데, 거기
서 P가 달려오고 그 뒤에 군인 둘이 따라온다. 무슨 일인가 했더니 군
인인 그의 아우와 연락병이 아닌가?

　2년이 넘게 서로 생사를 알 수 없었던 형제는 노상에서 얼싸안고 기
뻐했다. 그런데 그의 아우는 헌병대에 가서 위치 신고를 해야 된다면서
돌아올 때까지 여기에 꼭 있으라고 하고는 서둘러 떠났다. P가 남은 이
불 상자를 애육원에 실어다놓고 돌아온 후에도 그는 아우를 기다렸는
데, 해가 서산에 기울 때가 돼서야 돌아온 아우는 풀죽은 목소리로 "정
오까지는 군인가족증명서를 써주었는데 철수명령이 내려서 못해 준대
요. 오늘 밤 무사하면 내일 아침에 써주겠대요" 하는 것이었다. 그의 아
우는 가족을 피난선에 태우려고 헌병대장에게 몇 시간을 조르다가 허
탕을 치고 돌아왔던 것이다. 일행은 저녁 먹는 것도 잊어버리고 헌병대
에서 가까운 한 민가에 들어가 밤새 무사하기를 기다리기로 했지만, 아

우는 헌병대로 갔다.

자정 무렵에 잠들어있던 그를 깨운 것은 아우의 다급한 목소리였다. 헌병대가 이동한다는 것이다. P와 그는 아우의 뒤를 따랐지만, 그 방에서 우연히 만난 직장 동료 M은 동행하지 못했다. 우역곡절 끝에 이튿날 저녁, 그러니까 12월 8일 그들은 헌병대를 따라서 LST에 타게 됐는데, 그 직전에 어젯밤에 헤어졌던 M이 부두에 나타나서 소식을 전해주었다. 그의 여동생이 애육원에 찾아왔기에 오빠는 어제 작은 오빠를 만나서 같이 갔다고 했더니 기뻐하면서 돌아갔다는 것이다. M은 YMCA 일꾼들과 함께 피난선으로 달려가고 날은 어두워졌는데, 어디서 함포 사격을 하는지 시내 이곳저곳과 비행장이 된 명사십리 쪽에서 요란한 폭발음과 검붉은 불길이 연방 솟아오른다.

모두들 선실로 들어갔는데 그는 홀로 갑판에 서서 캄캄한 하늘과 선창 그리고 선창의 전등불에 검은 물결이 일렁이는 바다를 굽어보았다. 그런데 저 선창을 빼곡하게 메운 저 사람들은? 필경 온종일 부두의 철조망 밖에서 애를 태우던 그 사람들일 것이다. 아! LST가 움직인다. 드디어 원산항을 떠나는 것이다. 그때 갑자기 선창 쪽에서 우렁찬 소리가 들려왔다. "만세! 만세! 만세!" 저 소리는 제외된 자들의 원망에 찬 절규다. 끝나지 않고 계속되던 저 소리도 이제는 아득하다. 그는 갑판 위에 무릎을 꿇고 기도를 드린다. "주님! 저 불상한 백성들에게 살길을 열어주소서. 주여! 이 쓸모없는 저를 왜 뽑아내 주십니까? 어디에다 쓰시려고 늙으신 부모님과 철없는 처자를 사지에 두고 이렇게 떠나게 하십니까? 제 앞길을 인도해 주옵소서. 아멘!"

LST가 도착한 곳은 남쪽이 아니라 더 북쪽인 흥남항이었다. 부두는 피난민이 넘쳐났다. 그날 저녁 그들이 탄 배는 미군의 화물선이었다. 그 배가 38선 이남인 묵호(지금의 동해)항에 이르는 동안 그는 아우에게서 그동안에 겪은 사연을 들었다. 사실은 부대가 북진하다가 원산에 이르면 가족을 만나도록 휴가를 약속했던 중대장이 공교롭게도 그들의 고향인 남산의 한 계곡에서 인민군의 저격으로 전사하는 바람에 뜻을 이루지 못한 채 진군하던 중 청진 부근에서 유탄(流彈)을 맞았지만, 천만다행으로 총알이 눈꼬리를 스치고 귀 뒤로 빠져나가서 전사나 실명을 면했는데, 함흥으로 후송돼서 치료를 받던 중에 가족을 만나러온다는 것이 이렇게 됐다는 것이었다. 그들이 강릉에 들어간 날이 성탄절이었는데, 아우는 원대 복귀하고 그와 P가 군부대 트럭으로 K시에 도착한 날은 새해 첫날이었다. 그와 P의 피난생활은 이날부터 시작된 것이었다. 주님의 인도하심을 따라서. 그 마음속에 소용돌이치는 찬송은 날마다 '주의 인도하심 따라, 주의 인도하심 따라, 어디든지 주님 따라 주와 같이 가려네' (360장 후렴)였다.

3부. 이런저런 사람들(下)

따뜻한 남쪽 나라

북방인(北方人)

그와 P는 아우의 부대가 후생지로 지정한 경주시의 저 유명한 법주(法酒) 양조장 옆에 있는 한 초가 윗방에 들게 되었다. 집 주인은 피난 중이었던 모양이었다.

그 방에 든 사람은 그들 둘 뿐이 아니라 도합 10명이었다. 그러면 8명은 웬 사람들이냐 하면 그의 아우가 북진 중에 부상하기 전 청진 부근에서 무슨 일로 도와준 일이 있는데, 공교롭게도 원산항을 떠난 LST가 흥남항에 정박하자 상황을 알아보러 상륙한 그의 아우가 우왕좌왕하는 군중 속에서 그들을 만나 자기 가족 대신 일행에 합류시킨 것이다.

방의 넓이는 3평쯤 되는데 낮에는 상관이 없지만 밤에 잘 때가 문제였다. 이부자리는 없어도 방에 불은 때니까 춥지는 않지만 두 집 식구가, 그것도 성인 남녀가 서로 몸이 닿지 않게 누우려니 머리를 써야했다.

그러느라고 했는데도 잠이 들었다가 자기 몸을 여인의 뜨거운 다리가 덮치는 바람에 깜짝 놀라 몸을 뒤치며 쓴웃음을 지은 적도 있었다.

그러던 어느 날 인근에 미군부대가 있다는 말을 듣고는 미군을 상대로 무슨 장사를 해보자는 의논 끝에 여인들이 고운 비단을 사다가 복주머니를 만들고, 거기에다 P가 긴 소매를 너풀거리며 춤을 추는 여인상(女人像)을 그렸고, 그는 그림을 따라 수를 놓았다.

다른 사람들은 익숙한 솜씨였지만 그는 첫솜씨라서 첫 작품은 자신의 눈에도 누구더러 돈 내고 사라기에는 민망스러운 졸작이었다. 그러나 두 번째부터는 그런대로 보아줄 만해서 용기를 얻어 모두 10개를 만들어 가지고 일행 중의 처녀에게 하나에 1달러씩 받고 팔아보라고 했더니 며칠 사이에 9개는 팔았지만, 그의 첫 작품은 끝내 '재고'가 되고 말았다.

이런 날이 한두 달 지났을 때 여인들이 찾던 장교와 연락이 닿았다며 떠나가 버리고 그와 P만 남았다. 이제는 천하에 아무 쓸모도 없고 할 일도 없는 백수가 되었는데, 때는 아직 추웠다.

허술한 차림으로 고향을 떠난 그는 어쩌다 얻은 누리끼리한 담요 한 장으로 걸치고 나갈 옷을 만들기로 작정하고, P가 재단한 것을 굵은 실로 정성들여 꿰매서 방바닥에 펼쳐보았더니 양 팔이 위로 뻗쳐서 '만세'를 부르는 꼴이 아닌가? 둘이 한바탕 웃고 나서 고쳐 꿰맨 것을 입고서야 불국사 구경에 나섰다.

불국사를 둘러보다가 다보탑을 감상하는데, 20대(代)인 한 병사가 동행인 여성에게 "오래됐다는 거지 별거 아니야" 하는 소리를 듣고 집에 돌아온 P는 "무식한 것들"이라고 분개하더니 1주일을 아예 몸져누웠었다. 정신을 차리고 나서 그가 하는 말이 "지금까지 서양미술에 심취해 있었는데 불국사를 보고는 부끄러워졌어. 내 나라 것도 모르면서 미술을 안다고 생각했으니까"라는 것이었다.

그날 그들은 나선 김에 석굴암을 구경하고 그 옆에 하나뿐인 여관에서 하룻밤을 자게 되었는데, 방에 불을 땐다는 것이 남쪽의 구들구조를 모르고 북쪽처럼 금방 더워지지 않는다고 계속 장작을 쳐 넣고는 밤중에 뜨거운 바닥에 놀라서 일어나 방에 불이라도 날까봐 물을 붓고는 방 구석으로 쫓겨나서 밤을 새우는 코미디를 벌였다.

솔직히 고백하면 12월 31일 저녁 불국사역 앞에 있는 큰 여관에 들어간 피난민 일행은 맹렬히 달리는 트럭 위에서 덜덜 떨던 몸을 웅크리고 앉아 있을 때 그와 P는 아궁이를 찾아가서 빼곡하게 쌓여있는 장작을 아궁이에 꾸역꾸역 쑤셔 넣어 놓고 불을 때는 봉사정신을 발휘한 결과, 한참 후에는 방바닥이 시커멓게 타는 바람에 사람들이 놀라서 사방 벽에 등을 대고 앉아서 자야 하는 희극이 벌어졌었다. 그런지 몇 달도 안 지났는데, 똑같은 바보짓을 거듭했으니 참으로 할 말이 없는 일이었다며 자기 뒤통수를 긁는다.

피난민

봄기운이 감도는 3월 하순이 되자 그와 P는 지루한 일상을 답답해하던 중인데, 주인 할머니가 가족들이 돌아온다면서 방을 비우라고 한다.

때를 맞춘 듯이 아우의 부대 병사들이 가족을 만나러 왔다가 귀대한다는 소리를 듣고는 따라나섰다.

군용 트럭 2대가 먼지를 날리며 달리고 달려 마침내 강원도 평창 부근에 도착했는데, 아우가 달려와서 통사정을 한다. 언제 전투가 벌어질지 모르는 상황에서 중대장으로서의 책임이 막중한 데다 형님들 걱정까지 시키려느냐는 것이었다.

결국 두 사람은 아우가 준 약간의 장사 밑천을 가지고 그 멀고 낯선 길을 걸어서 경주로 되돌아온다. 도중에 안양 어느 공장 뒷산에 진달래가 만발한 것을 한참이나 감상했는데, 지금도 그 앞을 지나갈 때는 그 생각이 떠오른다.

두 사람은 북촌 어느 집에 거처를 정하고 나서 무슨 장사를 할까 하고 시장을 둘러보다가 동숙이를 만났다. 동숙이는 그가 모교회(母敎會)에서 가르친 학생인데, 시계점 주인이던 아버지를 따라서 피난을 와 있는 어엿한 처녀였다.

그들은 동숙이 덕에 시계점의 일부를 빌어 '서점'이라고 꾸며서 책장에 겨우 헌책 몇 십 권을 꽂아놓고 때로는 함께, 혹은 번갈아 지키고 앉아서 장사라고 시작은 했지만, 나이 30이 넘도록 장사라고는 꿈도 꾸어본 적이 없는 숙맥들이라 말 그대로 파리만 날리고 있었다.

그들이 숙소에서 가게까지 나오는 길에는 여학교, 경찰서, 금융조합 등이 있는데, 금융조합 정문 옆에 서서 하염없이 북쪽 하늘을 바라보는 삼십대 남자의 창백한 얼굴과 여윈 몰골을 볼 때마다 그는 같은 피난민으로서의 동정심과 함께 가족에 대한 그리움이 가슴을 저미는 것 같았다. 하지만 주께서 뜻하시는 바가 있어서 나를 여기에 있게 하신다는 믿음으로 마음을 가라앉히곤 했다(그 남자는 1년쯤 지나서 병사(病死) 했다는 소식을 들었다).

한여름이라도 저녁때에는 가게 앞에 그늘이 진다. 그들은 간단하게 만든 긴 걸상을 그 그늘에 내다놓고 둘이 나란히 앉아 있었는데, 멀리 서 걸어오는 두 여인을 그가 가리키며 P에게 말을 걸었다. "저기 좀 봐. 두 여인이 어디서 온 사람 같은가? 내가 보기에는 왼쪽은 여기 사람이 고, 오른쪽은 피난민이야." "그걸 어떻게 알아?" 하고 P가 묻자 그는 대답한다. "걸음걸이가 달라. 왼쪽 사람은 치마를 걷어차면서 걷는데, 오른쪽 사람은 발을 모으면서 걷잖아?"

그런데 정작 여인들이 가게 앞을 지나가면서 주고받는 말씨를 들으 니 그가 말한 대로였다. 그는 의기양양해서 덧붙였다. "남쪽 사람들은 더우니까 다리를 벌리면서 걷지만 북쪽 사람은 추운데서 살아온 탓에 다리를 모으면서 걷는다 이 말이야." 그래서 또 한바탕 웃었다.

가게를 연지 한 달쯤 지났을 때였던가? 하루는 삼십대 후반으로 보 이는 남자가 가게를 기웃거리더니 자기는 인천 〈국제신문〉 기자인데, 기자증이 있어서 서울도 드나들 수 있으니 원한다면 고서적도 구해오 겠다는 것이었다. 가게는 열었지만 팔릴 만한 책이 없어 답답하던 터라 쾌히 승낙했더니, 그 후 두 번인가 주로 문학서적(일본판)을 한 짐씩 갖 다 주었고 달라는 대로 값을 치렀더니 그 사람이 그를 자기 집에 초대 해서 저녁 대접을 하기도 했다. 또 수복이 되자 같이 가자는 제의도 했 지만, 그는 마침 아우가 경주육군병원에서 요양 중이어서 자주 만나는 입장이라 사양했다.

그러나 이 기회는 그에게 소원 하나를 풀어주었다. 사실은 그가 철도국에 있을 때 러시아문학에 심취해서 여러 작품을 탐독했고, 도스토예프스키의 《카라마조프가(家)의 형제들》도 주문했었지만, 서두에 있는 글이 하도 어려워서 읽기를 단념한 일이 있었다.

그래서 이번에는 그 부분은 무시하고 읽었다. 아버지를 닮은 맏이, 비판적인 차남, 신앙적이고 도덕적인 삼남 등의 생활태도에서 감명을 받으면서 3권을 독파했는데, 지금도 잊혀지지 않는 대목은 여러 사람의 존경을 받던 한 성직자가 죽었을 때 그 시체에서 유난히 악취가 진동함으로써 사람들을 실망하게 했다는 것이었다.

작가는 이 대목에서 물질적인 것 때문에 그보다 차원이 높은 영혼을 보지 못하는 인간의 약점을 지적한 것일 터이라고 그는 보았다.

어쨌든 그들은 둘이 다 어쩌면 그렇게도 장사수단이 없었던지 반년도 못가서 그만두고 말았다.

그러자 어머니와 세 여동생을 생이별하고 그와 동행한 P가 아버지를 만난다면서 부산으로 떠났는데, 소년시절부터 늘 그에게는 비판적이었던 P는 이별하는 마당에서도 한마디를 던지는 것이었다.

"전에는 군을 존경했는데 같이 지내보니 참 무능하군. 실망이야."

그는 P가 무엇 때문에 존경했으며 무엇에 실망했느냐고 묻지 않았지만, 언제나 그랬듯이 충고로 받아들이고 고맙게 여겼다.

P가 떠난지 얼마 지나지 않았을 때 뜻밖에도 그의 당숙이 찾아오셨다. 당숙은 북에서 용지원 역장이었는데, 둘째 아들이 이남에서 국군이 되었다는 사실이 밝혀지는 바람에 쫓겨나자 단신 월남을 결심하고 동해안을 걸어오는 동안 들르는 동네에서 구걸하지 않고, 신발 같은 것을 꿰매 주고는 음식대접을 받았다. 그리고 부산에 도착한 후에 우연히 조

카의 장인을 만남으로써 그를 찾아올 수가 있었다는 것이었다.

그로서는 당숙을 만난 것이 반갑고 기뻤지만, 자신이 무일푼인 터에 당숙마저 빈손이라니 앞길이 막막한 처지였다. 하지만 그래도 정부에서 피난민에게는 식량을 배급해주니 굶을 염려는 없다며 태평이었다.

그는 배급받은 보리쌀을 군용 반합에다가 끓여서 먹는데, 반찬은 왕소금이 전부였다. 이 밥을 석 달 동안 먹은 덕에 그는 지병인 위산과다증이 나았다.

명식회(明食會)

감기로 누운 그가 근자에 찾아온 당숙과 함께 빈집에서 거적때기를 깔고 지낸지 한참 뒤에 경주제일교회의 명식회원 네댓 명이 쌀이며 땔감을 둘러메고 찾아와서 약을 사 먹으라며 현금도 건네주었다.

명식회라는 것은 그 교회에서 삼사십대 중견들의 친목단체인데, 그는 처음으로 초대를 받았을 때 '밝게 먹는 모임' 쯤으로 생각했다. 하지만 알고 보니 그게 아니라 '발가먹는회' 라는 것이었다. 누가 누구를 발가 먹나 했더니 기껏해야 회원끼리, 그것도 말만 발가 먹는 것이고, 사실은 회원이 서로 자진해서 점심이나 사는 정도로 무슨 회칙이나 회기가 있는 것도 아닌 그야말로 '먹고보자회' 에 불과했다.

그런 회원들이 왜 피난민 중에서도 홀몸인 그에게 이토록 호의적이냐 하면, 그가 몇 달 전에 만나 명식회 회장격인 김윤주 장로(일찍이 한국신학대학을 졸업하고 30대에 장로가 되었지만 목회의 길로 들어서지 않고 양복점을 차리고 있었는데, 그가 유년부장인 김장로의 가게에 찾아가서 자기소개를 하고는 유년부에 봉사하겠다고 자청함으로써 두 사람 사이가 친밀해졌고, 가족들과도 알고 지내게 되었다)로 인해서이다. 김장로는 자애로운 노모를 모시고 두 딸에게는 이쁜이와 고쁜이(호적에는 부득이 한자로 伊粉, 高粉)라고 이름 지을 만큼 개명(開明)한 사람인데다가 성정이 무던하기 이를 데 없이 선량한 인품이었다(그가 경주를 떠나게 되었을 때 김장로는 손수 양복 한 벌을 지어서 그에게 주었다).

이들이 그를 찾아온 것은 그렇게 열심히 주일학교에 봉사하던 사람이 나타나지 않으니까 수소문 끝에 찾아냈던 것이었다. 그는 그 돈으로 감기약을 사먹고는 거뜬히 나아서 다시 주일학교에 봉사하게 되었다.

그리고 당숙이 황남리 쪽 어느 골목길 입구에 있는 한 평도 못되는 국화빵 가게를 인수함에 따라 둘이서 번갈아 일하게 되었다.

또 같은 교회에서 '성경구락부'라는 이름으로 초등학교에도 가지 못한 어린이들을 가르치고 있는 한 여성의 요청에 따라 그는 밤에는 가르치고(보수는 식량으로 받고), 낮에는 장사를 하고 있었다.

그러나 이런 상황은 오래가지 못했다. 왜냐하면 그의 아우가 제주도 제일훈련소로 배속되어 갔는데, 어느 날 그와 당숙을 그리로 오라는 편지를 보낸 것이 전에 그들이 신세지고 있던 집으로 배달되었다. 그런데 그 집 할머니가 낯선 군용(軍用) 봉투를 오해하고는 초가집 추녀에 꽂아버린 결과로 그에게 전해지지 않았고, 기다리다 못한 아우가 친 전보를 받고서야 서둘러 제주도로 갔던 것이다.

하지만 공교롭게도 그 사이에 아우의 보직이 바뀌었기 때문에 숙질은 하릴없이 서귀포 바닷가의 한 민가에서 세월을 낚고 있었다.

그렇게 한 달쯤 지났을 때 그에게 연이어 두 통의 편지가 날아들었으니 하나는 성경구락부로 돌아와 달라는 편지요, 다른 하나는 성가대 지휘자인 김선생이 최근 성결교회에 온 J 목사가 주재하는 '갈보리회'라는 기도회에서 은혜를 받고 있는데, J 목사도 만나고 싶어 하니 동참하기를 바란다는 내용이었다. 그는 생각했다. 아우는 형에게 경제력을 주려고 불렀지만, 주님은 나에게 봉사하라고 하신다고. 결국 당숙은 그곳에 남고 그만 경주로 돌아왔다.

시키시는 대로

교회 안에서

경주에 돌아온 그는 그 무렵에 부임했다는 김전도사의 환영을 받아처음에는 들고 온 도시락을 사택에서 먹다가 어느 날부턴가는 그 집 밥을 먹기 시작했고, 때로는 저녁밥까지 얻어먹으면서 유년부에 봉사했다. 물론 평일이면 낮에는 성경구락부 초등반을, 밤에는 중등반을 가르치는 한편 월요일 밤에는 갈보리회에 참석해서 은혜를 받았다.

그 무렵이었던가? 하루는 무슨 일로 부산에 가서 국제시장을 둘러보다가 고향 학교에서 일할 때 알게 된 H를 만났다. H는 그의 동향인이지만 부잣집 아들로 일찍이 서울에 유학 중인 동향인으로 역시 유학생이던 처녀와 연애결혼을 하고 아들 셋을 두었는데, 1·4후퇴 때 단신 월남한 그와 똑같은 처지였다. 하지만 둘이 만난 자리에는 H와 막상막하로 몸집이 넉넉한 부인이 같이 장사를 하고 있었는데, H는 자기 콧수염을 가리키며 그에게 말했다.

"어때? 내가 마흔 두 살로 보이지?" 하고는 피난민증을 꺼내 보이면서 덧붙였다. "내가 제이국민병으로 끌려가려고 여기까지 왔어?" 사실 H는 그와 동갑이다. 그러니 10년을 늘린 것이다. 그러나 고지식한 그의 피난민증에는 호적 그대로 기록되어 있었다(사실은 전에 책방에 앉아 있다가 형사를 따라 경찰서까지 P와 두 번이나 간 일이 있었지만, 무사했던 것은 경주에서 처음 머물렀던 집 할머니가 소개해 주신 김형사 덕이었다).

그는 H와 헤어져 걷던 중에 눈에 띄는 광고를 보고 강연장에 들어갔는데, 그곳이 부산YMCA 회관이었다. 강연회가 시작되자 알토 김천애가 부르는 독창을 들었는데, 그가 오늘날까지 잊지 않고 있는 것은 그날의 연사인 세계YMCA 총재가 자신은 40년 동안 그리고 자기 아내는 25년 동안 주일학교에 봉사한 것을 가장 자랑스러운 행운이라고 생각한다는 말이었다.

어느새 성탄절이 가까워 오자 그는 유년부가 주최하는 성탄 축하회를 기획하면서 '돌아온 탕자' 라는 성극 시나리오를 써서 연습을 시키고 있었다.

드디어 '성탄 축하의 밤' 이 시작되자 그가 사회자로 나섰다. 교회당은 준공된지 얼마 안 되는 석조 건물로 백 평이 넘는 마루에 의자는 하나도 없이 좁은 강단을 제외하고는 관객으로 꽉 찼는데, 앞자리에는 앞아있지만 대부분은 빼곡히 서 있어서 순서가 진행 중에 조금이라도 틈새가 생기면 금방 시끄러워진다.

그런 경우가 두세 번 생기자 그는 한 꾀를 내서 급히 무대 한 구석으로 달려가 앞에 앉아 있는 아이들에게 무슨 말을 건네는 시늉을 했다. 순간 장내가 조용해졌다. 모든 시선이 그리로 집중되고 귀를 기울였기 때문이다. 관심이 집중되었던 것이다. 그제야 그는 순조롭게 순서를 진행시켰다(이 방법은 그가 그 후에도 가끔 써먹는 비장의 무기가 되었고, 그의 제자 중에서 이 방법으로 효과를 보고 있다는 말도 들었다).

축하회의 마지막 순서로 성극 '돌아온 탕자'가 시작되자 장내는 수습할 수 없게 술렁댔고, 건물 바깥에서 창문으로 들여다보던 사람들 때문에 유리창이 깨지는 소동이 벌어지는 바람에 2막으로 진행될 성극을 1막으로 끊어버리고 말았다.

웬 사람이 그렇게 많았느냐 하면, 본 교회 교인뿐 아니라 이 교회에서 갈라져 나간 중앙교회에서도 많은 어린이들과 어른들이 모여들었기 때문이었던 것이다(나중에 안 일이지만 그와 여러 해 교제한 S도 유년부 반사로서 아이들을 인솔하고 그 자리에 왔었다는 것이다).

새해가 되고 어느새 신학년이 코앞에 닥쳤을 때 유년부를 졸업할 아이들의 장래를 걱정하던 그는 저들에게 교회를 통해서 신앙 훈련을 받는 기회를 계속 가지게 해야 된다는 생각을 하고, 김전도사와 합의해서 유년부 졸업생을 위한 '소년회'를 조직했다. 명칭을 이렇게 정한 이유는 유년부를 졸업하고 중학교로 진학하는 아이들과 그러지 못하는 아이들을 모두 끌어안아야 한다는 생각에서였다.

주일 오후 2시에 시작하는 예배와 성경공부를 마치고 날씨가 좋으면

야외(경주에야 즐길만한 장소가 좀 많은가!)에 나가 놀고, 날씨가 사나
우면 어느 회원네 집에(열 명도 안 되는 회원이) 가서 즐거운 시간을 가
졌다.

그는 '등대'라는 회지(會誌)를 손수 등사해서 만들어 나눠주기도 했
다. 그러나 1년도 지나지 않아 중학생만 남고 슬슬 빠져나갔기 때문에
부득이 '학생회'로 이름을 바꾸게 되었다(그래도 창립멤버 중에서 후
일 국회의원 D도 나오고, KBS의 중역 그리고 서울에서도 이름난 유치
원장 등 사회에 크게 기여한 인물들이 나왔다. 그것은 그 자신의 정성
과 노력에 비하면 넘치는 주님의 은혜라고 그는 감사하고 있다).

교회 밖에서

그가 주일 오전에는 유년부, 오후에는 학생회에 봉사하고 평일에는
성경구락부에서 가르치는 등 부지런히 활동하고 있을 때, 한 가지 일거
리가 더 생겼다.

누구의 추천이었는지는 모르지만 교회가 후원하는 성경학교에서 문
학을 가르치기 시작한 것이다. 성경학교에는 남녀 청년 20여 명이 모
였는데, 그 중에 S도 있었다.

어느 날 그가 학생들에게 숙제를 주었더니 과제물을 제출한 학생은
단 한 사람이었는데, 바로 S였다. 그는 그때 비로소 S의 이름을 알았고
성의껏 조언하는 글을 적어서 돌려주었다.

그 무렵에 어느 날 유리창 너머로 김선생이 기웃거리더니 자기도 영
어를 가르치겠다고 나섰다. 게다가 오는 성탄절에는 청년들이 성극을
연출하겠으니 각본을 만들어달란다는 것이었다. 그는 사양하지 않고

기껏 써낸다는 것이 '대화극'이었고, 연습할 시간이 촉박하다는 말로 퇴짜를 맞았다.

이런 일이 있었음에도 불구하고 김선생은 그를 챙겨주었다. 그 즈음에 자기가 경주Y(YMCA)의 총무로 선출되자 그를 간사로 끌어들였다. 그래서 그는 성경구락부와 성경학교의 일을 그만두고 Y에만 매달리게 되었다.

Y에는 여러 강좌가 있어서 그는 소년소녀들에게 지리를 가르치는 일도 맡았는데, 영어강좌 고급반에는 당시 경주고등학교 교사인 이원경 선생(후일의 외교부 의전국장, 주일대사, 외무부장관)을 청빙하고, 김선생과 J 목사도 배우는데 초등반에 S가 참석하는 것을 보고, 그는 S가 자기 주변을 맴돈다는 느낌을 받았다(그 무렵에 S는 갈보리회에도 자진 참석했다).

그러나 Y회관 뒤뜰에 한 그루뿐인 무화과나무에 듬성듬성 매달린 열매가 무르익어서 따먹게 되었을 때 피난민들이 서울로 수복하기 시작하는데, 김선생도 떠난다면서 그에게 동행을 제의했다. 그로서는 경주에 남아있을 이유가 없기에 동의했다.

그런데 그가 퇴근하는 길에 S가 따라와 나란히 걸으면서(어디서 들었는지) 작별인사를 하는 것이었다. 그것이 계기가 되어 두 사람은 피차의 처지와 희망을 알게 되고 동병상련 같은 감정으로 교제하게 된다.

피난민

완전한 빈털터리인 그가 김선생의 가족과 함께 상경한 그날부터 여덟 식구가 자는 방 한 구석에서 새우잠을 자고, 낮에는 스카라극장 옆에서 충무로로 빠지는 골목 한 켠에 각목 몇 개와 널빤지로 엉성하게 만든 상 위에 장난감 여남은 개를 펴놓고 지나가는 사람들에게 팔 셈이었지만, 열흘이 지나도록 눈길을 주는 사람은 한번도 없었다. 상품도 상품이려니와 말 한마디도 없이 우두커니 서 있는 그가 수복 직후인 서울 시민의 분주한 발걸음을 멈추게 하기에는 너무나 동떨어진 모습이었을 것이다.

사실 김선생이 그에게 같이 가자고 했을 때는 아래층에 세를 주고 떠난 가게자리가 있으니 거기에서 서점이나 꽃가게를 열면(사람 왕래가 많은 곳이니까) 좋을 것이라고 했기 때문에 따라 나섰던 것이다. 하지만 막상 상경해서 보니 주인이 없는 동안에 그 공간이 '간판점'으로 이용되었던 탓에 천장이며, 사방 벽이며, 문짝뿐 아니라 바닥까지 온통 페인트 천지여서 어디서부터 손을 대야 할지 난감한데, 그곳을 제대로 꾸밀만한 돈을 가지고 있는 것도 아니요, 그것마저 김선생에게 의존할 염치도 없기에 아예 포기하고 말았던 것이다.

마침 김선생보다 조금 먼저 상경해서 혜화동교회 담임이 된 J 목사가 그의 사정을 알고 불편하더라도 같이 지내면서 교회에 봉사해달라는 제의가 있어서, 진종일 골목길에 서서 떠는 것은 면하게 되었다.

그러나 J 목사 자신이 단층인 교회 건물 한구석에 마련된 방 한 칸에 여섯 식구가 비좁게 사는 처지라, 그가 끼어들 틈이 없기에 미닫이인 정문을 밀고 들어서면 신발장이 있고 중간 문을 밀고 예배공간에 들어서서 왼쪽에는 사택으로 쓰는 온돌방이 있는데, 반대쪽에 빈방이 있고, 위층으로 통하는 나무계단 위에 역시 마루방이 있어서 북쪽과 서쪽 창문을 통해 햇빛이 들어와서 밝기는 하지만, 그로서는 밤에만 신세를 지는 곳이니 오히려 고통을 더해주는 시설이었다.

그 공간의 남쪽에 철침대 하나가 놓여있지만 매트리스나 이불은 없었다.

건물이 밖에서 보기에는 종각이지만 종이 있는 것도 아니니 그냥 '종탑방'이었다. 붉은 벽돌을 길게 이어 붙여서 벽이 엷은데다가 길 건너에 성당과 동성학교가 내려다보이는 언덕배기라서 서북풍이 몰아치면 보통 추운 곳이 아니었다.

그런 방에서 그는 있는 옷을 다 껴입고도 얇은 구제품 이불로 몸을 감싸고 잠을 청하곤 했는데, 그래도 워낙 잠을 잘 자는 사람이라 금방 깊은 잠에 빠져드는 것이었다.

그런 그에게 정작 고통을 주는 것은 새벽이었다. 새벽녘에는 오줌이 마려워지면서 잠이 깨기 마련인데, 건물 밖으로 나가야 되는 그 시간이 바로 새벽기도 예배 직전이니까 부지런한 교인들이 한창 모여드는 시간이다.

그럼 조금 일찍 일어나서 볼일도 보고 예배에도 참석하면 문제될 것이 없겠지만, 그에게는 그럴 수 없는 사정이 있었다. 그것은 그가 제철소에서 얻은 안질로 인해서 잠을 덜자고 일찍 얼어나기라도 했다 하면 그날뿐 아니라 며칠을 두고 눈알이 빠질 듯이 아팠던 경험 때문이다.

찬송가가 울려 퍼지니 잠은 달아났는데, 나갈 수는 없으니 참고 참는 수밖에(이렇게 한겨울을 지낸 것이 병이 되어 그 후 이삼 년에 걸쳐 두세 번 그를 당황하게 했다).

예배가 끝나고 교인들이 돌아가면 그의 고통도 끝났고, 조반 후에 가족들이 흩어지면 그는 자기도 모르게 그 따뜻한 방에 다리 쭉 뻗고 누워있다. 사모님이 그 꼴을 보면 담요를 덮어주면서 발까지 감싸준다(훗날 그가 봉사하는 교회에 집회를 인도하러 온 J 목사를 그가 소개하는 자리에서 이때의 이야기를 했는데, J 목사가 그 말을 받아서 "집에 돌아가면 따져봐야 되겠습니다" 해서 폭소가 터졌다).

그러던 어느 날 그가 혼자 그 방에 앉아서 지난 주일 예배 후에 K 장로가 자진해서 마련해 갖다 준 모 기관의 신분증에다 자신의 증명사진을 밥풀로 붙여놓고 말리고 있었는데, 소리도 없이 낯선 장정 둘이 방에 들어와 하는 말이 수상한 사람이 교회 안에 숨어있다는 정보가 있어서 알아보러왔다는 것이었다. 그는 그 신분증을 들어 보임으로써 봉변을 면했다.

수도 서울에서 (2)

그럭저럭 겨울이 물러가고 봄이 되었다. 그가 아우의 결혼식에 참석하기 위해 다시 제주도에 갔다 와서 보니 그동안에 교회에서는 증축을 결의하고 이미 건축업자와 계약을 맺었는데, 그에게 공사 감독을 맡기기로 결정했다는 것이다.

그래서 계약서를 살펴보니 현재의 건물(40평 미만)을 두 배로 늘린다고 되어 있는데, 공사비가 과다하게 책정되어 있었다. 하지만 내부공

사는 교회 측의 요구대로 한다는 조항이 있기에 그는 네모난 상자 같던 강단을 위에는 아치형으로 꾸미고, 그것을 떠받치는 기둥 하나를 신전의 돌기둥 모양으로 만들어 세우게 하며, 강단 밑에 창고가 될만한 공간도 마련하는 등 공사비가 아깝지 않도록 설계하고 감독했다.

한편 공사를 시작할 때에 맞춰서 J 목사 가족과 그는 교회에서 가까운 곳으로 이사를 했는데, 그는 침대까지 있는 방 하나를 쓰는 호강을 하게 되었다. 그뿐인가! 유년부장으로서 여중생들로 학생회를 만들어 지도하는데 성가대 대장까지 맡게 되었지만, 날고뛰는 대학생들이 지휘자를 불신하는 와중이어서 그는 대장 구실을 제대로 하지도 못했다.

증축공사는 중도에 하청업자가 바뀌는 곡절이 있었어도 가을에 들어서서 끝났으니, 그는 다시 속수무책으로 하늘만 쳐다보는 신세가 되었다. 그런데 마침 교사인 신예순 집사가 한 갑부네 손녀와 그 친구 몇(6학년생)에게 과외공부를 주선해 주었다.

그는 첫날 대면하고 대화를 나누었는데, 이튿날부터 공부하기로 약속한 시간에 갔더니 그 집 아이 말고는 아무도 나타나지 않았다. 부잣집 아이들이 촌티가 줄줄 흐르는 그를 환영할리가 없었던 것이다.

이런 꼴을 당하고도 그는 조금도 기가 죽지 않은 것은 '재치 있고 젊은 선생이기를 바랐던 아이들이 내 꼴을 우습게 본 탓이다. 누구를 원망할 일도 아니요, 자책할 것도 없다' 고 생각했기 때문이다.

이런 천덕꾸러기인데도 J 목사는 그를 한 사립학교 교장에게 추천하고 즉석에서 승낙을 받자, 내외가 남대문시장에 가서 그에게 입힐 양복 한 벌을 사다주었다.

가난한 학생들

그는 출근한 첫날, 첫 시간 운동장에 집합한 학생들을 향해(지휘대에 올라서서) "우주대(宇宙大)의 포부를 갖자"고 외쳤다(지금 생각해도 그게 어디서 나온 패기였을까 싶어 웃음이 난다고 한다).

그는 고1을 담임하고 국어를 가르치는 한편, 중1의 지리과목도 맡게 되었다. 그 반은 학생 수가 자그마치 90여 명이나 되어 맨 앞의 책상이 교단에 붙어있을 정도였는데, 한창 까불 나이들이라 선생이 교단에 올라서거나 말거나 난장판을 벌이는 것이었다.

그러나 그는 정면 대응을 하지 않고 미리 준비한 우리 속담 두 가지를 칠판에 크게 써놓는다. 그러면 학생들의 시선이 집중되면서 조용해진다. 그런 분위기에서 그는 그 속담을 풀이하고 공책에 써두라고 한 다음에 비로소 교과서를 펴게 했다. 그는 학생들이 떠드는 것은 선생에게 전적으로 책임이 있다고 생각하고 "떠들지 마라"라고 호통을 치거나, 반장에게 책임을 묻거나 한 적이 없다.

또 고1반은 40여 명이었지만, 서울에서도 외진 곳이라 거의 다 가난한 집 아들들이었다. 나이만 하더라도 18세에서 24세까지인데, 그 중 절반가량이 자기 힘으로 공납금을 마련하고 있었다(그는 담임이 되자마자 학생과의 1:1 대화로 실정을 파악했다). 개중에는 밤늦게까지 철공소에서 망치질을 하고는 수업중에 늘 조는 학생, 전기 사정이 나쁜 시대여서 퇴근하는 시민들에게 양초를 팔아야 한다며 날마다 조퇴하는 학생도 있었다.

이런 학생들을 상대로 일반적인 수업을 한다는 것이 무리라고 판단한 그는 수업 첫머리에 고시조(그 중에서도 로맨틱한 황진이의 시조 등)를 칠판에 써주고 해설해줌으로써 학생들의 주의를 집중시킨 후에 교과서를 펴게 했다.

그리고 교재를 시시하게 여기는 머리 좋은 학생들은 자유롭게 다른 책이나 신문을 읽어도 좋다고 미리 광고를 해두고, 주로 이해력이 부족한 학생들을 위해 노력했다.

해가 바뀌고 새 학년이 되자 그는 고2의 담임으로 역시 국어를 가르치고 있었는데, 어느 날 교장이 그를 교장실로 부르더니 종교주임을 맡고 있는 모 교사에 대해 물었다. 그는 교육자로서 동료를 비판할 수는 없다고 했는데, 며칠 후 교장은 그를 종교주임으로 교체했다.

그는 주일학교에서의 경험을 살려 능력껏 가르쳤다.

그것은 아마도 6·25 기념일이었을 것이라고 그는 기억한다. 무엇 때문이었는지 고3이 아닌 고2 학생들에게 당일 아침 동대문운동장의 기념행사에 학교 대표로 참가하라는 지시가 내려졌다.

그는 학생들에게 "학교의 명예가 걸린 단체행동이니 반드시 참가하되, 특히 학생회 간부들은 책임을 지라"고 지시했다.

그런데 공교롭게도 이튿날은 이른 아침부터 하늘이 잔뜩 찌푸리고 금방이라도 비가 쏟아질 것 같았다. 그는 흰 남방셔츠를 입고 현장에 갔는데, 자기반 학생은 절반도 안 되고 간부 몇 명도 나타나지 않았다.

행사는 진행되고 시청 앞까지 행진한 끝에 해산이 되었는데 기다렸다는 듯이 소나기가 퍼붓는다. 그도 별 수 없이 흠뻑 젖은 몸으로 서대문 굴다리 옆인 하숙집까지 걸어서 갔다. 우비를 가진 사람은 전혀 없었다(그런 시대였다).

문제는 다음날이었다. 운동장에 전교생이 모였다가 해산하는데, 그는 담임한 학생들을 그 자리에서 떠나지 못하게 하고 다른 반 학생들이 다 떠난 후에야 입을 열었다. 물론 책임추궁이었다.

그런데 책임은 학생들과 선생인 자기가 똑같이 져야 한다고 말하고, 학교의 명예를 손상했으니 이 한 시간(마침 국어시간)은 수업 대신에 여기 서서 반성한다고 했다.

그렇게 한 10여 분이나 지났을까? 오늘도 일찍부터 꾸물거리던 하늘에서 또 소나기가 쏟아진다. 그러자 반장이 뛰어나와서 "저희는 벌을 받아야 하지만 선생님은 들어가십시오" 하는데, 그는 움직이지 않았다.

한참 지나자 모두가 몸을 떨 만큼 옷과 몸이 젖었는데도, 그는 입을 다물고 있다. 그때 사환이 달려오더니 "교장선생님이 다들 교실로 들어오라고 하십니다"라고 그에게 말한다. 그는 교장선생님의 지시를 학생들에게 전달하고 질서를 유지한 채 교실로 들어갔고, 그 하루를 체온으로 젖은 옷을 말리면서 지냈다. 학생들 역시.

사실 교사의 시간이란 유난히 빨리 지나가는 것이다. 어느새 여름방학이 지나가고(그동안에 주일학교 봉사는 계속하고) 새 학기에 접어들었을 때 '정부방침'이 발표되었는데, 그 내용이 사립 중·고교의 현직 교사에게 한하여 학력, 경력을 불문하고 '준교사' 자격을 부여한다는 것이었다.

그런데 이 발표가 고지식한 그에게는 기쁜 소식이 아니었다. 자신의 경력이나 노력도 없이 거저 주는(공짜) 자격증을 받아들고 기뻐하는 자화상을 상상하고, 그는 머리를 흔들었다.

그는 즉시 부산 수영비행장 앞에서 미군들의 초상화를 그려주고 있다는 P에게 편지를 보냈다. P의 답장에는 "마음에 꺼림칙하거든 그만

두고 오라”면서 자기가 한 고아를 데리고 있으니 고아원을 차리지 않더라도 고아를 돌보기만 하면 되지 않느냐는 뜻으로 이해한 그는 즉시 교장 앞에 사표를 내놓았다.

교장이 의자에서 벌떡 일어서더니, “이선생, 왜 이러시오? 나는 사람 하나 잘 만났다고 좋아했는데”라고 말했다. 그는 “저는 오래 전부터 고아사업을 사명으로 생각해 왔는데, 교장 선생님께서 저를 우대해주시니까 이러다가는 여기에 안주해버릴 것 같아서 결단한 것입니다. 허락해주십시오”라고 대답하자, 교장은 “우리 학생들도 불쌍하기는 마찬가진데”라며 아쉬워했다. 교장은 개교 이래 평교사에게는 전례가 없다는 송별회를 창경원 안에 있는 ‘화정’에서 베풀었고, 전별금도 200원이나 주었다.

그는 이 돈과 그동안 모아둔 약간의 저금을 가지고 P에게로 갔다.

구식 시조 한 수

– 월남 후의 어느 종탑방을 회상하며

찬 하늘에 끼룩끼룩 떼기러기 울며 가고
칼바람에 떠는 몸이 잠 못 드는 그 밤에
주의 손 솜이불 되사 고이 재워 주심은

목회자의 카리스마

　목회자의 카리스마는 어디에서 나올까? 설교? 행정능력? 사회적 영향력? 어떤 교역자는 교인들의 가정상황을 꿰뚫고 있어서 만나기만 하면 누구를 위해 기도한다고 말하니 모두 고마워한다는 것이다. 또 어떤 이는 이른 아침부터 전화기를 붙들고 교인들의 문제에 조언해주니 역시 고마워할 것이다. 간혹은 안수기도로 병을 고치는 이도 있고, 마귀를 쫓아내는 이도 있으니 그런 능력에서 카리스마가 나오기도 할 터이다.

　그러면 스스로 자신만이 참 목자라고 하신 예수님은 어떤 카리스마를 가지셨던가? 그분을 본받아 진정한 목자가 되겠다고 나선 교역자는 그분에게서 무엇을 배워서 그분을 기쁘시게 하며, 교인들에게 그분의 은혜를 중개할 수가 있을까? 성경에 의하면 그분은 초자연적인 기적을 많이 나타내셨다. '물 위를 걸었다', '바람과 바다를 잔잔케 했다', '5병2어로 5천명을 먹였는데, 열두 광주리가 남았다', '병든 자들을 고치셨다', '마귀를 쫓아내셨다' 등등인데, 교역자 중에는 다른 기적은 감히 흉내내지 못하지만 병을 고치거나 귀신을 쫓아내는 능력을 얻고자 하는 이가 있을 터이고 소망을 이룬 경우도 있다. 그러나 굳이 기적의 능력이라야 카리스마일까? 오히려 가능성의 확률은 초자연밖에 없다. 성경에는 예수님이 기적을 나타내신 기록만 있는 것이 아니라, '말씀에 권능이 있다', '손수 제자들의 발을 씻어주셨다' 는 사실도 있다.

　그러므로 목회자가 추구해야 할 목표는 기적으로써가 아니라 말씀의 권능과 겸손을 주님에게서 배우는 일이어야 할 것이다. 그런 의미에서 여기에 한 목회자를 소개한다. 이분은 체격이 건장하거나, 눈빛이 강렬하거나, 목소리가 우렁차서 위엄이 있는 그런 분이 아니다. 오히려 목소리가 조용해서 마이크시대가 아니었으면 기껏해야 백 명도 들을까 말까할 정도인데다가 전에 축농증을 앓았었는지 설교 중에도 킁킁 소리가 튀어나온다. 그럼에도 불구하고 이분의 설교는 교인들의 귀를 사로잡는다. 어떤 이의 설교는 음식을 차려놓고 "이거 안 먹으면 혼난다" 하는 아빠 같고, 또 어떤 설교는 "이걸 먹어야 병이 나아요" 하는 간호사의 호소 같은데, 이분은 웃음을 띠고 생선가시를 발라주면서 식욕을 자극하는 지혜로운 엄마를 연상하게 한다. 다른 말로 하면 이분의 설교는 성경이라는 음식을 양념 맛으로 먹게 하는 것이 아니라, 음식 재료 자체의 속 맛을 느끼게 한다. 이런 설교의 경향은 당연히 이분의 성격과 신앙노선에서 비롯된 것일 터인데, 그래서 그렇겠지만 차분하고 진지한 성향인 사람들의 존경을 받는다.

그러나 이분을 소개하는 사람이 이분을 존경하는 플러스 알파가 있다. 여기서는 편의상 소개자를 X라 하고, 소개 받는 분을 Y라 한다. X는 수십 년 동안 여러 가지로 Y의 도움을 받아온 처지다. 그러나 X가 Y를 존경하는 이유는 Y의 겸손한 인격 때문이다. 한 예를 들면 한 번은 Y가 어려운 수술을 받고 입원중이라는 기별을 받은 X가 급히 상경해서 병실에 들어가서는 병상에 두 손을 짚고 소리 없이 기도를 드리고 나서, Y의 설명을 듣고는 환자를 쉬게 해야겠다는 생각에서 서둘러 떠나려고 했다. 그때 Y가 힘없는 목소리로 "장로님, 나를 위해 기도해 주세요"라고 말했다. X는 감격 중에 간절한 기도를 드렸던 것이다.

또 이런 일도 있었다. 이 사연은 X가 사모님에게서 들은 얘기인데,

어느 날 한 20대 청년이 Y를 찾아와서 하는 말이 자기는 아주 어릴 때부터 절에서 자랐기 때문에 자신의 출신이나 성분도 모르는 채 승려로서 수행하는 것이 무의미하게만 느껴져서 무작정 절을 나왔지만, 갈 바를 알지 못해 헤매던 중, 이 교회 건물이 절 같기도 하고 교회 같기도 해서 들리기는 했지만, 여기서도 별무신통(別無神通)이면 자살해버릴 작정이라고 남의 말 하듯 하더라는 것이다. Y는 그런 그를 설득해서 어느 권사 댁에 머무르게 해주고 자주 접촉하면서 소망을 갖게 해주었을 뿐 아니라, 결혼도 시키고 장사도 하게 했다. 그런데 그 청년은 사회생활에 적응하지 못한 나머지 부부가 야반도주를 하고 말았다면서 "어디 가서 굶어죽지나 않았는지 걱정"이라고 사모님은 한숨을 쉬는 것이었다.

결국 교역자의 카리스마도 그의 인격에서 나오는 것인데, 그것은 그가 얼마나 예수님을 사랑하느냐에 달려 있다고 말할 수밖에 없겠다. 그가 예수님을 사랑하는 만큼 그는 예수님이 사람을 사랑하신 것처럼 모든 이웃을 내 몸같이 사랑하라 하신 그분의 뜻을 따른 것이다. 참된 카리스마는 사람의 가슴을 따뜻하게 적시는 '인간애'에서 나오는 것일 터이다.

평생 산타크로스

리모컨으로 채널을 돌리는데 '세상에 이런 일이'가 방영되고 있었다. 처음에 나타난 화면은 80세라는 할머니가 인터뷰하는 사람에게 "지금은 0℃가 넘었으니 이대로 지내고 0℃ 이하가 되면 방바닥을 덥히지"라고 말하는데, 그 방바닥에는 주먹만한 양초 서너 개에 작은 불이 켜져 있다. 대단한 자린고비라고 생각했다. 다음 장면은 참신한 문화주택인데, 그것이 저 할머니의 집이란다. 아하! 그렇구나. 저렇게 근검절약해서 모은 돈으로 저렇게 멋진 집을 지었나보다 했다. 그러나 그 다음 장면은 상상 밖이었다. 주변에 어울리지 않게 다 쓰러져가는 초가 한 채가 이 할머니의 집이었는데, 마을 사람들이 돈과 자원봉사로 헌집을 헐어치우고 새집을 지어주었다는 것이다. 어허! 그렇다면 혹시 그 초가가 하도 보기 흉해서 그냥 두면 마을 집값이라도 떨어질까봐 그랬나? 했다. 하지만 그런 상상도 선의의 해석이 아니었다. 다시 비춰진 할머니의 뒷벽에 십자가가 걸려 있는데, 내레이터의 목소리가 들렸다. 이 할머니는 이웃 사랑을 실천하느라고 평생 자신을 위해서는 철저하게 최저생활에 만족해 왔고, 그것을 보다 못한 마을 사람들이 힘을 모아 온수온돌이며 조명시설을 갖춘 문화주택을 지어 드렸는데도 이 할머니는 여전히 촛불을 켜고 0℃ 이하이면 온방을 하고 산다는 것이었다. 방영을 시청한 사람들의 마음에 '역시 믿는 이는 다르구나!' 하는 잔잔한 감동의 물결이 일어났을 것을 짐작하는 순간이었다. 저 할머니는 '평생 산타크로스'라 해야겠다.

표류(漂流) 인생

무능력자들

그가 학교를 그만두고 P를 만나러 갔는데 그 사이에 사정은 급변해 있었다. P는 성급하게도 미군을 상대로 하던 일을 그만두고 쉬는데다가 데리고 있던 한 소년마저 떠났다면서 혼자 누워있었다. 두 실업자는 해운대 상가에 방 하나를 얻어서 기거하면서 거울 가게를 합자로 차렸지만, 본래 장사에는 소질이 없는 터라서 파리 날리는 처지를 벗어나지 못했다.

게다가 P의 건강이 예사롭지 않기에 그것마저 집어치우고는 영일만의 어느 미군부대 근처 바닷가에 있는 판잣집이 비어있는 것을 알고, 여름 한철을 거기 머물러 바다로 흘러드는 조용한 냇가에서 낚싯줄 드리우고 세월을 낚는 여유(?)도 부렸다.

그러던 어느 날 태풍이 지나가자 다시 냇가에 나갔더니 뿌리 채 뽑혀 떠내려 온 여러 나무에 죽은 뱀 수십 마리가 섞여있는 것이 아닌가! 그들은 이참에 몸보신이나 하자고 그 중에서도 굵은 놈 몇 마리를 건져다가 팔팔 끓였는데, P가 냄새를 맡아보더니 골살을 찌푸리는 바람에 맛도 안 보고 내다버렸다.

이런 와중에 그의 안부가 궁금했던지 S가 찾아왔다. 두 사람은 해변 모래밭에 나란히 앉아 있었는데, 그가 느닷없이 결혼하자고 말했다. 온갖 풍상을 겪으면서도 실망한 적이 없이 살아온 그로서는 밝은 앞날이 반드시 오리라는 확신이 있어서 함께 개척해 나가자는 뜻이었지만, S는 불안했던 모양으로 "2년 후에"라고 대답하는 것이었다.

날씨가 서늘해지자 두 사람은 다시 경주로 되돌아갔다. 마침 한 명식 회원의 소유라고 방 하나에 부엌 하나인 초가가 서천(西川) 쪽 너른 밭 한 구석에 있어서 그것을 쓰게 되었다. 그들이 그 집에서 살게 되자 직장이 가까운 S가 자주 찾아왔다.

어느 날 누워 있던 P가 이러고만 있을 수야 없지 않느냐고 경주를 찾아오는 관광객에게 팔 만한 기념품을 생각해 냈다기에 그는 빚을 내서 처음에는 점토판에 그림을 그려서 구웠지만 받아주는 가게가 없었고, 다음에는 목각 인형을 애써 수십 개나 만들었지만 결국 아궁이에 처넣고 말았다. 수입이 없으니 빚은 늘어 가는데, 그의 아우는 적잖은 돈을 보내서 그 집을 사게 했다(사실은 소유권이 필요한 것도 아닌데).

겨울에 들어서자 날씨가 제법 추웠지만 북쪽에서 단련된 그들로서는 아궁이에 불을 땐 적이 있기나 했었는지 생각이 나지 않는다. 그러던 어느 날 한밤중에 깨어서 오줌을 누러 밖에 나간 그는 한참을 기다려도 오줌이 나오지 않는다. 그래서 방으로 들어와 누웠지만 아랫배가 뻐근해서 잠이 오지 않는다.

참다못해 다시 밖에 나갔지만 역시 오줌은 나오지 않고 고통은 점점 심해진다. 어려서부터 이런저런 병으로 고통을 겪어 온 그로서도 이렇게나 아팠던 적은 없었다. 정말 숨이 막혔다.

그 고통을 참으며 날이 밝기를 기다리다가 동쪽 하늘이 훤해지자 1km쯤 가야 되는 병원으로 가는데, 고통을 참지 못해서 몇 번이나 주저앉았다가 다시 일어나 금방이라도 터져버릴 것 같은 아랫배를 움켜쥐고 살살 걸어서 드디어 병원 문을 두드렸다.

한참 뒤에야 잠옷 바람으로 나타난 여의사(교회에서 안면이 있는 송

선생)가 문을 열어주더니 큰 주사기를 그의 아랫배에 꽂고는 속대를 뽑자 오줌이 쏟아져 나온다.

신앙양심

계절은 어김없이 바뀌어서 봄바람이 사람의 긴장을 풀어주건만 이들의 마음은 점점 조급해만 간다. 그렇다고 무슨 타개책이 있는 것도 아니고, 마냥 먼 하늘만 쳐다보고 있을 수도 없어 길 건너에 있는 약간의 밭에다 양배추를 심기로 했다. 땅이 있으니 그걸 이용해서라도 돈을 좀 만들어보자는 생각이었다. 호미로 이랑을 지어가며 자국을 내고 씨앗을 놓고 흙을 덮어주다가 허리를 펴는데, 저만치에서 암소를 앞세우고 "이랴, 이랴" 하면서 밭을 가는 농부를 바라보니, 한 백 미터쯤 가서 "워, 워" 하면 소가 걸음을 멈춘다.

농부가 쟁기를 번쩍 들고 밭 끝에 가서 쟁기를 땅에 내려놓고 "이랴" 하자 소와 쟁기와 농부가 하나가 되어 움직여 제자리로 돌아온다. 그런데 농부가 쟁기에서 손을 떼더니 땅바닥에 쭈그리고 앉아 조그맣고 하얀 사발에다 술병을 기울여 허연 것을 따른다. 필경 막걸리다. 저것이 농부에게는 가장 값싼 활력소요, 영양소일 터이다.

사실은 남의 일에 신경을 쓰고 있을 처지가 아니었다. 그도 그럴 것이 씨를 뿌린지 몇 달 만에 축구공만한 양배추를 보기는 했지만, 그것들이 얼마나 돈이 되었었는지는 기억에 남아 있지 않으니 아마도 별 재미를 못보고 말았던 모양이다.

여름이 무르익어 더욱 무기력상태에 있던 어느 날 J 목사의 편지를 받은 그는 눈앞이 환해졌다(J 목사는 그를 학교에 추천한지 반년쯤 지나서 미국 유학의 길이 열리자 단돈 20달러를 들고 신학교가 있는 켄터키주의 어느 공항에 내렸던 것이다).

편지의 내용인즉 신학교 학생 중 백인들로 조직된 한 그룹이 후진국에 있는 고아원을 도울 계획이라기에 "내 친구가 한국에서 고아원을 시작한다는데 도와줄 수 있겠느냐?"고 했더니 쾌히 승낙했다며, 이들에게 보여줄 자료를 속히 보내라는 것이었다.

그는 J 목사가 일을 만들어주려는 것이라고 고맙게 생각했지만, 자신은 '고아원'을 꿈꾸고 있을 뿐이기에 주저하는 답장을 보냈다. 그런데 그 답장을 받았는지 아직 받지 못했던지, 붉은 글씨로 독촉하는 엽서가 왔다.

그는 더는 지체할 수 없다고 판단한 나머지 S의 지인인 박 선생의 협조를 얻고 경주 모자원(母子院)을 무대로 삼아서 천연덕스럽게 사진을 몇 장 찍었다. 며칠 뒤에 박선생에게서 엽서보다 조금 작은 사진들을 받은 그는 사진마다 설명하는 글을 쓴 딱지를 붙이고는 방바닥에 나란히 펴놓고 마르기를 기다리며 내려다보고 있었다. 그런데 그의 가슴을 치받치는 충동에 그는 그만 두 손으로 사진들을 그러모아 쫙 찢었다.

옆에 누워있던 P가 벌떡 일어나며 "왜 그래?" 하자 그는 힘없이 중얼거리듯 말한다. "난 이런 짓 못해. 고아를 돕겠다는 놈이 남을 속여서 시작하다니." 그는 즉석에서 J 목사에게 미안하다는 편지를 썼다. 그의 이런 태도에 대해서 아무도 말하지 않았다. 그러니 그를 믿음직한 양심가로 생각했는지 도와주어도 소용없는 꽉 막힌 사람이라고 실망했는지는 알 수 없는 일이었다.

또다시 어영부영 한 해가 지나가고 봄기운이 완연한 3월 하순인 어느 날, 전에 경주 제일교회에서 그를 가족처럼 대해준 김전도사가 목사가 되어 울산에서 목회 중인데, 그 교회 장로로서 고아원을 운영하는 분에게 이선생을 소개하자 만나고 싶다고 했으니 어서 오라는 것이다.

고아들 속에서

고아원이라는 것

그가 처음으로 대면한 울산육아원 원장은 60을 바라보는 온화한 인품이었다.

그분이 그에게 바라는 것은 백 명이 넘는 고아들의 교육이었는데, 전통이 돼 있는 새벽기도회부터 맡아달라는 것이었다. 잠이 부족하면 눈이 아파서 종일 고생하는 그로서는 난감한 일이었지만, 거절할 계제가 아니었기에 승낙했다.

경주에 남은 P의 건강이 문제였기에 열세 살짜리 똘똘한 여아에게 음식문제를 맡기기로 하고 울산으로 떠난 그는 육아원 시설에서 5분 거리에 있는 원장 댁에서 숙식을 해결하게 됐는데, 그것은 그의 건강을 고려한 원장의 배려였다.

그런데 며칠이나 지났을까? 그의 책상 서랍을 누가 뒤진 흔적이 보였다. 필경 큰 아이 중에서 누군가가 자신을 시험하는 짓이라고 생각한 그는 그들과 숙식을 같이하며 동고동락할 필요를 느꼈다.

그는 원장에게(실상은 밝히지 않고) 아이들과 더 친해질 필요가 있다고 말하고, 그날부터 남아들의 숙소 중앙에 있는 방을 쓰면서 식당에서 아이들과 같은 음식을 먹기 시작했다.

또 새벽기도회에 전 직원과 원아 전체를 참가시키니까 어린아이들은 잠이 덜 깨어 설교 중에 꾸벅꾸벅 조는 것이 보기 싫어서 그는 기도회에 참석 하는 것을 자유롭게 한다고 발표했다(원장의 허락도 받지 않고).

그리고 설교나, 기도나, 찬송도 전에 주일학교에서 그랬듯이 어린 나이에도 알아듣게 했다.

그는 4월 초에 일을 시작했는데 봄철이라 농사일이 바쁘다고 조반도 먹기 전에 한 시간 정도는 전원이 밭일에 동원되는 것이 그에게는 충격이었다. 강제 수용소도 아니고, 더군다나 어린 아이들을 새벽기도회에 이어서 농장으로 내모는 것은 가혹한 처우라고 생각한 그는 농사의 분량을 원장에게 미리 물어서 그날 안에 처리하기로 약속하고, 식전 동원을 안 하는 대신 하교 후에 처리하게 했다. 이런 일로 인해서 처음에는 서먹서먹하던 아이들이 차츰 그에게 호의적으로 접근하는 것이 느껴져서 그는 일하기가 쉬웠고 즐거워졌다.

첫 달부터 받은 월급은 1만 2천원이었는데, 그는 천원을 용돈으로 떼고는 모두 P에게 보내서 이자 6천원을 갚게 하고 여아에게 3천원을 준 나머지를 식비로 쓰게 했다.

초등학교는 원사(院舍) 바로 옆에 있어서 아이들이 생울타리를 비집고 드나들어 저절로 길이 나있었지만, 중학교와 고등학교는 읍 중심부를 지나서 북쪽 변두리에 있기 때문에 아이들은 한 시간쯤 걸어서 등교하는 형편이었다.

그 자신은 어렸을 때 이보다 더 먼 거리를 통학했던 것을 생각하고 오히려 건강에 이롭게 보았지만, 문제는 비가 오는 날이었다. 자신은 마대(麻袋)를 쓰고 비를 막았었지만, 이 아이 십여 명에게는 아무것도 공급되지 않았다.

요행 하교할 때 비를 맞는 경우에는 돌아와서 바로 옷을 갈아입으니 괜찮지만, 아침에 비를 맞으며 등교하면 그 젖은 옷을 입은 채 공부를 하고 있어야 하는 그들의 처지가 딱하게 여겨졌다. 하지만 아이들은 이미 체념이 되었는지 불평하는 소리도 없었다.

ㅇ희 이야기

그게 언제였던가? 그러니까 방학이 가까운 어느 날 아침이었다. 밥 먹는 것이 느린 그가 아이들보다 늦게 일어서서 식당을 나오려다가 무심코 반대편인 주방을 거쳐서 여아들의 방을 둘러보는데(여아실은 둘이고, 각 방에 담당보모가 있었다), 보모들은 주방에 있을 시간이니 안 보였다. 그런데 고3인 ㅇ이가 등교 준비에 몰두하고 있었고, 방 한구석을 보니 거기 ㅇ희가 두 팔을 번쩍 뻗쳐 올리고 서 있다. 그리고 발 앞에는 양은 밥그릇에 반쯤 되는 밥에 숟가락이 꽂혀있다.

그가 학생에게 이유를 물었더니 "밥을 안 먹어서"라는 볼멘 대답이 돌아왔다. 그는 같은 처지에 있는 큰아이의 매정한 처사에 울분이 복받쳐 올라 자제력을 잃고 눈물이 쏟아지도록 야단을 쳐버렸다.

그는 그날 원장에게서 ㅇ희에 관한 사정을 들었는데(물론 ㅇ이에 대해서는 말하지 않고) 작년까지는 말을 잘하던 아이가 갑자기 말도 잘 못하고 음식도 잘 먹지 않아서 많이 야위었다는 것이었다. 그는 ○희가 이렇게 된 것은 환경에 대한 저항일 것이라고 생각하고 원장에게 ○희의 환경을 바꿔줄 것을 요청했다. 그는 울산육아원을 떠난 후에도 오랫동안 ○희의 야위고 하얀 얼굴과 겁먹은 듯한 눈의 까만 눈동자가 떠오르면 마음이 아팠다.

그러나 십여 년이 지났을 때 그가 원장에게서 들은 것은 그가 떠난 이듬해에 부산 어느 무료병원에서 요양을 시킨 결과 건강을 되찾아 말도 잘 하다가 지금은 결혼해서 잘 살고 있다는 것이었다.

○희에 대한 이야기를 이렇게 자세히 쓰는 이유는, 그가 가지고 있던 고아관(孤兒觀)을 다시 생각하게 된 동기가 여기에 있었기 때문이다 (어떻게 바뀌었는지는 나중에 쓴다).

C군 이야기

어느새 여름방학이 되었는데 낯선 청년이 그의 눈에 띄었다. 단둘이 만나도 인사는커녕 눈도 마주치지 않는다. 새벽기도회에 나오지 않는 것부터 종일 큰애들 방안에 틀어박혀 무얼 하는지 밖에 나오는 것은 세끼 밥 먹으러 식당에 나와 혼자서 밥 먹을 때뿐이다. 그야말로 제멋대로 행동하는데 아무도 상관하지 않는다.

그가 큰아이들에게 물어서 알게 된 사실은 이렇다. 이 청년(C)은 어려서부터 여기서 자란 '터줏대감'으로서 지금은 모 신학교에 재학 중이라는 것이다. C는 건강하고 잘 생긴데다가 공부도 잘했기에 원장이 기대를 걸고 신학교에 보냈던 모양이다.

그러나 그가 보기에 C는 너무 어둡고 쓸쓸해보였다. 청년다운 데가 조금도 없고, 세상 풍파를 다 겪고 체념한 노인 같았다. 그런 그에게는 활기를 불어넣어주는 것이 본인뿐 아니라 후배들을 짓누르고 있는 고독감과 열등의식을 벗어던지는 길이라고 생각했다.

며칠을 벼르던 그는 C를 운동장 한구석으로 데리고 가서 나무 그늘에 놓인 벤치에 나란히 앉아 말을 걸고 이렇게 부탁했다.

"C군! 내가 군에게 부탁이 있어. 나는 군보다 나이도 많고 선생이라는 직분도 있지만 군만큼은 아이들과 친하지 못한 것이 사실이야. 군은 아직 학생이지만 이곳 아이들의 선배로서 존경을 받고 있지 않나? 그러니 군이 나를 좀 도와줘! 그래야 나도 일하는 보람이 있고 아이들도 기뻐할 거야. 다시 말하면 군이 날마다 손님처럼 행동하면 내가 아무리 애를 써도 소용이 없단 말이야. 부탁해! 후배들이 군을 보고 '나도 형처럼 부지런하면 살길이 열리겠구나' 하는 희망을 갖게 해 줘" 하고는 C의 손을 잡았다. 그래도 C의 입에서는 끝내 말이 나오지 않았다.

이튿날 조반 후에 그가 보니 식당 지붕에 페인트 통을 들고 서 있는 것은 C였다. C는 양철지붕에서 칠이 벗겨진 것을 때우고 있었다. 그것이 C가 여름방학 동안 처음이자 마지막으로 육아원에 기여한 행동이었다(후일에 그가 원장에게 C에 대해 물었더니 C는 신학교를 졸업한 후에 육아원 근처에 있는 교회에서 목회를 잘 하고 있다는 것이었다).

은혜의 대로(大路)

어느새 10월에 접어들었는데 J 목사에게서 편지가 왔다. 편지를 읽는 그의 얼굴이 환해진 이유는 너무나 반가운 내용인데다가 J 목사의 뜨거운 우정이 새삼 감격스러웠기 때문이다.

편지의 내용을 간단히 추리면 다음과 같다.

① 유력한 후원자가 있다.

② 새로 시작하려는 것이라고 밝혔다.

③ 빨리 개인 사진, 이력서, 사업계획서를 보내라.

④ 이번에도 거절하면 다시는 관여하지 않겠다.

그는 즉시 사업계획서를 쓰기 시작했다. 사실 그가 광복 직후부터 구상해온 '고아원'(인적, 물적 공급을 위해서)은 대도시의 교외에 위치할 것과 수용인원은 2백명 정도로 할 것, 그리고 고아들의 자립과 사회 적응을 위한 기술교육에 치중할 것 등이었다. 그는 그런 생각을 구체적으로 실현시키기 위한 설계도까지 그렸었다.

그러나 그가 ○희의 사건(?)을 비롯한 울산육아원에서 얻은 교훈은 고아들에게 절실히 필요한 것이 자립정신보다도 한 인격으로서의 자존심, 자신감 그리고 인간애를 갖게 하는 마음이라는 생각이었다. 고아가 자신을 비극의 주인공처럼 인식하고는 결코 따뜻한 인간으로서 살아갈 수 없다는 생각을 한 것이다.

고아는 부모가 없어서 외로운 아이(국어사전에는 '고아'를 '부모를 여읜 외로운 아이'로 정의(定義)하고 있다)가 아니다. 부모가 없더라도 부모를 대신하는 보호자가 있어서 가정생활을 할 수 있으면 '외로운 아이'가 아니다. 그러니까 '부모가 없어서가 아니라 가정이 없는 아이가 고아다.' 이렇게 그의 고아에 대한 개념이 바뀌었던 것이다.

따라서 그의 계획서는 고아에게 필요한 것은 가정이지만, 이미 없어진 가정을 대신할 모의가정(模擬家庭)이라도, 만들어서 피로 연결된 가족은 아니더라도 한식구로 동고동락하는 경험을 통해서 주체성과 인간애를 갖게 하는 것이야말로 진정으로 고아를 위하는 봉사라고 생각한 그는 다음과 같은 계획서를 만들어서 J 목사에게 보냈다.

① 고아들에게 가정을 만들어주기 위해 방이 셋 있는 집을 짓되, 현관에 붙은 방은 보모가 제일 어린 아이 하나를 데리고 살도록 하고, 장지문과 방문 사이에는 마루를 놓고 보모방 다음에는 여아 셋, 끝 방에는 남아 셋이 살게 한다.

② 이런 집을 해마다 나란히 두 채씩 5년에 걸쳐 띄엄띄엄 지어나가면 열 채에 70명을 보살피는 한 마을이 된다.

③ 원장은 '아저씨'라 하고, 보모는 '어머니'가 된다.

④ 대지, 농토 등 토지와 건축을 위한 자금 및 종사자의 봉급은 설립자가 공급한다(자립기반이 잡힐 때까지).

⑤ 고아들의 생활비, 교육비는 원장이 농토 등을 활용하여 충당한다.

⑥ 정부나 외부의 원조를 받지 않고 독자적으로 운영한다.

그가 보낸 답장을 들고 J 목사는 학기 중인데도 켄터키주에서 캘리포니아주의 벽지에 있는 농장까지 가서 설립자에게 보였고, 즉석에서 승낙을 받았다.

나중에 그가 들은 이야기지만 설립자가 그의 계획을 승인한 이유는 목돈을 요구하지 않고, 5년 동안 단계적으로 건설한다는 것과 남의 도움을 바라지 않고 독자적으로 운영하겠다는 정신이 마음에 들었다는 것이다.

'일을 서두르라'는 재촉을 받은 그는 12월 31일에 울산을 떠나 J 목사의 요청대로 서울에서 가까운 수원 근처에서 적지(適地)를 찾기 위해 그의 모교회를 담임한 적이 있는 김목사를 찾아갔다. 수원 종로교회의 박모 여장로의 집에 머무르면서 수원 주변을 답사하느라고 발이 빠지는 눈길을 헤치고 다니기를 계속하던 중, 김목사 댁에서 우연히 만난 하북교회 이권사의 친척이 지주라는 곳을 둘러보게 되었다.

그곳은 송탄과 오산의 중간으로 국도에서 100m 정도의 거리인데다가 서북을 등진 남향이고 마을에서도 가까워 흡족해진 그는 소개자가 평당 1원이면 된다던 땅값이 지주 입에서는 2원이라는데도 놓치지 않으려고, 전에 혜화동교회에서 얼굴을 알던 한 분에게서 이자 돈 3만 원을 꾸어가지고 버스를 탔다가 소매치기를 당했다. 하지만 다행히(?) 1만원 한 다발만 잃고 2만원으로 계약을 했다.

앞만 바라보고

그는 수원을 떠나 현지에 가건물을 짓고 마을 주민들과 함께 흙벽돌을 찍기 시작했다. 그가 흙벽돌로 집을 지을 생각을 한 것은 오산 역전에 정부가 장려한 흙벽돌집을 여러 채 지었지만 설계 잘못 때문에 무너지는 사건이 있었는데, 기초와 외벽처리만 제대로 하면 장점이 많다고 생각했기 때문이다.

그런데 주민이 도로변 사람들이라 그런지 꾀를 부리고 일하는 시간도 너무 길다는 불평이었다. 그러거나 말거나 그는 팔을 걷어붙이고 일하다가 그의 눈치를 살피며 꾀를 부리는 최씨에게는 "이건 최형이 좀 도와주시오" 하고 특채를 해서 쉬지 못하게 했다. 며칠을 그랬더니 최씨는 나오지 않게 되었다.

게다가 공사판이 벌어진 것을 보고 찾아온 노동자들이 끼어들면서 마을 사람들은 밀려나고, 얼마 지나지 않아 활기 넘치는 공사판이 되었다.

공사 과정을 일일이 말할 필요는 없겠지만 일을 서둘러 하느라 했는데도 첫해 계획인 아이들의 집 두 채와 식당, 원장의 집을 완성하고 나니 이듬해, 그것도 12월 31일이었다.

그동안의 건설과정은 낡은 사진기를 사다가 일일이 찍고 설명을 붙여서 설립자에게 보고함으로써 본인이 직접 현지에 와서 보는 것처럼 알렸다.

1차 공사가 거의 끝날 무렵에 미국 유학을 도와달라는 S의 편지를 받은 그는, 지금은 공부를 할 때가 아니라 현장에서 고아들에게 봉사를 시작할 때라고 설득하려 했다. 하지만 S는 자기 뜻과 다르다며 결별선언(?)을 함으로써 두 사람 사이의 동지애(同志愛)는 깨졌다.

게다가 공사를 끝내고 나니 그의 건강이 극도로 악화되었는데, 마침 코앞에 있는 하북교회(천막으로 겉을 가리고 맨땅바닥에 가마니를 깔고 예배를 드리는)에 봉사하는 유전도사가 그를 신촌으로 데리고 가서 한약을 지어먹게 해주었고, 봄에는 온양온천에 가서 한 달가량 요양을 함으로써 생기를 되찾았다.

그 무렵에 경주에 있던 P가 예고도 없이 현장으로 왔다. 그는 P의 몸이 놀랄 만큼 비대해져 있어서 무슨 큰 병이라도 생겼는가 했으나, 알고 보니 운동부족 때문이었다.

아이들이 하나둘 들어오기 시작해서 어느새 10여 명이 되었고, 두 집에 40대 후반인 보모도 들어와 일하게 되었다. 그는 자신의 월급을 1만 2천원으로 정하고, 직원들의 월급은 각각 1만원씩으로 정했다(당시 다른 고아원에서는 보모의 월급이 3천원 정도였다).

또 이른 봄에 그는 수원의 한 원예원(園藝院)에 가서 개나리 가지 한 아름을 얻어다가 두 집 마당 앞에 흙을 긁어모아 둑을 만들고 거기에 나란히 꽂았는데, 이것이 수년이 지나서부터는 봄 한철을 화려하게 빛냈다.

그는 고아원의 이름을 P와 보모들에게 공모(公募)했지만, 결국은 자신이 지은 '꽃동산' 으로 낙착되었다.

그는 한 식구끼리 쓰도록 큰 식탁을 만들어 들여놓고 자기도 끼어서 같이 먹었는데, 오산 장에 가서 쌀과 콩을 사다가 콩밥을 먹었다(콩밥이라면 형무소에서 죄수들에게 먹이는 것이라고 나쁘게 인식되어 있지만, 사실은 고른 반찬을 먹이지 못하니까 콩의 영양가로 대신하는 것이다).

(법인이 되고 식량배급 – 백미, 보리쌀 – 을 받으면서는 그 좋은 콩밥도 못 먹이게 됐다.)

날버락

아이들과 한창 정을 나누며 행복한 미래를 꿈꾸고 있던 그에게 5·16 혁명으로 정권을 잡은 새 정부가 보낸 통지서가 그에게 왔다. '법인' 이 아닌 사설 고아원을 폐쇄한다는 내용이었다. 그 자신은 물론, 그의 편지를 받은 설립자도 당국에 호소했지만 막무가내였다.

그는 정부가 지정한 기한 안에 법인 설립에 필요한 서류를 준비하는 한편, 제2차 건설을 위한 자금을 김장로에게 요청했다.

그런데 김장로에게서 돌아온 답장은 그를 낙담하게 했다. 전례 없는 겨울비 때문에 묘목(김장로는 '천도복숭아'의 특허권자였다)을 팔지 못해서 큰 손해가 났고, 돈이 없으니 이제는 관계를 끊겠다는 것이다.

그로서는 이야말로 호미난방(虎尾難放)이라. 법인 설립에 필요한 서류는 이미 제출한 시점인데 설립자인 김장로는 관계를 끊겠다니 이를 어쩐단 말인가?

별수 없이 그는 장문의 편지로 그분의 입장을 위로하고 이왕 당신의 이름으로 등록한 재단이니 명예를 위해서라도 힘닿는 대로 도와주시면 여기서도 열심히 일해서 좋은 결과를 얻도록 하겠다고 호소했다(그 결과로 김장로는 현지에 한번 와서 환영을 받았고, 미미하나마 10년 정도 도와주다가 농장도 생명이 끝남으로써 꽃동산에는 설립자라는 이름만 남았다).

좁은 길로

제2차 계획을 포기할 수밖에 없게 되자 P를 위한 집을 지어주고 난 그는, 자신은 주방에 붙은 방을 쓰기로 하고, 숲 속 '아저씨의 집'은 새로 들어온 아이들로 제3 가정(C동)을 이루게 했다.

또 세 보모 중에서 한 분이 남아 아이들을 돌보게 하고, 두 분을 해고하는 아픔을 겪었다.

그는 그 무렵 마을 어귀에 있는 이발소로 머리를 깎으러 다녔는데,

하루는 가위질을 하던 주인이 진한 평안도 사투리로 "원당님, 숱태 고생하시는구레! 머리가 많이 빠집네다" 했다.

그뿐이 아니었다. 기운이 점점 빠지는 징조가 어쩐지 폐 때문인 것 같아서 세브란스병원에서 일하는 김선생에게 그런 말을 했더니 흉곽내과 김기호 과장에게 그를 데리고 갔다. 김과장이 그에게 묻기를 "당신, 어떻게 먹소?" 그가 "아이들과 같이 먹습니다" 하자, 냉정한 표정으로 "따로 먹으시오. 먹는 게 부실하면 당신 죽어요. 당신이 죽으면 아이들은 어떡하겠소. 당신이 살아야 아이들을 돌보지" 했다.

그는 식당에서 밥을 먹고 나서 식구들에게 의사의 말을 전하고, "아저씨는 따로 밥을 먹겠지만, 그건 약을 먹는다고 생각해달라" 하고는 한동안 식모가 갖다주는 밥상을 자기 방에서 받아 혼자서 먹었다. 그러다가 기운이 좀 나는 것 같으면 다시 식당에서 식구들과 같은 음식을 먹곤 했다.

한편 P는 홀어머니가 애지중지 키운 맏자식이라서 그런지 음식이 마음에 차지 않으면 반찬을 씹어 밥상에 뱉어놓는 날이 거듭되자 그가 찾아가서, "밥알이 총알이라 생각하고 먹어! 그래야 병균을 퇴치하잖아?" 해서 용기를 주었다. 이런 상황에서 어느 날은 P가 그를 풀밭으로 불러 나란히 앉더니 자기 건강이 심상치 않기에 서울에 가서 몇몇 병원에서 진찰을 받았는데, 세브란스병원에서는 증세가 심한 한 쪽만 수술하면 건강해진다고 하니 도와달라는 이야기였다.

그는 알았다고 대답하고 우선 설립자의 승낙을 받아 공금을 쓰게 되어서 P를 입원시켰다. 수술실로 들어가던 P가 혼잣말로 "인생은 짧고 예술은 길다" 하더니 그와 시선이 마주치자 "이군, 사랑해" 한다. 수술은 잘 되었고, 비용은 김선생과 닥터 스캇츠 선교사의 도움도 받아서 처리했다.

이래서 P의 문제는 일단락을 지었지만, 그 자신의 건강은 점점 나빠지는데 밤중에 목을 축일 물조차 준비해 주는 사람도 없으니 독신자를 면하려고 서울에 가서 몇 번 결혼상담소를 찾기도 했다. 그런데 마침 그는 만난 적도 없는 서정리교회의 김목사가 자기 인척인 한 여성을 소개함으로써 그가 꽃동산을 시작한지 6년, 월남한지는 14년만에 반려자를 만났다.

그가 24년에 걸쳐서 겪은 이런저런 이야기는 쓰는 사람이나, 읽는 이들이나 너무 지루할 것 같기에, 그가 정 잊지 못하는 이야기 몇 가지만 쓰고 나머지는 제목만 적는 것으로 대신한다.

1. 신앙교육

① 주일에는 그 자신이 부장(후에는 교장)으로 봉사하는 교회로 원아들이 자유롭게 참석하도록 한다.

② 가끔, 또는 주기적으로 가정예배를 인도한다.

③ 원아의 생일에는 조반 직전에 당사자의 머리에 손을 얹고 축복기도를 한다. 그리고 미역국을 먹인다.

2. 징계

① 개원 초기(1959년 사회적으로 반항 정신이 한창 일어날 시기)인 어느 날 밤에 그의 방에 큰 남아 네댓 명이 들어와서는 처우개선을 요구했다(겨우 십여 명밖에 안 되는 원아 중에 고2가 하나, 고1이 둘이

나 되는 그야말로 고아원 치고는 호화판이던 때인데).

그는 즉석에서는 아무 말도 안 하고 이튿날 ○건(발언자)을 따로 불러놓고 이렇게 말했다. "나로서는 지금보다 더 잘해줄 수가 없다. 불만스럽거든 네가 만족할만한 곳을 찾아서 그리로 가거라. 혹시 담임선생님께 부탁하면 도와주실지 모른다"고.

이튿날 ○건이의 담임선생이 그를 찾아와서 "아이가 철없이 한 말인데 용서해 주십시오" 한다. 그는 "제가 용서하면 ○건이는 자신이 무엇을 잘못했는지도 모르게 됩니다. ○건이는 다른 환경을 경험할 필요가 있으니 선생님께서 도와주십시오. ○건이가 괘씸해서 이러는 게 아닙니다." (○건이는 선생님의 주선으로 학교재단 이사장 댁에 입주 가정교사가 되어 무사히 학업을 마쳤다.)

○건이 이야기를 쓰다가 생각이 난 것은 그 동생인 ○목이와 자주 싸우는데, 어느 날은 한 아이가 헐레벌떡 사무실로 뛰어들며 형제가 운동장에서 대판 싸운다고 한다. 그냥 둘 일이 아니라고 생각한 그는 B동 마당에 서서 형제의 싸움을 한참 내려다보고 있었는데, 형제가 싸우는 와중에서도 그의 존재를 알고는 싸움을 멈추었다. 그러자 그가 말한다. "왜? 더 싸워! 내가 심판을 볼 테니 오늘 아주 승부를 내자. 누가 강자인지 모르니까 자꾸 싸우잖아?" 결국 그날 이후 형제 사이는 조용해졌다.

② 크게 잘못한 아이에게는 울타리에서 개나리 가지를 꺾어오게 하고는 매를 때리는 이유를 설명한 다음 몇 대를 맞겠느냐고 묻는다. 그래서 아이가 너무 적게 말하면 더 많이 맞아야 할 이유를 말하고 아주 아프게 때린다(놀랄 만큼 아프지 않으면 아저씨도, 매도 만만하

게 생각하게 되기 때문이다).

초기에는 이런 기준을 세우지 못한 상황이었는데 하루는 미군들이 갖다 준 야구클럽을 큰놈들이 못쓰게 뜯어놓은 것을 지나가다가 발견하고는 화가 나서 누구 짓이냐고 추궁했는데, 그 중에서도 얌전한 ○호가 나서는 것을 사실인줄 알고 거기 있던 야구방망이로 엉덩이를 서너 대 때렸다(나중에 알고 보니 범인이 따로 있었고, 그놈은 그 후에도 그의 속을 썩였지만 맞은 놈은 지금까지도 그의 친아들 구실을 하고 있다).

③ 자기와 같은 나이인 ○목이는 미국 후원자 덕에 오산중학교에 통학하고 있는데, 자기는 옆에 있는 고등공민학교에 다니게 된 것에 불만을 품고 은근히 반항하던 ○진이가 채소밭에 주라는 비료를 한 자리에 쏟아버렸다는 고발에 속이 상한 그가 그놈의 이마에 꿀밤을 먹인다는 것이 기술부족(?)으로 엄지의 관절을 다쳐서 여러 달 동안 부목을 대고 지내야 하는 벌을 받았다(○진이는 꽃동산 초창기에 들어온 4남매의 맏이인데, 그 후에는 그를 속여서 손해를 주는 등 그의 마음을 무겁게 했다).

하북교회 건축

제1차 공사가 끝난 직후에 그는 유전도사에게 천막을 치우고 건물을 지을 것을 의논했다. 전도사가 반가워하며 저간의 사정을 알려준다.

　도로변 언덕 위에 세웠던 장로교회의 흙벽돌 건물이 해동과 더불어 주저앉아버렸기 때문에(그것은 그가 이미 둘러보고 예측했었다) 목회자가 없는 교회 대표들이 교단본부를 찾아다니는 중이고, 자기는 자기대로 성결교(유전도사는 성결교의 신학교 출신) 본부에서 건축자금을 약속받았다는 것이었다.

　그러나 그의 생각은 달랐다. 가뜩이나 같은 문중에서 교파를 따로 하는 갈등이 있는 터에 제3의 교파 간판을 달면 어떻게 화합이 되겠는가? 그래서 자신이 양쪽 실력자를 설득하러 나섰다.

　그의 제안은 감리교에서는 천막교회 자리를 제공하고(이권사 소유), 장로교 측에서는 기와, 문틀, 창틀, 서까래 등을 제공하고, 기타 필요한 자재와 노임은 꽃동산이 부담하기로 하되, 간판은 감리교로 하자는 것이었다.

　쌍방의 승낙을 받은 그는 P의 설계로 이미 실현된 방법대로 32평짜리 튼튼한 흙벽돌 교회를 지었다.

되로 주고

　그가 꽃동산을 시작한지 얼마 되지 않은 시기에 천 평이 조금 넘는 들밭을 사게 되었는데, 그곳은 국도에 붙어 있는데다가 서탄면으로 들어가는 길 맞은편으로 밭에 들어서는 바로 양쪽에 집이 두 채 있었고, 그 중 한 채가 가게였다.

어느 여름날 그는 아이들과 밭에서의 일을 마치고 나서 그 가게에 들러 냉수를 얻어 마시고는 주인아주머니와 이야기를 주고받는 중에 트럭 운전을 하던 그 남편이 '간디스토마' 때문에 일도 못하고 황달이, 이제는 흑달이 돼서 얼굴이 시커멓다면서, 그래도 증평에 있는 수녀병원에서 주는 약을 타다 먹어서 그런지 조금씩 나아지는 것 같다는 것이었다.

이튿날 그는 얼마 되지도 않는 돈이지만 병원 다니는데 보태 쓰라고 갖다 주었다.

그 후에 들으니 남편이 병에서 벗어나서 다시 일을 하고 있다면서 아주머니가 고마워했다.

몇 년이 지나 아주머니네는 가게를 그만두고 동네에 들어와 남편은 밖에서 일하고, 아주머니는 양돈이 잘 되어서 살림이 폈을 뿐 아니라 아들 4형제가 모두 끌끌하고 그 중에서도 맏아들은 힘이 넘쳐서 젊은 이들이 슬슬 피한다는 소문이었다.

그러나 뒤에 들리는 말로는 그 맏아들이 꽃동산의 아이들에게는 든든한 배경이 돼 주고 있다는 것이었다. 그는 이야말로 좋은 의미에서 '되로 주고 말로 받는' 경우라고 회심의 미소를 지었다.

교만병

그는 나이 50에 장로가 되었다. 그해 어느 여름날 한 집에 속회를 인

도하러 갔는데 집 주인은 없고, 방 안에는 중학교 선생의 부인인 ○집
사가 아기를 안고 앉아 있더니 그에게 눈인사만 하고는 그만이다.

그가 잠깐 묵도를 하고 모녀를 쳐다보는데, ○집사가 느닷없이 "장
로님은 성령 받지 못했지요?" 한다. 그는 잠깐 생각한다. '○집사가 방
언을 한다더니 나를 방언도 못하는 주제에 무슨 장로냐?' 하는 모양이
지? 참 맹랑하구나! "그렇게 보였어요? 내가 받은 성령과 집사님이 받
은 성령이 다른가 보군요." 그랬는데 대답이 없다. 그래서 "고린도전서
12장을 읽어봐요" 했지만, 여전히 말이 없다. ○집사의 귀에는 남의 말
이 들리지 않는 것이다. ○집사는 이미 교만이라는 병에 걸려 있는 것
이다. 그래서 남이 받은 은혜는 알 필요도 없고, 내가 받은 은혜만 자랑
하고 싶은 것이다.

꽃동산 중흥의 해

이른 봄 어느 날 그는 볼일이 있어서 군청으로 갔다. 사회계 사무실
에 들어섰는데, 웬일인지 아무도 없다. 문득 한 책상 위에 놓인 서류가
눈에 띄었다. '○○원 원아 배치 계획표'라는 글자가 뚜렷하다.

최근 ○○원이 폐쇄된다는 소문이 들렸었기에 관심이 쏠렸다. 내용
인즉 ○○원의 아이들을 군내 여러 시설로 분산, 배치한다는 것이다.

그 서류를 보는 순간 그의 뇌리에 떠오른 것은 지난해에 이 군청 마
당에서 보았던 광경이었다. 그날도 비슷한 볼일 때문에 군청에 왔었

다. 정문을 들어서는 순간 뒤에서 빵빵 소리를 내며 대형버스가 그를 앞질러 가는데, 버스 안에서 아이들이 울부짖는 아우성 소리가 요란하다. 그날 그가 군청 사무실에서 알게 된 사연은 ××원이 폐쇄됨에 따라 원아들을 몇몇 시설로 나눠 보내기 위해 군청으로 데려왔다는 것이었다.

그는 가슴이 쓰렸었다. 가뜩이나 '즐거운 나의 집'을 잃은 아이들이 몇 해만이나마 정 붙이고 살던 시설에서마저 떠나는데, 고운 정 미운 정이 깊어진 또래들과도 뿔뿔이 흩어져야 한다니 그 당혹감과 슬픔이 오죽할까? 이 아이들은 오늘 이후 어떤 환경에서 어떤 대접을 받으면서 살게 될지를 짐작할 수도 없겠으니 두 번 고아가 되는 신세다.

집에 돌아온 그는 총무에게 지시해서 지원하는 미군부대로 보냈다. 총무가 가서 한 말은 "○○원의 고아들을 정부는 여러 시설로 나눠서 보내려고 한다. 이것은 고아들에게 가혹한 처사이기에 우리가 다 받아서 기르고 싶다. 그러기 위해서는 집도 더 지어야 하고 비용도 필요한데, 당신들이 도와주겠는가?" 하는 것이었다. 총무가 희색이 만면해서 돌아왔다.

그는 즉시 군청으로 다시 가서 "우리 지원부대가 ○○원의 소식을 듣고는 '한국 정부는 고아를 물건처럼 취급하느냐고 노발대발하면서 대통령을 만나러 가겠다'고 하더라"고 말했다. 결코 부풀린 말은 아니었다.

이런 일이 있은지 수일 후에 분산 배치는 취소되고, 두 번에 걸쳐서 ○○원 출신인 33명이 꽃동산의 새 식구가 되었다.

그는 얼마 지나지 않아서 자기가 한 일에 대해 만족하고 기뻐했다.

왜냐하면 ○○원에서 고생도 많이 하고 학대까지 받았던 아이들이라
꽃동산의 다정한 분위기에 만족해서 기뻐했고, 한편 저들이 받았던
처우를 알게 된 아이들은 새삼 자기들이 얼마나 행복한 처지에 있는
지를 깨달음으로써 원내 분위기가 한결 화목하고 활기차게 되었기 때
문이다.

오랜 세월이 지난 지금에 와서도 그는 그 해 1972년을 '꽃동산 중흥
의 해'로 자랑스럽게 회상한다. 꽃동산의 주소가 72번지인데, 아이들
이 72명이 되었으니 72가 셋이 겹쳐서 행운을 가져왔던 것이라고 생각
하고 흐뭇해 한다.

외부활동의 득실

꽃동산의 운영이 비교적 안정된 상태에서 그는 CCF전국연합회(84
시설)의 부회장이 되었고, 또 경기도 복지시설연합회(36시설)의 감사를
거쳐서 회장이 되는 등 밖에 나가는 일이 많아짐에 따라 안에서의 일에
소홀해지는 손실은 있었지만, 이익도 있었다.

첫째는 CCF에서 부회장에게 준 800불로 A, B동에 목욕시설을 했
고, 둘째로는 경기도지사가 회장의 시설을 시찰하는 기회에 희망사항
을 건의하라는 계장의 말을 들은 그는 "우리 시설에 대해서는 건의하지
않고, 각 시설에서 단 1명씩이라도 고등학생에 대한 장학금 조항을 토
의, 예산에 신설했으면 좋겠다"고 했더니 계장이 환영했다.

도지사가 다녀간 후에 그를 만난 계장이 환히 웃으면서 그의 뜻은 도지사에게 전달되었다고 했다. 그러나 얼마 후에 계장이 그에게 전한 내용은 그를 실망하게 했다.

그의 뜻은 도지사를 통해 해당 국장에게 하달되었는데, 한 유력한 시설장(그를 견제하던)이 어떻게 알았던지 국장을 찾아가서 "중학교에도 못가는 아이들이 많은데~"라고 브레이크를 걸어 결국 불발이 되었다는 것이었다(그는 수박 한 덩어리를 들고 땀을 흘리며 계장 댁을 찾아가기도 했었는데…).

그래도 주님의 은혜는

설립자의 소극적인 태도로 곤경에 처한 그가 의지할 대상은 주님뿐이었다. 주님은 그의 아픔을 아시고 여러 사람을 동원하셔서 그를 쓰러지지 않게 하셨다.

A. J 목사와 김선생이 변함없는 우정으로 그를 도왔다. 구체적으로는 외원기관인 CCF에 가입시켜서 도와주게 했다. 김선생이 미국의 한 병원에서 배우는 중에 수양어머니가 되었다는 미세스 하우가 케아박스를 자주 보내주었는데, 어느 겨울에 그는 김선생이 선사한 두꺼운 외투를 입고 서울 화물역에서 10개를 찾아 양손에 나눠 들고는 염천교를 건너 버스가 떠나는 서울 역전까지 땀을 흘리며 걸었다. 그런데 그 빨간 털실과 뜨개바늘로 보모들은 아이들의 스웨터를, 그는 양말을 뜨느라고 한동안 바빴다.

B. 세브란스병원의 김명선 박사님이 김선생의 주선으로 재단 이사장을 맡아서 돌봐주셨다.

C. 오산 미공군기지의 벤트리 상사가 찾아와서 자기 가족과 교회를 통해 풍금과 대형 녹음기와 하모니카 10개를 일본에 가서 사다 주었다. 그는 이웃에 생긴 고등공민학교 음악선생에게 부탁해서 아이들에게 하모니카를 가르치게 했다.

D. 미군 병원 간호사인 이양의 주선으로 미공군의 한 부대가 끝까지 도와주었다(그는 지금까지 미국에 사는 그녀와 크리스마스카드를 교환한다).

E. 젊은 동서 내외가 들어와서 수년 동안 열심히 도와주었다.

실패작

행가나

그의 외출 중에 한 미군이 데려다놓고 가버렸다는데, 열 살쯤 된 여아가 정신 나간 아이처럼 혼잣말로 "행가나"를 연발한다. 귀가 먹었는지 무슨 말에도 대답이 없다.

처음에는 멋도 모르고 B동 여아방에 재웠는데, 아침에 보니 옷이며 이불에 똥칠을 해놓았다.

그날로 우물가 가건물 한구석에 '특실'을 만들어 주었는데, 아침마다 그와 김보모가 우물바닥에 행가나의 옷을 펴놓고, 그는 두레박으로 물을 길어 끼얹고는 대솔로 대충 밀어내면 김보모가 맨손으로(당시는 비닐장갑이 없었다) 비누칠을 하고 비비면 그가 다시 물을 끼얹곤 했다 (그는 일찍이 냄새를 못 맡는 특혜를 누렸으니 아무렇지도 않았지만, 김보모는 정말 참기 힘들었을 터이다).

이런 날이 여러 달 계속될 뿐 수고하는 보람이 있을 것 같지 않자, 그는 이사장인 김박사님께 의뢰해서 수유리에 있는 '각심학원'으로 보냈다.

○돌이

– 이 글은 그가 오래전 출판한 《천개의 눈동자》에서 뽑아낸 것이다.

○돌이는 일곱 살 때 들어왔다. 내가 외출한 동안에 낯선 미군이 지프차에서 내려놓고 갔다는 것과 이름이 이○돌이라는 것 말고는 아무것도 알 수 없다.

이듬해 초등학교에 넣었는데 한 달도 안 가서 교장 이하 전교생에게 이름이 났단다. 이○돌. 이름부터가 괴짜다. 우선 등교하면 교실에 들어가기는 하는가 보다. 그러나 첫 시간을 시작한지 얼마 지나면 부스스 일어선다. 선생님이 "얘! 너 왜 일어나?" 하면 "나 변소 가요" 하고 나간다. 조용해야 할 운동장에서 때 아닌 마찰음이 나서 교장선생님이 내다보고 그네를 신나게 구르고 있는 ○돌이를 부른다. ○돌이는 들었는지 못 들었는지 여전히 그네에 열중이다. 화가 난 교장선생님이 현장에 나가서 물어보았자 "공부하기 싫어요" 소리를 들으면 그게 수확이란다. 벌을 세워도 어느새 빠져나가고, 매를 때려도 눈썹조차 움직이지 않는단다. 학용품 관리가 될 리 없고 글자는 몇 개나 아는지 모르지만,

제 이름 석자만은 깨끗하게 쓴다.

늘 손톱을 물어뜯어 온전한 손톱이 없을 정도를 지나 어느 손끝에고 피가 엉겨있다.

3학년 때 학교에서 제발 보내지 말라는 교섭이 왔다. 의무교육 원칙을 내세울 처지가 못 되기에 응낙했다.

명실공히 야인이 된 ○돌이에게 간질발작이 시작되었다. 처음에는 한두 달에 한 번 정도이던 것이 차차 빈도가 높아졌다. CCF에 교섭해서 부산 회복원에 1년 동안 입원시켰다. 집에서 새던 바가지가 들에서라고 안 새랴? 회복원 원장이 ○돌이가 퇴원한지 사오년 후에도 그 이름을 기억하고 있었으니 알만한 일이다. 퇴원 후에도 투약은 계속되었다. 처음에는 병원에서 보내주었고, 다음에는 미군부대에서 얻어냈고, 작년부터는 장미회의 도움을 받아서 약은 계속 주고 있지만, 자기가 먹기 싫으면 막무가내요, 그러면 잠잠했던 발작이 다시 일어난다. (중략) ○돌이가 가장 좋아하는 것은 아무데나 돌아다니면서 쇠붙이를 주워 엿을 바꿔먹는 일이다. 당연히 원내의 쇠붙이라고 사정을 봐줄리가 없다. 그뿐인가? 철로에 박힌 쇠못을 뽑다가 붙잡혀 순경 앞에 가서도 뉘우치는 기색이 없단다.

게다가 ○돌이는 겁이라는 것이 없다.

어느 날은 개구리를 잡아서 뒷다리를 구워먹더니, 다음에는 풀숲을 뒤져 뱀을 잡아가지고는 꼬리를 잡고 휘둘러 꼬마들에게 자랑하다가 여자애들은 기겁하게 하고는 바보스런 미소를 짓는다. 그것이 장난으로 끝나지 않은 것은 마을 어떤 어른이 ○돌이가 잡은 뱀을 돈을 주고 사면서 단골을 텄으니, ○돌이로서는 신나는 일일 수밖에. 그런데 잡은 뱀이 재고(?)가 났을 때는? 비닐봉지에 산 뱀을 넣어서 벽장에 보관한다. 한 방 아이들이 남자아이니까 기절한 놈이 안 생겼지, 어쩌다가 보모라도 벽장문을 열었더라면 무사하지 못했을 것이다. (중략)

각설하고, 나는 이처럼 반사회적인 ○돌이를 어떻게 기르고 가르쳐서 사회에 내보낼 것인가? 이것은 내가 10년을 끌어오는 심각한 숙제다. 나는 작년에 ○돌이를 정신박약아 시설로 보낼 것을 시도했었다. 이놈의 기이한 행동을 웃어넘기거나 덮어줄 때가 많이 지났다. 그는 어느새 변성기에 접어들었다.

그런데 전문가의 판정이 이○돌은 정박아가 아니라 다만 문제아일 따름이라는 것이다. 결국 그는 지금도 엄연히 내게 있으며 끊임없이 내게 숙제를 가중하고 있다. (중략) 조반을 먹고 났는데 전에 ○돌이가 갔던 양계장 주인에게서 전화가 왔다. ○돌이가 다시 와서 일 잘하고 있단다. 반갑다! 이건 정말 반가운 소식이다. ○돌이 약이 떨어졌다기에 내가 영등포 병원에서 타다 둔 지난 달치 약이 있으니 ○돌이를 보내라고 대답했다. ○돌이가 그 집에 가서 처음에는 열흘 일했고, 다음에는 사흘만에 나갔다고 했었다. 그러면서도 내게는 보이지 않았다. 이웃 과수원 주인이 내게 한 말로는 그놈이 과수원 일을 시켜달라기에 "얘, 나는 너를 부려먹을 재간이 없다. 원장님한테 돌아가렴!" 했더니 자기를 쫓아냈다고 하더란다. 그보다 더한 말도 할 위인이다. 어제만 해도 나는 총무에게 '○이는 내 큰 실패작'이라고 말했는데, 당장 취소다. 한참 후에 ○돌이가 명랑한 표정으로 나타났다. 얼굴이 멀끔해 보인다. 그러나 이번에도 오래 붙어있지 못하고 들락거리며 그 나이 스물이 넘도록 내 주변을 벗어나지 않았다. 그러다가 내가 꽃동산을 해산하게 되자 관계 관청과 협의 끝에 부랑자 수용소로 보내기로 결정됐다고 말하자, ㅇ돌이는 말없이 얼굴을 파묻고 통곡하는 것이었다. 나도 속이 터지는 듯했지만, 간신히 참았다.

ㅇ진이

ㅇ진이에 대해서는, 이미 기록했거니와 그가 꽃동산을 떠난지 8년만에 '고희연'을 열어준 것은 다름 아닌 꽃동산 출신들이었다. 여럿이 돈을 모았겠지만 하여간 그에게 미리 양복과 구두를 맞춰주었고, 당일에는 그가 속한 교회의 목사님과 여러 장로들을 모신 가운데 전문식당에서 현수막을 걸어놓고 번듯한 잔치를 열어주었을 뿐 아니라, 여행 비용까지 그의 호주머니에 찔러 넣어서 그로서는 난생 처음 일본관광까지 할 기회를 갖게 했다.

그런데 그 자리에 그는 예상하지 못한 ㅇ진이가 나타나 큰절을 같이 하고 게다가 비디오카메라를 메고 돌아다니는 것이었다. 그래서 그는 여태껏 ㅇ진이를 실패작이라고 생각했던 자신을 나무라며 '사람은 열두 번 변한다'는 말이 빈말이 아니구나! 했다. 그러나 ㅇ진이는 분명히 그의 실패작이라는 것이 확실해졌다. 왜냐하면 ㅇ진이에게서는 테이프도, 한 통의 전화도 오지 않고 말았기 때문이다. 설마 필름도 없는 카메라로 '쇼'를 했을까? 그는 그런 추측을 하는 자신이 부끄럽다.

막다른 골목

사람이 50대에 들어서면 여러 모로 원숙해진다는데, 그는 오히려 기진맥진한 상태에 빠졌다.

첫째는 설립자가 고인이 됨에 따라 자금 출처가 막혀서 경제적으로 어려워졌지만, 20여 년을 지속하는 원아들의 생활수준을 낮출 수도 없고 이대로 끌고 갈 수도 없는 지경에 이르렀다.

둘째는 그 자신의 건강에 이상이 나타난 것이다. 일시적이기는 하지만 전례 없이 목이 쉬기도 하고, 가뜩이나 아픈 눈이 이제는 시력조차 나빠져서 돋보기안경을 맞추었다. 송탄 대중탕의 열탕에 들어앉았다가 나오면 바닥에 널브러져 한참 자고야 일어나곤 한다.

셋째는 지서 순경이 '거리의 천사'를 데려오고, 부랑아 시설인 '선감학원' 아이들을 받으면서 가출아가 속출함에 따라 분위기가 살벌해졌다.

이런 3중고의 환경에서 1978년 그의 나이 59세에 처음으로 책을 낸다. 제목을 '어느 고아원장의 일기'라 하고, 고아에 대한 사회의 관심을 불러일으키려는 것이 목적이었다. 그러나 동서가 들고 나간 원고는 친구들(유명 문인)의 눈을 거쳐 《천개의 눈동자》라는 제목으로 출판이 되었지만, 그는 투자한 본전도 못 찾고 3천권 중에서 2천여 권이 되돌아왔다.

그는 그것을 전국 고아원장, 대학도서관, CCF 사무실, 몇몇 교회 등으로 보냈다. 원로 고아원장 한 분이 '이 책은 우리나라에서 고아원장이 쓴 첫 작품'이라고 했지만, 그에게는 아무런 위안이 되지 않았다.

이런 그의 안간힘에도 불구하고 사정은 점점 악화일로로 접어들었다. 그야말로 막다른 골목에 다다른 것이다. 결국 그는 1958년 봄에 시작한 '꽃동산'을 1981년 8월에 이르러 아이들 중 몇 명을 제 집으로 돌려보내고, 33명을 안양보육원과 평화보육원에 데려다주고 돌아섰다.

그가 미리 타이른 덕에 아이들은 물론 그 자신도 눈물은 흘리지 않았다. 그러나 어찌 슬프지 않았으랴! 생각할수록 아쉽고 안타까운 일이었다. 그토록 다정하고 아름다운 꽃동산이.

생각하면 꽃동산은 그의 고아에 대한 이상주의의 구체적 시도였지만, 현실적으로는 너무 앞서 있어서 사회의 이해를 얻지 못했다고 할 수 있다.

예를 들면, 어느 날 J 목사 댁 사모님이 그 교회의 부인들(부유층) 몇 분을 대동하고 방문했는데, 그분들이 둘러보고 나서 그가 듣는 데서 하는 말이 "우리 집보다 더 좋구먼"이었다. 그래서인지 그분들은 빈손으로 왔다가 그냥 돌아갔다.

또 한 번은 수원 모 기독교계 중학교 교장 부인이며 기숙사 사감이라는 분이 혼자 와서 둘러보더니 "원장님, 아이들에게 너무 호강을 시키시네요" 한다. 그는 검소한 그분의 말뜻을 알고 "고생 좀 시키고 싶어도 시어머니가 많아서요"라고 했지만, 내심은 '고아들은 팔자가 사나우니까 고아원에 와서도 고생해야 합니까?' 였다.

그의 생각은 고아이니까, 가정에서의 사랑을 못 받고 살아왔으니까 여기서라도 정신적, 물질적 사랑을 듬뿍 받아서 평생 잊지 못하는 '즐거운 우리 집'을 마음에 새겨주고 싶은 것이었다.

그는 군, 도의 허가를 받아(중앙정부의 정책에 따라서) '어린이집'에 맞도록(큰돈을 들여서) 시설을 개수하고 나서 '시설인가'를 받으러 서류를 들고 군청에 갔다. 그랬더니 그 사이에 또 정부의 방침이 바뀌어서 법인은 '어린이집'을 못한다는 것이 아닌가?

그는 이제 더는 버틸 수 없게 되어 군내에 있는 농아원장에게 법인을 합병함으로써 재산(부채를 포함)을 넘기고 그곳을 떠났다. 이것으로 그와 꽃동산의 인연은 24년 반으로 종지부를 찍은 것이다.

남은 인생을

무겁던 짐을 다 벗은 그는 한편 허전하고 한편으로는 주님께서 모처럼 주신 사명조차 명예롭게 끝내지 못한 죄책감을 안고 노후의 정착지를 찾아 다녔으나, 한창 공부하고 있는 자식들 때문에 농촌행을 포기하고 안양의 한 아파트에 세를 들고, 안양감리교회(오라는 분들의 말씀에 따라)에 교적을 옮겼다.

아내와 큰애가 직업 전선에 나서주어서 그는 한동안 심신의 휴식을 취할 수 있었다.

그러다가 동서인 이군이 광고에 관한 일본서적을 번역해달라기에 옛 기억을 더듬어 여러 권을 대학노트에다 써주었더니 고맙다고 점심을 푸짐하게 사주었다. 이것이 계기가 되어 집에서 또는 수요자의 집에 가서 일본어를 가르치기도 하고, 출판사나 개인의 의뢰를 받아 번역을 꽤 많이 했다.

그러는 동안에 젊었을 때 교회에서 동화를 구연한 경험을 살려《재미있는 성경동화》(1990년)를 출판하고, 평생 어린이들을 가르치며 살아오는 동안에 느낀 바를 적은《어이구, 내 새끼》(1995년)도 출판할 수 있었던 것은 한가한 시간을 참지 못하는 그에게 의미 있는 시간들을 갖게 해주시는 주님의 끊임없으신 보살피심이라고 그는 감사하며 찬양한다.

그뿐 아니라 70년대 후반부터는 차차 질병의 그물을 벗어나게 하시고, 지난 10여 년 사이에 전보다 오히려 건강해서 주변의 축하를 받게 하시니 은혜가 망극하나, 보답해드리지 못하는 일상이 더욱 염치없고, 죄스럽고, 부끄럽다.

그러나 아무리 건강하다한들 90이 어느새 코앞에 이르렀으니 인생의 앞날이 얼마나 남았으랴! 그는 조급한 마음으로 지난 5년 동안 이것이 이 생에서 주님의 한량없는 사랑을 받은 한 사람으로서, 믿는 이들에게 또는 믿지 않던 이들에게 사실을 간증하기 위해 이 글을 써 온 것이다.

모든 영광은 오로지 주님께만! 할렐루야!!

노을이 비낄 때

어떤 사람이 우리나라 최서단에 있는 홍도에 갔다가 서쪽 바닷가에서 저 유명한 낙조(落照)를 보고 와서는 그 감상(感想)을 이렇게 말하는 것이었다.

"그날 저녁 나는 혼자서 바닷가를 거닐고 있었지요. 마침 지는 해가 막 수평선 위에 엉덩이를 걸치면서, 말로는 형용할 수 없는 광채를 내뿜고 있었는데, 그것이 순식간에 번져나가면서 주변 노을을 물들이는 것이었죠. 세상 어느 화가라도 저런 광채를 그려낼 수는 없을 거라는 생각이 들더군요. 내가 시인이었더라면 그 자리에서 느꼈을지도 모르지만, 둔감한 나는 나중에야 나 자신의 낙조를 생각하게 됐지요. 내 인생에 노을이 끼칠 때가 지금인데 과연 내 일몰(日沒)은 황홀한 낙조인가? 아니면 먹구름에 가려진 채 흑암 속으로 사라지는 종말인가? 인생이라는 것이 한결같지 않아서 아침에는 찬란하게 빛났던 태양이라도 갑작스런 비구름에 휩싸여 버리듯이 변을 당하기도 하는데, 요행 장수한다는 말을 듣는다 하더라도 인생의 종말을 앞둔 시점에서 자신의 인생을 되돌아보고, 한숨을 짓거나, 가슴을 치거나, 또는 누구를 원망하든지 저주하게 된다면, 그것은 궂은 날씨 속에서 지는 해와 다름이 없는 황혼이겠지요? 그런데 무능하고 쓸모없는 나는 과분하게도 선한 사마리아인처럼 알뜰히 돌봐주신 주님의 은혜로 고요한 저녁을 맞고 있으니 감사하기 그지없다는 생각뿐이지요. 사실 나는 어렸을 때부터 예수님을 마음에 모시고 그분을 전적으로 믿으며, 그분이 인간을 차별 없이 사랑하신 뜻을 본받아서 나도 사람을 사랑하면서 살아왔을 뿐, 이렇다 할만한 공로는 없지만 주님의 은혜에 늘 감사하면서 모든 일에 신앙양심으로 대처하려고 애쓴 것을 주님께서 다 아시고 어떤 역경에서도 비관하거나 좌절하지 않도록 내 마음을 안정시켜 주셨지요. 성경에 이런 말씀이 있잖아요? '주께서는 사랑하는 자에게 잠을 주신다' 고. 그래요! 나는 아무리 어려운 문제에 부닥쳐도 잠을 설치며 고민한 적이 없으니까 그것이 바로 주님께서 내게 주신 평안이 아니겠어요?"

　　비단 이 사람뿐이겠는가? 주께서는 '믿는 자'라면 누구든지 누구에게든지 이런 평화로운 황혼을 주실 것이다. 어떤 먹구름도, 비바람도 물리치시고 찬란한 노을 속에서 조용하게 빛나는 낙조를 선물로 주실 것이 확실하다.

늙은이의 시름

　　그는 러시아 문학에 흠뻑 빠져있던 소년시절을 회상한다. 그는 자기가 읽은 책들 중에서도 인도주의 작가인 톨스토이의 《부활》, 《안나 카레니나》 같은 대작보다는 《사람에게는 한 평의 땅이 필요할 뿐이다》, 《신기료장수에게 나타난 예수》, 《흰쥐와 검은쥐》 같은 우화에서 큰 감명을 받았다. 그리고 《연기》로 대표되는 투르게네프의 허무주의, 푸시킨의 시, 고골리의 《검찰관》, 《지하층》이나 골리키의 《어머니》 등을 읽으면서 러시아의 암울한 사회상을 짐작했었다.

　　당시의 러시아는 황제가 귀족들에게 영지를 나눠주었는데, 귀족들은 드넓은 농토와 농노(農奴)를 거느리고 부귀를 누리는 것으로 세월을 보내고 있었다. 이런 권력층의 부패에 대해서 국교나 다름이 없는 러시아 정교회(正敎會)는 잠에 취한 상태여서 아무런 구실도 하지 못하고 있었다. 이런 환경에서 독일의 칼 막스의 영향을 받은 레닌이 러시아 공

산당을 조직하고 농노들과 노동자들의 한숨과 적개심에 불을 질러서
왕정을 뒤집어엎는 공산혁명을 이루었던 것이다. 그러나 레닌이 요절
하자 전권을 틀어쥔 스탈린의 잔학성은 숙청이라는 명목으로 기득권층
을 도태시켰는데, 주변 국가들이 그것을 모방함에 따라 금방이라도 온
세계가 공산화가 될 기세였다.

더군다나 소련(러시아가 중심이 된 소비에트 연합의 약칭)이 제2차
세계대전에서 독일을 물리치고부터는 세계에서 미국에 맞설 군사대국
이 됐고, 인류 역사상 처음으로 달에 사람을 착륙시켰으니 기고만장한
비행사 가가린이 "우주에 나와서 보아도 신은 없다"고 말할 만도 했다.

공산주의는 철저한 무신론인 유물(唯物)사상으로써 인간을 무장시
킨다. 그렇다고 하나님은 언제까지나 저들의 비인도적 횡포를 두고 보
시지는 않았다. 공산주의로 완전무장했던 소련은 불과 73년만에 허물
어지고, 따라서 소련을 종주국으로 추앙하던 공산주의국가로는 카리브
해의 쿠바와 한반도의 북한이 남았을 뿐이다. 아직 겉으로는 공산주의
를 표방하지만 속은 딴판인 나라가 중국과 베트남인데, 그것은 소련처
럼 혼란해질 것을 경계한 집권층의 위장일 것이다.

그러면 쿠바는 어떤가? 공산혁명가인 카스트로가 수십 년 동안 독재
정치를 하고 있지만, 그 나라는 열대성 기후대에 속해 있는 기름진 땅
이니 국민들이 먹고 사는 데는 아쉬울 것이 없는데다가 국민성이 낙천
적이어서 정치에는 별 관심이 없으니, 쿠데타가 일어날 가능성도 없는
모양이다.

한데, 우리나라는 일제의 손아귀에서 벗어나자마자 공산주의자와 민
족주의자의 세력 다툼 속에서 소련의 꼭두각시인 김일성이 한반도의

북반부를 틀어쥐고 공산당식 정책을 펴게 됨에 따라 이 나라는 국토와 사상이 두 동강나고 말았던 것이다.

그뿐이었으면 차라리 다행이라 할지 모르겠지만, 김일성의 야욕은 드디어 6·25전쟁을 일으킴으로써 수십만의 무고한 피로 이 금수강산을 적시고, 수백만 이북 주민이 목숨을 걸고 이남 땅으로 피난하게 했다. 다행하게도 이남 동포들이 후한 인심으로 피난민들을 대접한 덕에 서로 인정을 나누며 전후 복구에 힘쓰게 됐다. 그리하여 경제적으로도 자리를 잡게 됐는데, 거기에 크게 기여한 것은 누가 뭐래도 미국 조야의 적극적인 원조였다.

혹 반미론자들은 미국이 한국에서 미군을 철수시킴으로써 김일성에게 기회를 준 것이라고 할지 모르지만, 그것은 역사를 모르거나 알고도 억지를 부리는 말이다. 실상은 이랬다. 김일성과 스탈린이 계략을 짜서 소련군을 이북 땅에서 철수하고는 그것을 빌미로 미군 철수를 압박했기 때문에 미국은 명분을 잃고 물러나게 됐고, 그것을 노리고 있던 스탈린과 김일성이 6·25전쟁을 감행했던 것이다.

만약 제2차 세계대전에서 미국이 일본을 항복시키고도 한국을 일본의 속박에서 풀어줄 뜻이 없었더라면 우리나라의 운명이 어떻게 됐을까를 생각해야 한다. 미국은 기독교정신으로 세워진 국가로서 한국을 구해준 것도 기독교정신이었다.

친북 세력이 지금 미국이 남북통일을 방해한다고 주장하는 것은 무조건 통일이 얼마나 무모한 생각인지를 모르기 때문이다. 공산주의자들에게는 일방적인 자기주장과 반동분자에 대한 성토(聲討)가 있을 뿐, 남의 말을 들어주는 일이 절대로 없다는 것을 공산치하에서 살아본 사람은 다 알고 있다. 그들 앞에는 민의(民意)도, 여론도 없다. 그들 앞에서 딴소리를 냈다가는 당장 반동분자(反動分子), 회색분자(灰色分子), 인텔리겐치아라는 낙인이 찍혀 도태되고 만다. 목숨을 부지하기 위해 그들에게 동조하기만 하면 무사하리라는 생각도 헛꿈이라는 것을 알아야 한다. 왜냐하면 인민의 생사여탈권이 공산당 손 안에 있게 되면 모든 판단과 결정은 그쪽에 권리가 있기 때문이다. 그러므로 무조건 통일은 곧바로 이 나라를 공산정권에 송두리째 갖다 바치는 바보짓에 불과하다. 걱정이다. 정말 걱정을 안 할 수가 없다. 하나님께서 이 나라를 구원해 주시기를 날마다 기도하는 수밖에 없다.

죽는 날을 생각한다

어떤 노인이 이런 넋두리를 한다.

"인생길의 가시밭을 헤집으며 살아오는 동안 자신이 나이 먹는 것도 의식하지 못했는데, 주변에서들 노인대접을 해주니 '나도 늙었구나' 하게 되었다. 이제서야 철이 든 것인가? 그러면서 '이제 내게 남은 시간이 얼마나 될까? 그 시간들을 어떻게 써야 하나?', '주님은 내게 무엇을 기대하시는가?' 등등 여러 생각이 밀려온다.

내가 비록 장수한다는 말을 듣고는 있지만 언제까지 마냥 사는 것도 아닌 것이 인생의 길인데, 어느 날 갑자기 돌연사를 하든지 병석에 오래 누워서 주변의 신세를 지다가 지쳐서 사그라지든지, 여하간 죽는 날은 기어이 오고야 말 것이 아닌가?

갑자기 죽게 되면 자신의 과거를 반성할 기회조차 얻지 못할 것이고, 지쳐 사그라지게 된다면 정신마저도 몽롱할 터이니 무슨 생각인들 할 수 있겠는가? 그러니 이나마 의식이 있어서 이런저런 생각이라도 할 수 있을 때에 죽는 날을 생각해봐야겠다.

죽는 날, 호흡이 멎어버리는 날, 주님의 부르심을 받아 영혼이 육체를 떨쳐버리고 떠나는 날, 홀로 주님 앞에 서게 되는 내 영혼은 영광과 기쁨 중에서도 지지리도 고생시킨 육체를 헌신짝처럼 버리고 온 것이 불쌍하고 미안할 터이다. 육체에 대한 일말의 애정이 있다면 그렇게 되기 전에, 그렇게 되지 않도록 하기 위해서 이제부터라도 남은 시간만이라도 내 육체를 사랑해야겠다는 생각을 해야겠다.

사실 내 육체는 정말 둘도 없는 고마운 존재다. 영혼이 이끄는 대로 순종하느라고 험난한 길을 피하지도, 거부하지도 않고 순종만 해준 존재였다. 그러기에 미안하고 고마운 것이다. 그래서 이제부터라도 사랑해야겠다는 생각이지만, 과연 어떻게 하는 것이 이 육체를 진정으로 사랑하는 것이며, 이 육체가 고마워할 방법일까?

첫째로 생각할 수 있는 것은 지금까지와는 다르게 이 육체가 힘들어하는 것은 강요하지 말아야겠다는 것이다. 평안하게 해주어야겠다. 너무 무료하고 권태롭지만 않게 말이다.

다음으로 생각할 것은 영혼이 훌쩍 떠나버린 육체(시체)의 처리 문제다.

유족들이 매장, 화장 또는 의과대학에 연구용으로 기증하느냐를 놓고 고민하고 갈등을 빚지 않도록 미리 일러두는 것이 좋겠다.

시체뿐만 아니라 재산이나 유품에 대해서도 처리 방법을 유서에 기록하되 유족들이 경황이 없어서 유서를 찾지 못하는 일이 없도록 미리 분명하게 할 필요가 있겠다. 사람이 죽었는데 유족들이 고인을 사랑과 존경심으로 추모하기보다 자기 이익이나 챙기려고 아옹다옹하는 불행은 가문의 수치이기 때문이다.

사람이 죽은 뒤에 남은 것이 재산이나 작품 같은 물질보다도 귀한 것은 아무래도 후대에 기여하는 업적일 것이다.

한데, 그보다 더 귀한 것이 있으니, 그것은 그의 인격이다. 후손들, 친구나 제자, 후배들이 그리고 그를 아는 이웃들이 두고두고 본받으려고 할 인격이다. 더군다나 그 인격이 본인 스스로 다듬은 인격이기보다 그의 신앙심에 내리신 주님의 은혜로 이루어진 인격이라면 많은 사람에게 덕을 끼치는 참으로 복된 인격이라 하겠다. 이런 인격을 후대에 물려주고 떠나는 영혼이야말로 주님께 영광을 돌리는 귀한 영혼이겠다."

나도 이런 사람이라면 얼마나 좋을까?

꼬리말

별로 매력도 없는 글을 끝까지 읽어주신 분들께 감사합니다.

그는 머리글에서 밝힌 바와 같이 참 못난 사람인데다가 연이은 역경을 거쳐서 지금의 이 평안과 행복에 만족하는 자리까지 왔습니다.

돌이켜 세어보니 짧게는 몇 달에서 길게는 20여 년 동안 머물렀던 '안식처'가 북에서 22, 남에서도 22나 되니 도합 44개소입니다.

이는 마치 폭풍우에 찢겨 떨어진 나뭇가지가 탁류에 휩쓸려 이리 밀리고 저리 부딪히며 떠내려 오듯이, 그렇게 살아 온 인생여정입니다.

그러나 그 모든 과정에서 주님의 보호와 인도를 받을 수 있었던 것은 오로지 예수님을 믿고 따르려고 애쓰는 그에게 주님의 사랑하시는 손길이 닿았기 때문입니다.

그러므로 그는 감히 말한답니다.

"어떤 고난에 처하더라도 낙심하지 않고, 예수님을 사랑하는 마음으로 믿고 의지하면 반드시 해결의 길을 열어주신다"고.

모든 영광을 주님께 바칩니다.

글 쓴 사람 이용복